L_n^{27} 18028

L

GÉRARD ROUSSEL.

GÉRARD ROUSSEL,

PRÉDICATEUR DE LA REINE MARGUERITE DE NAVARRE.

MÉMOIRE

SERVANT A L'HISTOIRE DES PREMIÈRES TENTATIVES FAITES
POUR INTRODUIRE LA RÉFORMATION EN FRANCE;

PAR

C. SCHMIDT,

PROFESSEUR A LA FACULTÉ DE THÉOLOGIE ET AU SÉMINAIRE PROTESTANT DE STRASBOURG.

« *Sane tempus appetit ut tandem vindicemur in libertatem spiritûs et conscientiæ.* »

(P. Toussaint à Farel, 21 juillet 1525. Manuscrit.)

STRASBOURG,

SCHMIDT ET GRUCKER, ÉDITEURS, RUE DES ARCADES, 6.

PARIS,

A. CHERBULIEZ ET Cⁱᵉ, LIBRAIRES, place de l'Oratoire, 0. ‖ L. R. DELAY, LIBRAIRE, rue Tronchet, 2.

GENÈVE,

A. CHERBULIEZ ET Cⁱᵉ, RUE DE LA CITÉ.

1845.

STRASBOURG, IMPRIMERIE DE G. SILBERMANN.

A MONSIEUR P. A. KROH,

MINISTRE DU SAINT ÉVANGILE A PARIS.

Mon cher ami,

Je te dédie cet opuscule, non-seulement pour te donner un témoignage de mon amitié inaltérable, mais aussi pour t'engager toi-même à livrer un jour au public les fruits de tes études sur l'histoire de la réformation en France. Tu regrettes autant que moi que cette admirable histoire ait encore été si peu traitée dans notre patrie même; si dans les derniers temps nous avons vu paraître à l'étranger quelques ouvrages qui s'y rapportent, nous n'avons pas pu nous défendre d'un sentiment pénible, en voyant qu'ailleurs on était plus jaloux que chez nous des gloires de notre Église protestante de France.

Toutefois est-il possible déjà d'écrire cette histoire avec tous ses détails et dans tout son ensemble? Combien de réformateurs oubliés, combien de martyrs inconnus, combien de faits couverts d'ombre, surtout pendant la première moitié du règne de François Ier! M. Merle d'Aubigné a commencé dans le troisième volume de son ouvrage à porter de la lumière dans ces parties si obscures et pourtant si riches de notre histoire. Le présent opuscule a un but semblable; il raconte la vie d'un homme qui, bien qu'il ne se soit pas entièrement séparé de la communion romaine, doit néanmoins être compté parmi les premiers prédicateurs de la réformation en France, et dont les tendances autant que les destinées sont fécondes en instructions pour beaucoup d'hommes de notre époque.

Tu me blâmeras peut-être d'avoir groupé autour de Roussel des détails qui ne sont pas en rapport direct avec sa personne; mais outre que j'ai voulu profiter de l'occasion pour rappeler à notre souvenir des hommes et des faits peu connus de nos jours, tu reconnaîtras aussi que ces détails ne sont pas superflus pour faire comprendre la marche particulière qu'ont suivie Roussel et la reine célèbre dont il a été le prédicateur. Les matériaux de mon opuscule étant puisés en très-grande partie dans des documents inédits, j'ose espérer qu'il offrira quelque intérêt aux personnes qui aiment à s'occuper de ces histoires, et qu'on l'envisagera peut-être comme une pierre apportée au monument que, s'il plaît à Dieu, des mains plus puissantes élèveront à la réformation française. Le choix des pièces justificatives montrera en même temps combien de sources sont encore cachées dans les bibliothèques et dans les archives tant de la France que de la Suisse; parmi ces pièces, celles qui sont tirées de l'ouvrage manuscrit de Roussel ne sont pas les moins dignes d'intérêt; c'est grâce à la haute bienveillance de M. Villemain, alors encore ministre de l'instruction publique, qui a bien voulu mettre à ma disposition le précieux volume, que j'ai été mis à même de pénétrer jusqu'au fond de l'esprit et du caractère du prédicateur de la reine de Navarre.

En terminant je recommande mon opuscule à ton indulgence, ainsi qu'à celle des personnes qui le prendront en main. Puisse-t-on se convaincre qu'il est le fruit, non pas d'une simple curiosité historique, mais du désir sincère de servir notre Église protestante et de contribuer à raffermir ses membres dans la profession de la vérité et de la liberté de l'Évangile!

Ton dévoué,
C. SCHMIDT.

Strasbourg, le 1er mai 1845.

GÉRARD ROUSSEL.

Lors de l'avénement de François Ier il régnait en France, et particulièrement à Paris, un mouvement scientifique comme peu d'époques en présentent un exemple. L'esprit humain s'élançait avec enthousiasme dans les voies que l'invention de l'imprimerie et la renaissance des lettres classiques venaient de lui ouvrir. Heureux de jouir de sa liberté nouvelle, il se portait avec ardeur vers l'examen de tout ce qu'il trouvait à sa portée, et tout en s'occupant du passé, en faisant revivre l'antiquité grecque et romaine, il songeait aussi au présent et à l'avenir, en abordant courageusement les plus graves de toutes les questions, les questions religieuses. A Paris, des hommes éminents par leur position ou par leur naissance, tels que l'évêque Étienne Poncher, François Deloin, président du parlement, Louis de Ruzé, lieutenant civil de la capitale, Guillaume Parvi, confesseur, et Guillaume Cop, médecin du roi, Guillaume Budé, le gentilhomme Louis de Berquin[1], favorisaient ce mouvement, entretenaient une correspondance active avec les gens de lettres de tous les pays, et avaient des relations d'amitié avec les savants français qui, soit par leurs écrits, soit par leurs leçons publiques, influaient sur les progrès des lumières. Des imprimeurs, tout aussi enthousiastes pour les sciences que pour leur *art merveilleux* lui-même, hâtaient ces progrès en prêtant le puissant appui de leurs presses aux travaux scientifiques et littéraires. François Ier, poétique et chevaleresque, élevé au-dessus de beaucoup de préjugés et d'erreurs de son époque, s'associa aussitôt à ce noble effort ; il se plut à accorder aux savants une protection, dont trop souvent encore ils eurent besoin contre les adversaires obstinés du nouvel essor de la pensée ; à peine monté sur le trône, il conçut l'idée d'appeler en son royaume les hommes les plus célèbres dans les sciences, afin de former auprès de lui, « comme une pépinière d'érudits et de littérateurs[2]. »

Éclairés par l'étude de l'antiquité, habitués du reste aux traditions d'indépendance de l'Église gallicane, la plupart des savants français voyaient avec peine les abus qui défiguraient le christianisme. Avant même que Luther et Zwingli eussent élevé leur voix, un savant qui donnait à Paris des leçons de philosophie

---

[1] A cette époque déjà Louis de Berquin est appelé « *vir doctissimus.* » Nic. Bérault à Érasme, 16 mars 1518 ; Erasmi *Epistolæ*, Bâle 1536, in-fol., p. 386.

[2] Guill. Budé à Érasme, 5 février 1516 ; Erasmi *Epistolæ*, p. 39.

et de mathématiques, Jacques Lefèvre d'Étaples, dit à ses disciples que Dieu renouvellerait le monde, et qu'ils ne tarderaient pas à en être eux-mêmes les témoins[1]. Dès 1518 un auteur inconnu dédia à la reine Louise de Savoie un ouvrage allégorique et moral, intitulé *Le triomphe des vertus*, où, du point de vue gallican, il attaqua le despotisme ultramontain avec une hardiesse qui plus d'une fois rappelle celle des réformateurs[2]. Et lorsque les nouvelles des événements dont la Suisse et l'Allemagne devinrent le théâtre, eurent pénétré en France, les savants s'empressèrent d'applaudir ouvertement aux efforts de Luther, dont les livres furent lus à Paris avec une incroyable avidité[3].

A cette époque se trouvait à Paris un jeune ecclésiastique, appelé plus tard à jouer un rôle fort remarquable dans les tentatives faites pour introduire la réformation en France. C'était *Gérard Roussel*, dit *Ruffus*, natif de Vaquerie, près d'Amiens[4], et à cette

---

[1] « C'était le temps d'or, comme l'on dit, car alors régnait Louis douzième. » Farel, *A tous seigneurs et peuples et pasteurs à qui le Seigneur m'a donné accès*. Manuscrit de la bibliothèque de Genève.

[2] Le manuscrit se trouve à la Bibliothèque du Roi, la première partie au n° 7032³, la seconde au n° 6809. Voy. M. Paulin Paris, *Les manuscrits français de la Bibliothèque du Roi*, t. I, p. 286, et t. IV, p. 136.

[3] Gláréan à Zwingli, 1er novembre 1520 : «...*Nulli libri avidius emuntur.... Passim bene dicitur Luthero. Verum monachorum longa est catena.*» *Zwinglii Epistolæ*, ed. Schuler et Schulthess, Zurich, 1829 et suiv., in-8°, t. I, p. 151. — C'est surtout le traité de Luther *De captivitate babylonica* qui est lu à Paris. Le même au même, 4 juillet 1521; *ib.*, p. 176.

[4] Dans son édition de la Morale d'Aristote (voy. ci-dessous), Roussel s'appelle *Vaccariensis*. — L'année de sa naissance nous est inconnue.

époque pourvu de la cure de Busancy, dans le diocèse de Rheims[1]; suivant quelques auteurs il avait le grade de docteur en théologie[2]. A une piété intime et encline à un spiritualisme mystique, se joignait chez lui le désir de la science, ce qui le rendit doublement accessible aux tendances réformatrices de son époque; cependant, d'un caractère doux et presque timide, il sentit peu de goût pour les orages que la résistance à ces tendances dut bientôt faire éclater. Roussel suivit à Paris les leçons de Lefèvre d'Étaples; la réputation scientifique de ce docteur l'attirait autant que sa prédilection pour les auteurs mystiques du moyen âge[3]. Lefèvre avait réuni autour de lui un cercle d'amis et de disciples plus intimes, où bientôt il reçut aussi Gérard Roussel. C'étaient Martial Mazurier, qui dès 1514 avait défendu devant la Sorbonne, conjointement avec Lefèvre et quelques autres théologiens plus éclairés, la cause de Reuchlin contre les dominicains obscurantistes de Cologne[4]; Guillaume Farel, de Gap, plus tard réformateur de Genève et de Neufchâtel; le docteur flamand Josse Clicthou;

[1] Toussaint Du Plessis, *Histoire de l'Église de Meaux*. Paris, 1731, in-4º, t. I, p. 327.

[2] Béze, *Histoire des Églises réformées de France*. Anvers, 1580, in-8º, t. I, p. 14; — Toussaint Du Plessis, *l. c.* — Moréri (Bâle, 1731, t. VI, p. 193) dit à tort qu'il était dominicain. Suivant les *Remarques critiques sur Baile* (Paris, 1752; in-fol., t. II, p. 559 et 560), il n'était pas docteur, mais simplement maître-ès-arts.

[3] Graf, *Essai sur la vie et les écrits de Lefèvre d'Étaples*. Strasbourg, 1842, in-4º, p. 8.

[4] Lefèvre à Reuchlin, 30 août 1514; chez Friedländer, *Beitræge zur Reformationsgeschichte, ungedruckte Briefe des Reuchlin, Beza und Bullinger*. Berlin, 1837, in-8º, p. 34.

Michel d'Arande, natif des environs de Tournay[1], et quelques étrangers, comme le Suisse Henri Lorit, dit *Glaréanus*[2]. Dans ses entretiens avec ces hommes, le célèbre docteur les conduisait, par la science, et principalement par l'étude des langues anciennes, à des vues plus éclairées sur le christianisme; il étudiait avec eux la Bible dans le texte original, et en même temps que dans son interprétation du Nouveau Testament il s'appliquait à rechercher le sens spirituel et mystique, il habituait ses disciples à établir des comparaisons entre les données de l'Écriture et les dogmes de l'Église romaine, et à distinguer ainsi le pur Évangile des fausses traditions que les hommes y avaient mêlées. Trop éclairé pour ne pas voir les abus du catholicisme, mais trop peu énergique pour être un réformateur, Lefèvre se persuadait à lui-même, ainsi qu'à ses disciples, que bien des choses ne sont que des formes extérieures qu'on peut maintenir, comme indifférentes en elles-mêmes, pourvu qu'on sache trouver sous leur enveloppe un contenu spirituel; c'est ainsi qu'il parlait du seul mérite de Jésus-Christ, de la justification par la grâce et la miséricorde de Dieu, tout en faisant « les plus grandes révérences aux images[3]; » c'est ainsi qu'il faisait sa-

---

[1] Fragment à la suite de la *Vie de Farel.* Manuscrit de la bibliothèque de Genève.

[2] Glaréan à Zwingli, 29 août 1517; en parlant de Lefèvre il dit : « *is supra modum me amat.* » Zwinglii *Epp.*, t. I, p. 26.

[3] « Jacques Faber faisoit les plus grandes révérences aux images qu'autre personnage que j'aye cognu, et demeurant longuement à genoux, il prioit et disoit ses heures devant icelles. » Farel, *A tous seigneurs, l. c.*

luer les réformateurs[1], tout en restant soumis au pape[2]; son mysticisme, qui plus tard alla jusqu'à se prononcer avec force contre les études profanes[3], lui fournissait les moyens de se croire constamment attaché à une Église, avec laquelle pourtant il était en dissidence sur les points les plus essentiels. Lefèvre communiqua cet esprit à presque tous ses disciples; Farel en fut le seul qui osât briser avec Rome et devenir franchement réformateur, tandis que les autres, ou bien rentrèrent, après quelques essais échoués de réforme, dans l'Église romaine, ou bien se contentèrent, comme il le fit lui-même, d'un demi-protestantisme, conservant au dehors la plupart des formes catholiques. C'est au nombre de ces derniers qu'appartient Gérard Roussel; c'est lui qui a le plus d'analogie, sous ce rapport comme sous tous les autres, avec son maître; aussi s'attacha-t-il à Lefèvre par les liens les plus intimes : il devint son collaborateur dans la publication de ses ouvrages, il s'occupa des mêmes sciences que lui, il adopta en tout les mêmes sentiments, et désormais inséparables, ces deux hommes partagèrent pendant de longues années le même sort. C'est, sans nul doute, sur le conseil de Lefèvre que Roussel publia en 1521 l'Arithmétique de Boèce, en l'accompagnant d'un commen-

---

[1] Il fait saluer Zwingli par Gláréan, 7 juin 1519; Zwinglii *Epp.*, t. I, p. 78.

[2] « Il fut ès lacqs du pape;... il demeurait en la vieillesse papale. » Farel, *A tous seigneurs*, *l. c.*

[3] Graf, *l. c.*, p. 21.

taire où il fait l'application mystique des nombres[1], et en la dédiant à Laurent Bartholini, savant abbé italien, qui voyageait alors en France et dans les Pays-Bas, pour visiter les gens de lettres[2]. Ce commentaire de Roussel sur Boèce s'acquit une certaine réputation chez les mathématiciens du seizième siècle[3]. L'année suivante l'éditeur Simon de Colines publia la Morale d'Aristote avec les traductions et les notes de George Valla et de Roussel[4]; la version de ce dernier parut aussi accompagnée d'annotations de Josse Clicthou[5] : à cette époque, celui-ci était encore l'ami et le collaborateur de Lefèvre[6]; il était même en relation avec des théologiens allemands, connus pour l'indépendance de leurs opinions[7].

[1] *Boetii arithmetica duobus libris discreta adjecto commentario mysticam numerorum applicationem perstringente a* Girardo Rufo. Paris, chez Simon de Colines, 1521, in-fol.

[2] Erasme à Laurent Bartholini, 1er mars 1521; Erasmi *Epp.*, p. 560.

[3] Vitus Ardysæus (plus tard professeur de mathématiques à Bâle) à Conrad Hubert, à Strasbourg; Paris, 24 octobre 1533. Manuscrit autographe. Archives du séminaire protestant de Strasbourg.

[4] *Aristotelis moralia magna, interpretibus* Gerardo Ruffo *Vaccariensi* et Georgio Vallà *Placentino.* Paris, chez Simon de Colines, 1522, in-fol.

[5] *Opus magnorum moralium Aristotelis duos libros complectens,* Gerardo Ruffo *Vaccariensi interprete, cum annotationibus doctissimi viri* Jodoci Clicthovei, 1537, in-8°. Suivant les *Remarques critiques sur Baile,* t. II, p. 565, note A, il y a une édition antérieure à celle-là au moins de douze ans.

[6] Dès 1502 et les années suivantes il publia avec Lefèvre différents auteurs mystiques, ainsi que des philosophes et des mathématiciens. Voy. Renouard, *Annales de l'imprimerie des Estienne.* Paris, 1837, in-8°, t. I, p. 1 et suiv.

[7] En 1517 et en 1519 il publia son *Elucidatorium ecclesiasticum, ad officium Ecclesiæ pertinentia planius exponens* (Bâle, in-fol.), avec une

Des orages ne tardèrent pas à se préparer contre les savants, surtout contre ceux qui osaient parler de la nécessité de réformes ecclésiastiques. Les moines et la Sorbonne, effrayés de la rapidité avec laquelle les *nouveautés hérétiques* gagnèrent des partisans, résolurent d'opposer la résistance la plus opiniâtre au mouvement qui entraînait les esprits plus éclairés, et qui menaçait de renverser l'autorité des anciennes traditions. Deux hommes principalement s'acquirent une célébrité fatale, pour avoir été depuis lors les persécuteurs les plus acharnés de tout ce qui sentait l'hérésie : ce furent les docteurs en Sorbonne Guillaume Duchêne *(Quercus)*, et Noël Bédier; ce dernier eut la prétention de s'appeler Béda, en l'honneur de Bède-le-Vénérable; mais à cause de l'opiniâtreté et de la turbulence de son caractère, il était bien plutôt, comme disait Érasme, un de ces génies de mauvais augure, qui ne semblent nés que pour la ruine des bonnes lettres et de la tranquillité publique[1]. Les premiers coups de la résistance aux idées nouvelles tombèrent sur Lefèvre, qui, déjà en

---

préface fort remarquable de Capiton, adressée à l'évêque de Bâle (11 août 1517), et s'exprimant avec beaucoup de force sur les vices et l'ignorance du clergé. La première édition avait paru à Paris en 1515.

[1] « *Malæologi nostri sese dignum egere, ne scilicet vel nostra ætas Pharisæis careret. Damnarunt* (savoir les ouvrages de Luther) *triumviri Beda, non tamen venerabilis, Quercus et quidam* Christophorus. *Nomina sunt horum monstrorum etiam vulgo nunc nota, Belua, Stercus et Christotomus.* » Glaréan à Zwingli, 4 juillet 1521; Zwinglii *Epp.*, t. I, p. 176. En 1526, Érasme (à François Ier) appelle Béda et le chartreux Pierre Cousturier des « *inauspicata ingenia, nata in odium bonarum literarum ac publicæ tranquillitatis.* » Erasmi *Epp.*, p. 800.

1517, s'était vu engagé dans une querelle violente, pour avoir eu la hardiesse de distinguer dans l'histoire de Jésus-Christ trois Maries, contre l'opinion reçue qui ne voulait y en voir qu'une seule; en 1521 la Sorbonne s'en mêla, et condamna formellement l'opinion de Lefèvre comme hérétique[1]. Cependant le roi protégea le savant docteur contre ses adversaires; il le protégea, non-seulement parce que Lefèvre était un savant, mais aussi parce qu'il cherchait à répandre de meilleures idées sur la religion; nous sommes persuadé qu'à cette époque François Ier désirait sincèrement que des réformes fussent introduites dans l'Église. Ce désir fut sinon inspiré au roi, du moins entretenu en lui par sa sœur Marguerite, qui, rendue attentive aux bruits qui venaient d'Allemagne et de Suisse, commença dès 1521 à s'occuper de choses théologiques et à lire la Bible. Douée d'une sensibilité profonde, d'une imagination vive et poétique, et ayant de bonne heure formé son esprit par des études sérieuses, Marguerite fut naturellement accessible à la lumière qui se répandait de nouveau sur la chrétienté. Son sentiment religieux, vivement éveillé, chercha d'abord dans les pratiques romaines la satisfaction qu'il ne trouva plus dans le monde[2]; mais elle ne demeura pas longtemps sans se convaincre que le catholicisme, pas plus que le monde, ne pouvait combler son désir de la grâce,

---

[1] Graf, *l. c.*, p. 81 et suiv.

[2] «....*Quoprimum extimulata per varia superstitionis opera vehebaris, id quod ex oculatis testibus cognovi*....» Capiton, *Commentarius in Oseam*, épître dédicatoire à Marguerite. Strasbourg 1528, in-8o.

et que, pour s'assurer celle-ci, il fallait s'adresser à sa source même. Pour avoir un directeur, elle se mit en rapport avec Lefèvre, qu'elle connaissait par l'estime qu'avait pour lui François Ier. C'est par ses entretiens avec cet homme vénérable et avec ses disciples, que Marguerite ne s'approcha pas seulement de l'Évangile, mais qu'elle prit aussi cette tendance mystique qu'on a encore trop peu signalée en elle, et qui seule pourtant explique les inconséquences qu'on a cru remarquer dans sa conduite. Éprouvant en son cœur la puissance du péché et le besoin du pardon, elle aurait voulu pénétrer jusqu'au fond de la doctrine du Sauveur; mais cette doctrine exigeant un renoncement au-dessus du courage d'une femme que des liens si doux attachaient à la terre, elle s'arrêta à moitié chemin, et se contenta d'une piété, il est vrai, sincère, mais vague, et cherchant son bonheur suprême dans les rêveries de la contemplation mystique[1]. Ces dispositions, nous les retrouvons chez Marguerite pendant tout le cours de sa vie, et lors même qu'elle se fut déclarée d'une manière plus décisive pour la prédication de l'Évangile; elles formèrent le lien qui unit la princesse à Lefèvre et à ceux de ses disciples qui partageaient le plus ces sentiments, c'est-à-dire à Gérard Roussel et à Michel d'Arande.

Toutefois la faveur de François Ier et l'amitié de Marguerite ne furent pas assez puissantes pour pro-

---

[1] « *Mox in disciplinam contemplandi Deum, ut ea tempora ferebant, incidisti, quam non infeliciter, si quà in eà felicitas est, prosecuta es.* » Capiton, *l. c.*

téger plus longtemps ces hommes contre l'animosité de leurs adversaires. Comme les principes de la réforme se propagèrent de jour en jour davantage, la Sorbonne prononça, le 15 avril 1521, contre la doctrine de Luther, cette fameuse condamnation [1] que Mélanchthon se hâta de réfuter d'une manière aussi incisive que victorieuse [2]. Deux mois après, le 13 juin, le parlement qui, pour maintenir l'ordre établi, ajouta aux sentences de l'Église les rigueurs du bras séculier, défendit d'imprimer aucun livre sur la religion sans la permission de la faculté de théologie [3]. Lefèvre et ses amis furent signalés parmi les plus dangereux promoteurs des idées nouvelles; un moine, prêchant en présence du roi, annonça la venue prochaine de l'antéchrist, et s'écria que Lefèvre en était un des précurseurs [4]; le docteur Duchêne songea à l'accuser comme hérétique [5]. Menacé ainsi dans sa liberté, Lefèvre, pour se soustraire à ses persécuteurs, quitta Paris au mois de juin [6], et se rendit à Meaux, auprès de l'évêque Guillaume Briçonnet, son ancien élève

---

[1] Du Plessis d'Argentré, *Collectio judiciorum de novis erroribus*. Paris, 1728, in-fol., t. II, p. II. La *Determinatio theologiæ facultatis Parisiensis super doctrinâ Lutheranâ hactenus per eam revisâ*, suivie des propositions condamnées, tirées principalement du traité de la captivité de Babylone, se trouve *ib.*, t. I, part. II, p. 365 et suiv.

[2] *Adversus furiosum Parisiensium theologastrorum decretum* Philippi Melanchthonis *pro Luthero apologia*. Wittenberg, s. d., in-4°. Dans les œuvres de Mélanchthon, publiées par Bretschneider. Halle, 1835, in-4°. t. I, p. 398 et suiv.

[3] D'Argentré, *l. c.*, part. II, p. V.
[4] Érasme à l'évêque de Tournay, 17 juin 1521; Erasmi *Epp.*, p. 460.
[5] Gléaran à Zwingli, 4 juillet 1521; Zwingl. *Epp.*, t. I, p. 176.
[6] *Ibidem*.

et ami[1]. Bientôt après les disciples les plus intimes de Lefèvre, Farel, Roussel, Michel d'Arande, craignant également pour leur sûreté, suivirent leur maître dans sa retraite; Briçonnet leur offrit un asile dans sa maison[2], où ils trouvèrent aussi le savant hébraïste Vatable[3].

Il existait une grande analogie entre le caractère de Briçonnet et celui des savants fugitifs qu'il accueillit dans son diocèse. Pieux et austère, il désirait des réformes dans l'Église, et entrevoyait la différence profonde entre le système catholique et la doctrine de l'Évangile; lui-même, depuis son avénement au siége de Meaux en 1516, avait réformé une foule d'abus dans la discipline et les mœurs de son clergé, ce qui n'avait pas manqué de lui susciter des ennemis, surtout parmi les moines mendiants. Mais Briçonnet était mystique; sans nul doute son penchant naturel pour le mysticisme avait été plus fortement déve-

---

[1] Graf, *l. c.*, p. 91 et suiv. — Lefèvre avait été l'ami du cardinal Briçonnet, mort en 1514, père de l'évêque de Meaux. Il lui dédia plusieurs de ses ouvrages. Voy. Renouard, *l. c.*, p. 4 et 10.

[2] Bèze, *Hist. des Églises réf.*, t. I, p. 5, et Crespin, *Histoire des martyrs*, Genève, 1619, in-fol., fol. 99ª, disent que Briçonnet les « appela à soy. » Toussaint Du Plessis, *l. c.*, p. 327, dit également que c'est Briçonnet qui les appela. C'est là aussi l'avis de M. Merle d'Aubigné, *Histoire de la réformation*, Paris, 1841, in-8º, t. III, p. 524. Je crois plutôt que l'évêque ne fit que les recevoir; Choupart, dans sa biographie de Farel (manuscrit à Neufchâtel), dit: « Ce fut la persécution qui se suscita contre eux à Paris en 1521, qui les obligea à quitter cette ville; » en outre on lit dans le fragment à la suite de la vie de Farel (manuscrit de la bibliothèque de Genève): « Briçonnet les receut et logea en sa maison. » — Crespin, *l. c.*, nomme aussi maître Michel d'Arande parmi ceux qui vinrent à Meaux.

[3] Natif de Gamache en Picardie, disciple et ami de Lefèvre.

loppé par son commerce avec Lefèvre d'Étaples. Il se plaisait à s'abandonner à des rêveries contemplatives qui, quand il voulait les exprimer en paroles, revêtaient souvent les formes allégoriques les plus obscures. On a trouvé singulier qu'avec cette disposition au mysticisme, Briçonnet se soit laissé entraîner vers les doctrines de la réformation[1]. Mais il nous semble que cela s'explique par le mysticisme même de l'évêque de Meaux. De tout temps, surtout au moyen âge, les théologiens mystiques ont eu des tendances réformatrices; voyant avec regret la dévotion purement extérieure de la plupart des fidèles, et désirant un culte plus intime, plus spirituel, ils s'efforçaient tous de ramener l'Église aux préceptes de l'Écriture sainte; comme ils étaient habitués à ne voir dans les choses matérielles que les enveloppes passagères des idées infinies, ils mettaient peu de prix aux pratiques extérieures, aux cérémonies de l'Église; ils ne les jugeaient réellement utiles que pour des esprits moins avancés qu'eux, quoiqu'ils s'y accommodassent eux-mêmes avec d'autant moins de difficulté, qu'ils y attachaient plus souvent des significations spirituelles. Aussi, tout en se prononçant contre les abus de Rome, ont-ils cru de tout temps qu'ils étaient les fils dévoués de l'Église; et toutes les fois que celle-ci les avertissait qu'ils tombaient dans l'hérésie, en donnant un autre sens à ses dogmes et à ses usages, ils reculaient avec effroi, et se hâtaient

[1] *Lettres de Marguerite d'Angoulême, reine de Navarre*, publiées par M. Génin. Paris, 1841, in-8º, p. 6.

de protester de leur fidélité à l'orthodoxie catholique. Tels ont été au moyen âge maître Eckart et ses disciples; tel fut aussi l'évêque de Meaux[1]. On comprend qu'avec ces dispositions, celui-ci ne tarda pas à se lier d'une amitié intime avec plusieurs des disciples de Lefèvre venus pour chercher un asile auprès de lui. Il leur donna des emplois et des bénéfices; Roussel eut d'abord la cure de la paroisse de Saint-Saintin, puis il fut fait chanoine et trésorier de la cathédrale de Meaux[2]. En même temps l'évêque autorisa Roussel, Farel et Michel d'Arande[3], à prêcher à sa place dans tout le diocèse.

Durant les derniers mois de 1521, et durant presque toute l'année suivante, ils prêchèrent, sans être sérieusement molestés, des doctrines plus conformes à l'Évangile que le catholicisme, tandis que Lefèvre consacrait les loisirs de sa retraite à la traduction française des Écritures saintes. Pendant qu'ils travaillaient ainsi à répandre parmi le peuple du diocèse de Meaux une piété plus pure, la duchesse d'Alençon regrettait leurs entretiens moitié mystiques, moitié évangéliques. Pour combler le vide causé par leur

---

[1] M. Merle d'Aubigné (t. III, p. 634) juge parfaitement l'évêque de Meaux quand il dit: « Briçonnet fut l'un des chefs de l'école mystique ou quiétiste en France; et l'on sait que l'un de ses premiers principes a toujours été de s'accommoder à l'Église où l'on se trouve, quelle qu'elle puisse être. »

[2] Toussaint Du Plessis, *l. c.*, p. 327.

[3] *Ibidem*. Dans le procès suscité plus tard par les cordeliers contre Briçonnet, l'avocat des moines dit que l'évêque a aussi fait prêcher « un appelé *Michel*, autrement ne sçay son nom. » Bulæus, *Historia universitatis Parisiensis*. Paris, 1665, in-fol., t. VI, p. 173.

départ, elle entra, dès 1521, en correspondance avec Briçonnet, dont Lefèvre sans doute lui avait procuré la connaissance. Les lettres que depuis lors, et dans un espace de près de deux ans, elle écrivit à l'évêque, forment avec les réponses de celui-ci un recueil d'un haut intérêt. Elles sont toutes remplies de ce mysticisme allégorique que Marguerite et Briçonnet professaient alors, et bien qu'en plusieurs endroits elles soient à peine intelligibles à force de métaphores obscures, elles ont beaucoup plus d'importance que n'a voulu y attacher le savant éditeur des autres lettres de la sœur de François Ier; car c'est en ces documents surtout qu'on peut retrouver l'explication de la conduite de Marguerite et de Briçonnet vis-à-vis du mouvement de la réforme en France. Sous les allégories qui les remplissent se découvrent des pensées profondes, des vérités évangéliques, çà et là aussi quelques lueurs de courage; Marguerite, travaillée du vague sentiment de sa misère morale, demande à l'évêque des directions et des consolations; l'évêque, au lieu de lui indiquer avec simplicité le seul vrai chemin, répond par des méditations, dont plusieurs ont plus de cent pages, sur les douceurs de la vie contemplative, sur l'Être divin et sur l'union mystique avec lui [1]; quelquefois ils s'entretiennent en termes voilés de leurs communs désirs de réformer l'Église et des dispositions de la cour à cet

---

[1] «....*Audivi enim ipse latine prælegi epistolas duas tibi gallice scriptas, quæ de essentiâ et potentiâ Dei, ad morem Nicolai Cusani apposite philosophabantur.*» Capiton, épître à Marguerite; *l. c.*

égard[1]; mais ce qui manque à tous les deux, c'est l'énergie nécessaire pour aller jusqu'au bout, c'est la clarté de l'esprit sans laquelle la piété n'est toujours qu'une religiosité sentimentale, qui, quand elle ne dégénère pas en fanatisme, s'accommode sans peine de toute espèce de forme extérieure.

Dans les réunions de Briçonnet et de ses amis, ses lettres et celles de la duchesse formaient le sujet d'entretiens, où les spéculations mystiques se mêlaient aux discours sur la nécessité et les moyens d'amener le peuple chrétien à la connaissance de l'Évangile. Quelques-unes des lettres de l'évêque furent traduites en latin, et des copies en furent conservées par Lefèvre et les autres réfugiés[2]. Marguerite cependant, et cela prouve encore la réalité du besoin qui l'agitait alors, ne se contenta pas de demander à Briçonnet des lettres mystiques, elle désira aussi que l'un des réfugiés revînt auprès d'elle, disant que cela lui serait une grande consolation[3]. Michel d'Arande retourne alors à Paris; Marguerite

---

[1] Voy. les extraits que M. Génin donne de cette correspondance, d'après le manuscrit de la Bibliothèque du Roi, n° 337, dans ses *Lettres de Marguerite d'Angoulême*, p. 124 et suiv., et dans ses *Nouvelles lettres de la reine de Navarre*: Paris, 1842, in-8°, p. 273 et suiv.

[2] Voy. ci-dessus, p. 15, note 1.

[3] Le mari de Marguerite, le duc d'Alençon, était sur le point de partir pour l'armée et sa tante Philiberte de se rendre en Savoie. Se voyant ainsi abandonnée, elle écrivit à Briçonnet: « Il me faut mêler de beaucoup de choses qui me donnent bien des craintes. Par quoi, si connaissiez que maître *Michel* pût faire un voyage, ce me serait consolation que je ne requiers que pour l'honneur de Dieu.» Chez Merle d'Aubigné, t. III, p. 527.

le reçoit à la cour; dans des réunions mystérieuses, auxquelles assistent le roi et la reine-mère, il lit et explique les Écritures, et sa parole qui, au dire des contemporains[1], a été éloquente et persuasive, fait une telle impression sur ses augustes auditeurs, qu'en décembre déjà Marguerite rend grâces à Briçonnet d'avoir laissé partir ce prédicateur, parce que, dit-elle, « l'esprit de notre Seigneur par sa bouche aura frappé des âmes qui seront enclines à recevoir son esprit[2]. » L'effet des discours de maître Michel paraît avoir été si grand, que vers la fin de l'année, la résolution se fortifia chez le roi, non-seulement de ne pas empêcher la réformation française, mais de montrer même par des actes le zèle qui s'était alors emparé de son âme. Ce qui semble plus curieux encore, c'est que Louise de Savoie elle-même écoutait avec recueillement la lecture de la Bible et les exhortations dont Michel d'Arande l'accompagnait, et qu'elle eut un instant l'intention de s'associer aux projets réformateurs de son fils. En novembre Marguerite écrivit à Briçonnet « que le roi et Madame ont bien délibéré de donner à connaître que la vérité de Dieu n'est point hérésie[3]; » peu de semaines après elle parla encore des « désirs de la réformation de l'Église, où plus que jamais le roi et Madame sont affectionnés[4]; » et le 22 décembre Briçonnet la féli-

---

[1] Capiton, épître à Marguerite, *l. c.*
[2] *Nouvelles lettres de la reine de Navarre*, p. 274.
[3] *Ib.*, p. 273.
[4] *Ib.*, p. 274.

cita, dans son langage mystique, « du feu qui s'est logé en son cœur et en celui du roi et de sa mère[1]. »

Ces dispositions de la cour se maintinrent pendant toute l'année 1522. Michel d'Arande, de retour à Meaux dès le commencement de cette année, revint plusieurs fois à Paris; c'est lui d'ordinaire qui portait les épîtres de Briçonnet à Marguerite, qui le prit en grande affection. Encore en novembre il fit à la reine-mère des lectures de la Bible, et Briçonnet ayant demandé son retour, Marguerite lui exprima le désir de sa mère qu'il achevât d'abord de lui lire l'Écriture; elle ajouta: « Louez Dieu qu'il ne perd point de temps[2]. » Une preuve que Louise de Savoie, cette femme hautaine et vindicative, que nous verrons tout à l'heure provoquer des mesures rigoureuses contre les hérétiques, était alors elle-même ébranlée, et que son esprit s'ouvrit momentanément à la lumière d'en haut, c'est qu'elle reconnut le vrai caractère de ceux qui s'étaient constitués les soutiens les plus opiniâtres des abus de Rome, c'est-à-dire des moines : elle pria Dieu de défendre la France de cette « génération dangereuse et hypocrite[3]. »

[1] Il ajoute : « Je loue notre Seigneur qu'il a inspiré au Roy vouloir d'exécuter quelquechose que j'ay entendu. En ce faisant se monstrera vray lieutenant général du grand feu qui luy a données les grâces insignes et grandes pour les faire ardre en son administration et royaulme. » *L. c.*, p. 274.

[2] *L. c.*, p. 276.

[3] Louise de Savoie écrivit dans son journal : « L'an 1522, en décembre, mon fils et moi, par la grâce du Saint-Esprit, commençasmes à cognoistre les hypocrites, blancs, noirs, gris, enfumés et de toutes couleurs, desquels Dieu, par sa clémence et bonté infinie, nous veuille préserver et défendre ; car si Jésus-Christ n'est menteur, il n'est point de plus dange-

Quand même cet esprit qui animait la cour de François Ier ne se manifesta pas par des actes de vigueur[1], il eut au moins pour effet d'arrêter jusqu'à un certain point les persécutions ordonnées par le parlement et la Sorbonne[2]. Les adversaires de la réforme furent mal vus à la cour ; le roi montra peu d'empressement à faire exécuter les arrêts prescrivant la destruction des ouvrages de Luther ; il tâcha d'empêcher les évêques de « procéder à l'extirpation de l'hérésie ; » il mit toutes les entraves possibles aux procédures intentées contre Lefèvre et Berquin pour leurs publications suspectes de luthéranisme, et alla jusqu'à faire enlever les libelles que le docteur en Sorbonne Jérôme d'Angest et le dominicain Lambert *Campester* venaient de publier contre les doctrines des réformateurs[3]. En même temps Simon de Colines

---

reuse génération en toute nature humaine. » Voy. Michaud et Poujoulat, *Nouvelle collection de mémoires pour servir à l'histoire de France*. Paris, 1838, in-8º, t. V, p. 23.

[1] Briçonnet craignait déjà en 1521 que le *feu* qui animait le roi ne fût « couvert et assoupi ; » « j'ay peur, dit-il, qu'ayez procrastinées et différées » les grâces données par Dieu. *Nouvelles lettres*, etc., p. 274.

[2] Voy. *Articles concernans les responses que la Faculté de théologie a fait aux choses qu'il a pleu à Madame faire demander*, etc. D'Argentré, t. II, p. 3 et suiv.

[3] « Deux traitez composés par messire *Hierosme d'Angest* contre les erreurs de Luther et de ceux qui les voudraient soutenir. » L. c., p. 4. Jérôme d'Angest, Picard, docteur et professeur en Sorbonne, publia en 1525 uno *Antilogia adversus Pseudo-Christos*. Plus tard il écrivit encore plusieurs autres ouvrages contre la réformation ; il mourut en 1538. Voy. Aubertus Miræus, *Auctarium de scriptoribus ecclesiasticis*, p. 141, chez Fabricius, *Bibliotheca ecclesiastica*, Hambourg, 1718, in-fol. ; et la *Bibliothèque* d'A. Duverdier. Lyon, 1585, in-fol., p. 565. — Le dominicain parisien Lambert Campester publia en 1523 : *Heptacolon in summam*

et son gendre, le jeune Robert Estienne, contribuèrent par une édition portative et correcte de la version latine du Nouveau-Testament à la propagation des saints livres[1], et du sein même de l'Église catholique il s'éleva des voix pour réclamer des réformes sérieuses, quoique très-modérées, dans l'administration de l'Église[2].

Ces nouvelles durent remplir de joie ceux qui à Meaux travaillaient à préparer le règne de l'Évangile; par des messagers intrépides, mais dont les noms sont ignorés, ils les communiquèrent aux hommes qui sur d'autres points de la France pensaient comme eux, ainsi qu'aux frères qui avaient été obligés déjà de chercher un asile à l'étranger. Tous ces hommes se livrèrent avec confiance à l'espoir que la vérité ne tarderait pas à triompher dans un pays où les savants en répandaient la semence et où les dépositaires suprêmes de la puissance séculière semblaient si peu disposés à lui opposer des obstacles; l'on conçoit ainsi que dans les premiers jours de 1523 François Lambert, ancien cordelier d'Avignon, réfugié à Wittemberg, put écrire à l'élec-

---

M. Lutheri; Paris, chez Simon de Colises, in-4º; et *Apologia in M. Lutherum ib.*, in-4º. Il fut aussi un des plus véhéments adversaires d'Érasme; voy. la lettre de celui-ci à Bilibald Pirkheimer, 28 août 1525, dans *Erasmi vita et epistolæ.* Leyde, 1649, in-18, p. 259.

[1] Renouard, *l. c.*, t. I, p. 36.

[2] Comme par exemple l'auteur du *Dyalogue et ung merveilleux parlement faict pas loing de Trient, sur le chemyng de Rome, d'ung abbé, curtisan et du dyable, allencontre le bon pape Adrian.* L'an MDXXII, in-4º de 4 feuillets. Voy. sur ce pamphlet extrêmement rare le *Bulletin du bibliophile.* Paris, 1841, in-8º, p. 836.

teur de Saxe, que la France tout entière était en mouvement et que sous peu on apprendrait des nouvelles qui rempliraient l'âme d'une sainte joie [1].

Cependant les adversaires veillaient avec soin, décidés à ne pas se laisser échapper le royaume très-chrétien. Les prédicateurs de l'évêque de Meaux, encouragés par leurs succès, parlèrent peu à peu avec plus de liberté; Farel surtout crut pouvoir déployer désormais tout ce zèle ardent qui le caractérisait; il ne craignit pas de dire un jour à un moine jacobin, que son plus vif désir était de voir l'Évangile se répandre en France et en bannir à jamais les inventions humaines [2]. Irrités de cette hardiesse, comme ils l'étaient déjà par les entraves que leur opposait l'attitude de la cour, les moines accusèrent les prédicateurs de Briçonnet de ne pas enseigner la pure doctrine et le déclarèrent lui-même suspect de partager leurs opinions. C'est alors que l'évêque de Meaux, au lieu de saisir avec courage l'occasion de se prononcer pour l'Évangile, révoqua, le 12 avril 1523, les pouvoirs qu'il avait donnés à Farel et à ses amis de prêcher [3]; provisoirement pourtant il se borna à cette mesure. Tous se soumirent, à l'exception de Farel, le plus protestant, et par conséquent le plus compromis parmi eux. Les chaires de Meaux lui étant

[1] 20 janvier 1523 : « *Gallia pene omnis commota est, et ubsque magistro sinceros habet veritatis dilectores; cum post modicum alia pleraque intellexeris, exultabit spiritus tuus in Deo salutari nostro.* » Chez Schelhorn, *Amoenitates literariæ*; Francfort, 1725, in-8º, t. IV, p. 336.

[2] Kirchhofer, *Leben Farel's*. Zurich, 1831, in-8º, t. I, p. 14.

[3] Toussaint Du Plessis, o. c., t. II, p. 557.

fermées, il quitta la ville et essaya de prêcher encore dans différents endroits du diocèse[1]; mais partout il fut obligé de se retirer; il se rendit à Paris, où il « subsista tant qu'il put[2]; » puis il retourna dans le Dauphiné, y prêcha l'Évangile dans les villes et dans les campagnes, et convertit entre autres le jeune et ardent chevalier Anémond de Coct, seigneur de Chastellard, qui bientôt après quitta la France pour visiter les réformateurs d'Allemagne, et qui, lorsque Farel eut été forcé à se réfugier en Suisse, y devint son infatigable compagnon.

Il paraît que la défense de Briçonnet n'empêcha pas Gérard Roussel et Michel d'Arande de continuer leurs prédications, qui d'ailleurs étaient beaucoup moins hostiles à Rome que celles du jeune réformateur dauphinois. Lefèvre, de son côté, mit la dernière main à la publication de sa traduction française du Nouveau-Testament. Mais dans l'intervalle Berquin publia à Paris des traductions françaises de différents traités de Luther, qui excitèrent à un tel degré la colère de la Sorbonne, que même la main royale qui jusque-là avait défendu le hardi gentilhomme, dut momentanément se retirer de lui[3]. Une perquisition faite au mois de mai chez les libraires fit découvrir une multitude d'exemplaires de ces traductions ainsi que d'ouvrages latins de Luther; le 12 août le parlement

---

[1] Kirchhofer, o. c., t. I, p. 15.
[2] Bèze, o. c., t. I, 6.
[3] Comme nous nous réservons de faire un travail spécial sur Louis de Berquin, nous n'entrons ici dans aucun détail sur ses ouvrages et son histoire.

les fit brûler au parvis de Notre-Dame, et Berquin fut jeté en prison[1]. En même temps la Sorbonne persécuta Robert Estienne, pour avoir imprimé des « *livres corrompus* », c'est-à-dire la version latine du Nouveau-Testament[2]; elle condamna la traduction des Évangiles faite par Lefèvre d'Étaples, qui avait paru le 8 juin[3]; le 26 août elle interdit d'une manière formelle toute traduction quelconque de la Bible, et jusqu'aux traductions des livres de prière[4]; enfin le

[1] D'Argentré, o. c., t. II, p. X.

[2] « Je me tay de ce qu'ils avoyent ja tenté l'an M.D.XXII, quand le Nouveau-Testament fut imprimé en petite forme par mon beau père Simon de Colines, qui le rendit bien net et correct, et en belle lettre : (c'estoit alors une chose bien nouvelle, veu la malignité de ce temps là, que de trouver des livres de la sainte Escripture corrects), et d'autant que j'avoye la charge de l'imprimerie, quelles tragedies esmeurent ils contre moy ! Ils crioyent des lors qu'il me falloit envoyer au feu, pource que j'imprimoye des livres si corrompus : car ils appeloyent corruption, tout ce qui estoit purifié de ceste bourbe commune, à laquelle ils estoyent accoustumés. » Robert Estienne, *Les censures des théologiens de Paris, par lesquelles ils avoyent faulsement condamné les Bibles imprimées par Rob. Estienne*, 1552, in-8°; l'introduction en est réimprimée chez Renouard, o. c., t. II, p. 228.

[3] Chez Simon de Colines. Le reste du Nouveau Testament parut le 6 novembre; les Psaumes, en 1525, chez le même; les livres de Moïse, en 1528, à Anvers; dans le même temps le reste de l'Ancien-Testament; la Bible entière, à Anvers, 1530, in-fol. Voy. Graf, o. c., p. 110 et suiv. — Il paraît que les premières éditions furent supprimées avec la dernière rigueur; car elles ne se trouvent que très-difficilement. Voy. Brunet, *Manuel du libraire*, 4e édit., t. I. p. 331.

[4] Un certain Meresotte ayant publié une traduction française des *Heures à la Vierge*, la Sorbonne, sur le rapport de Duchêne, déclara que « *neque expediens est, neque utile Reipublicæ christianæ, imo visâ hujus temporis conditione, prorsus pernitiosum, non solùm illam translationem Horarum, sed etiam alias translationes Bibliæ, aut partium ejus, prout jam passim fieri videntur, admitti; et quòd illæ quæ jam emissæ sunt, supprimi magis deberent quàm tolerari.* » D'Argentré, t. II, p. 7.

6 octobre elle prononça l'anathème sur plusieurs ouvrages de Mélanchthon[1]. Lefèvre et Roussel eurent en outre le chagrin de voir se joindre aux adversaires, leur ancien ami et collaborateur Josse Clicthou, qui avait encore pris la défense de son maître dans la querelle des trois Maries, et qui maintenant s'associa avec ardeur à la polémique contre Luther et la réforme[2]. Malgré cela Lefèvre n'arrêta point sa publication ; Briçonnet lui-même envoya la traduction des épîtres de saint Paul à la duchesse d'Alençon pour l'offrir au roi ; Marguerite se rendit à ce désir, mais écrivit à l'évêque qu'elle eût préféré qu'il eût lui-même présenté le livre à François Ier ainsi qu'à la reine-mère[3].

Mais déjà celle-ci n'était plus disposée en faveur de réformes ; après l'avoir été pendant quelques jours, entraînée involontairement par la force irrésistible de la vérité, cette femme intrigante céda de nouveau aux seuls intérêts de la politique, et se rejeta dans le parti de la réaction. Pour se ménager l'amitié du pape, et sous prétexte de plaintes élevées par « les zélateurs de la foi » au sujet de la facilité avec laquelle on laissait les luthériens se multiplier dans le

---

[1] D'Argentré, *o. c.*, t. II, p. X, XIII.

[2] « *Clichtoveus olim noster.* » Roussel à Farel, 6 juillet 1524 ; pièces justificatives, n° 2. — En 1523 il publia contre les réformateurs deux livres *De veneratione sanctorum ;* Paris, chez Simon de Colines, in-4° ; et en 1524 son *Anti-Lutherus,* dédié à Charles Guillard, président du parlement de Paris ; chez Simon de Colines, in-fol. — Clicthou mourut en 1543 à Chartres, où il était chanoine.

[3] Merle d'Aubigné, *o. c.*, t. III, p. 540.

royaume, elle fit demander, en octobre, l'avis de la Sorbonne sur les moyens d'extirper en France la doctrine hérétique[1]. Dans sa réponse la Sorbonne renouvela plus vivement ses plaintes contre « plusieurs grands personnages qui, avant que les choses fussent par eux bien entendues, avaient loué en cour icelle doctrine; » elle reprocha au roi sa mollesse dans l'exécution des arrêts du parlement, et indiqua comme moyens de répression, la punition des coupables, l'obligation de se rétracter imposée aux personnes suspectes, de quelque rang qu'elles fussent, et surtout la destruction complète et immédiate des livres hérétiques[2]; elle insista, non sans raison, sur cette dernière mesure; car les pamphlets tantôt sérieux, tantôt mordants et satyriques qui parurent depuis quelque temps contre l'Église de Rome[3], auraient fini, sans la vigilance des adversaires, par agir profondément sur l'esprit du peuple.

L'effet de ce changement dans la conduite de la reine ne se fit pas attendre. L'évêque de Meaux, intimidé et pressé de prouver son orthodoxie, se hâta de convoquer un synode pour le 15 octobre, où il fit condamner les doctrines de Luther, ou plutôt ce qu'on fit pas-

[1] Voy. la lettre de la reine chez d'Argentré, t. II, p. 3.

[2] L'avis de la Sorbonne, sous le titre *Articles concernans les responses*, etc., *ib*.

[3] Comme par exemple la *Farce des théologastres, à sim personnages*. s. l. ni d.; réimprimé à Lyon en 1830, in-8°; la *Sottie à deux personnages, jouée à Genève, en la place du Molard, le dimanche des Bordes*, l'an 1523; à Lyon; — la *Sottie jouée le dimanche après les Bordes, en 1524, en la justice*; faisant suite à la précédente. Voy. les *Analecta biblion*. Paris, 1836, in-8°, t. I, p. 327.

ser pour telles : dans le statut synodal on reproche entre autres au réformateur de vouloir abolir la mémoire de la passion de Jésus-Christ[1]! Deux mois après, le 13 décembre, Briçonnet retira de nouveau l'autorisation de prêcher qu'il avait tacitement laissée à Gérard Roussel et à Michel d'Arande[2]; il appela, pour les remplacer, d'autres prédicateurs, également de l'école de Lefèvre et amis de ceux auxquels il voulut imposer silence : Martial Mazurier, alors principal du collége de Saint-Michel à Paris, et Pierre Caroli, chanoine de Sens[3]. Ceux-ci se mirent à leur tour à prêcher les principes de la réforme; d'autres ecclésiastiques du diocèse de Meaux se joignirent à eux, tels que Matthieu Saunier, Jacques Pavannes, Nicolas Mangin, Jacques Prévost, un nommé *Moysi*, et un autre qui ne nous est connu que sous le pseudonyme de Nicolas *Sudorius*[4]. Gérard Roussel reprit alors courage, et sans se laisser arrêter plus longtemps par l'interdiction épiscopale, il continua ses prédications qu'il rendit même

---

[1] Toussaint Du Plessis, *o. c.*, t. II, p. 558.

[2] *Ib.*, p. 559.

[3] Quelques auteurs, comme encore Kirchhofer, *o. c.*, t. I, p. 12, et Merle d'Aubigné, *o. c.*, t. III, p. 500, ajoutent un prétendu frère de Roussel; tantôt on l'appelle Martial, tantôt Michel ou Arnauld. Nous n'avons trouvé aucune trace historique de l'existence d'un frère de Roussel. Ceux qui l'ont admise se sont laissés induire en erreur par les anciens historiens qui souvent n'ont désigné Martial Mazurier et Michel d'Arande que par leurs prénoms; le nom d'Arnauld provient d'une confusion avec Arande. Il y eut un Étienne Ruffi, docteur et professeur en Sorbonne, contemporain de Gérard et zélé catholique.

[4] Toussaint Du Plessis, *l. c.* — Sur Moysi, voy. Roussel à Farel, 6 juillet 1524; pièces justif., n° 2; sur Sudorius, sa lettre à Farel; pièces justif., n° 1.

journalières. Au peuple il expliqua les Évangiles, et
après les avoir terminés, les épîtres de saint Paul;
aux gens lettrés il interpréta, dans des réunions particulières, les psaumes[1]. Ses amis l'encouragèrent à
poursuivre dans cette voie, où il entra avec plus de
courage qu'il n'en avait montré jusqu'alors, et qui,
s'il y eût persévéré, l'eût conduit parmi les vrais réformateurs. Farel surtout, avec lequel il s'était lié
déjà avant leur conversion à l'Évangile[2], lui adressa
dans ses lettres des exhortations énergiques[3]. A Bâle,
où il se trouvait alors, Farel parlait de Roussel comme
d'un des plus ardents propagateurs de l'Évangile en
France, de sorte que les réformateurs suisses fondèrent sur lui de grandes espérances. Après la dispute que Farel soutint à Bâle, au printemps de 1524,
et dans laquelle il se montra si supérieur à ses adversaires, qu'OEcolampade le jugea capable de disputer avec la Sorbonne tout entière[4], ces deux hommes
pensèrent qu'une pareille dispute, un des moyens les
plus victorieux de mettre la vérité au jour, devrait
aussi avoir en France des conséquences décisives.
Ils jetèrent à cet effet les yeux sur Roussel, et tous

---

[1] Roussel à Farel, 6 juillet 1524, pièces justif., n° 2. — Le 2 avril 1524 Farel écrit à un ami: « Ger. Ruffus *magno ardore et spiritu Christum detonat; pene in dies.* » Chez Kapp, *Nachlese einiger zur Erlœuterung der Reformationsgeschichte nützlicher Urkunden.* Leipzig, 1727, in-8°; t. II, p. 603.

[2] Roussel à Farel, *l. c.*

[3] Voy. les lettres de Roussel à Farel. Malheureusement nous n'avons pu retrouver aucune des lettres de Farel à Roussel.

[4] OEcolompade à Luther, 15 mai 1524; dans OEcolampadii et Zwinglii *Epistolæ.* Bâle, 1536, in-fol., fol. 200 ᵇ.

les deux lui écrivirent pour l'exhorter à afficher à Paris même des thèses et à provoquer les docteurs de la Sorbonne à une controverse publique. Il est aisé de se représenter l'effet qu'aurait dû produire dans la capitale de la France une discussion publique sur les matières religieuses, discussion dans laquelle les uns se seraient appuyés sur le fondement inébranlable du seul Évangile et aidés de tous les moyens d'une science solide et éclairée, tandis que les autres n'auraient eu pour armes que les subtilités de la scolastique vieillie et l'autorité suspecte de la tradition. Mais outre que très-probablement la Sorbonne eût refusé de descendre dans la lice avec un prédicateur noté d'hérésie, Roussel ne se sentit pas le courage de suivre le conseil de ses amis. « Que suis-je, leur écrivit-il[1], moi, si faible et si obscur, contre ces docteurs si fameux et en si grand nombre! Ce n'est pas moi qui pourrai m'opposer comme un mur d'airain à ces lions formidables. » Il ne croit pas, continue-t-il, posséder les qualités nécessaires pour remplir la grande mission d'un hérault de Jésus-Christ; il n'a ni cette sagesse que l'école ne saurait donner et que le Saint-Esprit seul inspire, ni cette invincible force de la foi, qui est nécessaire pour résister tout à la fois à l'hypocrisie, à la superstition et à l'impiété déclarée. Il ajouta que loin de pouvoir servir avec fruit la cause de l'Évangile, il a lui-même encore trop besoin d'être instruit et

---

[1] Roussel à Farel, 6 juillet 1524; pièces justif. n° 2. — Roussel à OEcolampade, 24 août 1524; pièces justif. n° 4.

raffermi par les conseils de ses amis; et à cette occasion il demande, à la fin de sa lettre pleine d'hyperboles et de mysticisme, l'opinion d'OEcolampade sur le *limbus patrum* et sur le sort des enfants mourant sans baptême!

Farel et OEcolampade avaient de plus engagé Roussel à publier à Paris des traités en langue française, pour agir sur le peuple. Roussel leur ayant opposé les défenses du parlement de faire des publications sans l'autorisation préalable de la Sorbonne[1], Farel l'exhorta à enfreindre courageusement ces arrêts tyranniques. Farel lui-même publia vers cette époque, outre un écrit violent que lui inspira son ressentiment contre le pape et les Sorbonistes[2], son *Sommaire* destiné pour ses compatriotes et contenant ce qui, selon lui, était nécessaire « à chaque chrétien pour mettre sa confiance en Dieu et pour aider son prochain[3]. » Briçonnet ne permit pas à Roussel d'imiter cet exemple, de sorte qu'ébranlé par la parole plus énergique de Farel, mais hésitant toujours, il s'écria : « déjà je ne vois plus de moyen d'arriver à notre but, à moins que le Saint-Esprit n'embrase nos cœurs et ne nous inspire

---

[1] Roussel à Farel, 6 juillet 1524; pièces justif. n° 2. — Roussel à OEcoampade, 24 août 1524; pièces justif. n° 4.

[2] « *Edidit libellum de Parisiensibus et Pontifice.* » Érasme à Mélanchthon, 6 septembre 1524 : Erasmi Epp., édit. de Bâle, p. 692.

[3] *Sommaire; c'est une briève déclaration d'aulcuns lieux fort nécessaires à un chacun chrestien pour mettre sa confiance en Dieu et à ayder son prochain.* Réimprimé en 1542, en 1552, etc. Voy. Kirchhofer, o. c., t. I, p. 45; et le même, *Ueber Farels literærische Thætigkeit*, dans les *Theologische Studien und Kritiken*. Hambourg, 1831, in-8° t. I, p. 284.

la constance qui nous manque et qui nous est nécessaire pour braver les persécutions, les tortures et la mort[1]!» Cependant, reconnaissant de plus en plus la nécessité de se servir de la presse, qui alors déjà était le plus puissant levier des idées nouvelles, et que les adversaires commençaient à employer à leur tour pour agir sur l'esprit des laïques[2], Roussel et ses amis, empêchés par le parlement d'imprimer leurs ouvrages à Paris, formèrent le projet d'établir à Meaux même une imprimerie, imprimant avec des caractères semblables à ceux de quelque typographe étranger, et à leurs frais, des livres qu'ils distribueraient gratis au peuple. Les principaux habitants de la ville partagèrent cet avis; on espérait que par ce moyen on échapperait aux poursuites, car on pensait que pour le moment il serait moins dangereux de répandre des livres ayant l'air de venir de l'étranger, que des ouvrages publiés dans le pays même à l'insu de la Sorbonne. Roussel fut donc chargé de demander à Farel des types, ou, ce qu'on aurait préféré, les poinçons de fer destinés à frapper les matrices, et imitant le caractère de l'imprimerie de Frobénius à Bâle[3]. Ces objets ont-ils été envoyés à Meaux? l'imprimerie clandestine, projetée par les réformés,

---

[1] Roussel à Farel, 6 juillet 1524; pièces justif., n° 2.

[2] Par exemple *Trialogue nouveau, contenant l'expression des erreurs de Martin Luther, les doléances de jerarchie ecclesiastiques et les triumphes de vérité invincible, édit. par humble religieux frère* Jehan Gachi de Cluses, s. l., 1524, pet. in-4°. En vers et en prose. Voy. *Bulletin du bibliophile*, 1836, p. 544. — Brunet, o. c., 4ᵉ édit., t. II, p. 343.

[3] Roussel à Farel, 6 juillet 1524; pièces justif., n° 2.

a-t-elle été établie? Nous l'ignorons, et il est permis d'en douter. En attendant, Simon de Colines réimprima à Paris la traduction du Nouveau-Testament de Lefèvre[1]; Nicolas Sudorius envoya en Allemagne, pour l'y faire imprimer sans nom d'auteur, un manuscrit sur *la vaine administration de l'Église,* où il démontra par l'autorité de l'Écriture-Sainte que l'Église serait mieux gouvernée par les lois de Jésus-Christ que par des lois renouvelées du paganisme[2]. A défaut d'ouvrages publiés en France, les réformateurs de Meaux se faisaient venir ceux des théologiens de la Suisse, de Strasbourg et de l'Allemagne; ceux d'OEcolampade étaient surtout estimés par eux[3]; on peut même dire, en général, que les ouvrages des Suisses et des Strasbourgeois avaient à un plus haut degré les sympathies des réformateurs français que ceux des Allemands. Au commencement de 1524 Lefèvre reçut de Strasbourg le traité de Zwingli contre les erreurs du canon de la messe[4], ainsi que la *catéchèse* de Jean Lonicer contre le privilége du clergé d'étudier seul les Écritures et contre le culte des saints[5]. Dans leur joie d'avoir reçu ces livres, Lefèvre et

---

[1] Graf, *o. c.,* p. 113.

[2] Sudorius à Farel, mai 1524; pièces justif., n° 1. — Nous ignorons si cet ouvrage a été publié.

[3] Roussel à Farel, 6 juillet 1524; et à OEcolampade, 24 août 1524; pièces justif., n°s 2 et 4.

[4] Roussel à Farel, *l. c.* — *De canone Missæ* Huldrichi Zwinglii *Epichiresis.* Zurich, 1523, in-4°; dans les œuvres de Zwingli, édit. de Schulthess, t. III, p. 83 et suiv.

[5] *Catechesis de bonâ Dei voluntate erga quemvis Christianum, deque sanctorum cultu et invocatione;* s. l., 1523, in-4°.

Roussel prièrent Dieu de donner à la France quelques hommes pareils aux écrivains suisses et strasbourgeois, afin qu'elle aussi apprît à se fonder uniquement sur la parole de Dieu et à rejeter les traditions des hommes[1].

Roussel n'interrompait ses prédications à Meaux que pour aller de temps à autre à Paris, dans le but de conférer avec les amis de la réforme[2]. Un des autres prédicateurs de Meaux, Pierre Caroli, se rendit également dans la capitale, et y prêcha dans les églises de Saint-Paul et de Saint-Gervais, sur les épîtres de saint Paul; il enseigna que la vraie foi « est de croire les choses de la Bible en se confiant aux promesses de Dieu, » et que les cérémonies et usages de Rome ne font rien ni au salut des âmes ni à l'honneur de Dieu. Ses discours, prononcés devant de nombreux auditeurs, eurent un grand succès[3]. D'ailleurs la sœur du roi demeura favorable à la cause évangélique; les réformateurs de Meaux louent dans leurs lettres sa piété et la force de sa conviction[4]; il paraît même qu'elle reconnut un instant combien le mysticisme est insuffisant pour satisfaire aux besoins de la conscience religieuse, et que, peu satisfaite des exercices contemplatifs qui ne se fondent pas sur la « pierre angulaire, c'est-à-dire sur Jésus-Christ, » elle commença à désirer pour son âme une

---

[1] Roussel à Farel, 6 juillet 1524; pièces justif. n° 2.
[2] *Ibidem.*
[3] *Ib.* — D'Argentré, *o. c.*, t. II, p. 21 et suiv.
[4] Sudorius à Farel, pièces justif. n° 1.

nourriture plus substantielle[1]. Ce qui est remarquable, c'est que dès la fin de 1523 sa correspondance avec le mystique évêque de Meaux se trouve interrompue ; vers le même temps elle s'attacha définitivement Michel d'Arande en qualité d'aumônier[2]. La réformation compte en outre des amis dévoués parmi les personnes qui s'approchent de près de François Ier ; le 31 juillet 1524 OEcolampade écrit à un des gentilshommes de la chambre du roi, uniquement connu sous le pseudonyme de *Maurus Musæus*, pour le féliciter de son attachement sincère à l'Évangile, et pour l'exhorter à persévérer courageusement dans sa qualité de vrai disciple de Jésus-Christ[3]. Le roi continue

---

[1] Capiton, épître à Marguerite, *l. c.* : « *Tandem usus edocuit non solùm inanem esse multiplicem illam operum et meritorum observantiam, quæ tibi sine spiritu sæpenumero fuit ;... sed etiam experta es, quemadmodum philosophia ista sublimior molestiæ plurimum et emolumenti parum adferat ; id quod ex incertitudine fluxàque naturà eius facile coarguebas. Etenim non potuisti non sentire, quàm varient istiusmodi cogitationes.... Hoc loco mihi videre videor, quàm sæpe fueris plane afflictata animo, quum sub molientis manu, gloriosa benefactorum tuorum confidentia plerumque dispareret, splendidaque ista tua philosophia sacra de subito evanesceret, quam animo tuo anxie persuadebas et christianam contemplationem et auspicium esse venturæ salutis. Diffluxerint autem confidentiæ vanæ omnes necesse est, ad internum lumen abdita peccatorum conspicienti....* »

[2] « Il n'y a point aujourd'hui en France plus évangélique que la dame d'Alençon. Elle a ung docteur de Paris, appellé maistre *Michel* eleymosluar, lequel ne presche devant elle que purement l'Évangile, et toutes aultres gens elle a deboute arrière. » Sébiville au chevalier de Coct, 28 décembre 1524 ; dans Zwinglii *Epistolæ*, éd. de Schulthess, t. I, p. 358.

[3] OEcolampade à Maurus Musæus, *a secretis et cubiculo Regis Galliarum*, 31 juillet 1524 (pièces justif. n° 3). OEcolampade dit dans cette lettre que c'est par un certain *Jacobus sculptor* qu'il a eu connaissance des dispositions de Maurus Musæus. Pour donner à celui-ci un témoignage de

à protéger les savants, qui tous alors sont suspects d'opinions hérétiques ; c'est précisément en 1524 qu'il songe sérieusement à la réalisation de son idée favorite de fonder à Paris un collège savant sous la direction d'Érasme, et destiné à offrir un asile aux gens de lettres et aux libres penseurs de tous les pays[1]. A l'étranger l'opinion est répandue que toute la cour favorise secrètement les luthériens[2]; les réformateurs croient même encore que Louise de Savoie ne leur est pas hostile, elle leur paraît toujours bien pensante à leur égard, et élevée au-dessus des superstitions romaines plus que toute autre femme de l'époque[3]. Il est vrai que sous ce dernier rapport les réformateurs ne se trompaient point; ce qui dirigeait Louise de Savoie dans sa conduite tant à l'égard de l'Église de Rome qu'à l'égard de la réforme, ce n'était pas un attachement sincère et profond au catholicisme dont elle connaissait les abus : c'est dans

son estime, il lui envoie ses *Demegoriæ, i. e. Conciones XXI in epistolam primam Johannis*. Bâle, 1524. — Il nous a été impossible, malgré toutes nos recherches, de trouver le vrai nom de ce Maurus Musæus.

[1] Érasme à Conrad Goclénius, professeur à Louvain, s. d., mais évidemment de 1524, édit. de Leyde, p. 174.

[2] « Subodoror regiam aulam ὑπολουθερίζειν. » Érasme à Goclénius, *l. c.* — En Allemagne on publia l'analyse d'une comédie satirique, jouée suivant le titre, à Paris dans les salons royaux, et dont les personnages représentaient Reuchlin, Érasme, Hutten, Luther, le pape et sa suite de prélats et de moines. Cette pièce curieuse, intitulée : *Eyn Comedia welche yn dem koniglichen Sall tzu Paryess... gespielt worden; anno M.D.XXIIII*, s. l., in-4º, est réimprimée dans la *Zeitschrift für historische Theologie*. Leipz., in-8º, 1838, liv. I, p. 156 et suiv.

[3] « *Recte sapit, supraque feminarum nostralium consuetudinem superstitionibus vacat.* » Papilion à Zwingli, 7 octobre 1524; dans Zwinglii *Epp.*, t. I, p. 358.

les combinaisons de sa politique qu'il faut en chercher les principaux motifs. En se rappelant la vie de cette princesse, on a de la peine aujourd'hui à comprendre comment les réformateurs ont pu persister si longtemps à avoir confiance en elle, quand tout au contraire aurait dû leur ouvrir les yeux sur ses intentions : quelques mois s'étaient à peine écoulés depuis qu'elle avait consulté la Sorbonne sur les moyens d'extirper l'hérésie, et maintenant elle appela aux fonctions de prédicateur de sa cour un des plus ardents adversaires de la réformation, le docteur Robert Ceneau, évêque de Vence et plus tard d'Avranches [1]. Beaucoup de grands imitèrent l'exemple donné par

[1] Cornélius Agrippa à Michel d'Arande, 7 mai 1526; dans ses œuvres, Lyon, s. d., in-8°, t. II, p. 836. — « ... *Nunc mihi ad posteriorem tuæ epistolæ partem respondendum est, in quâ scribis ut te certiorem faciam, an mihi sit cognitus Robertus Abrincœus episcopus. Cum illo nulla unquam mihi fuit vitæ conversatio, nulla familiaritas ; utcunque tamen hominem novi, quare depromam quod de homine scio. Est doctor Sorbonicus, ut ex eius libri titulo potuisti agnoscere, quem non vidi ; Cænalis nomine, saltem sic apud nos vocatur. Illius unam aut alteram concionem audivi, cum essem a cubiculo regis, cuius mater illum in aulam vocaverat, ut certis festis concionaretur, ubi non Christi, sed suum egit negocium. Donatus est enim nonnullis sacerdotiis, tandem parvo episcopatu in Galliâ Narbonensi sito, quem augentibus se opibus mutavit in hunc satis pinguem, cui nunc præest, situm in civitatulâ Normaniæ maritimâ. De doctrinâ nihil ad te scribo ; ex eius operibus poteris judicare quisnam sit ; tamen apud Gallos nullius est nominis, nisi apud scholasticos doctores sorbonicos, qui ut plurimùm doctrinam et eruditionem a dignitate metiuntur. Si quis exteriora tantùm consideret, nemo posset de homine male sentire, illius enim vita non est offendiculo, ut multorum et fere omnium episcoporum....* » Maurus Musæus à Bucer, 16 septembre 1534; manuscrit autographe. Archives du séminaire protestant de Strasbourg. — Sur Robert Ceneau, qui en 1534 écrivit un ouvrage véhément contre Bucer, voy. Aub. Miræus, *Scriptores sæc. XVI*, dans Fabricius, *Bibliotb. ecclesiast.*, p. 170.

la reine-mère : ils se sentirent momentanément portés vers des réformes, mais ces velléités passagères ne furent pas assez puissantes pour leur faire embrasser l'Évangile avec une entière abnégation du monde. Les prédicateurs durent déjà se plaindre de la frivolité d'hommes qui n'écoutaient la parole de Dieu que par curiosité, ou qui, tout en parlant beaucoup de leurs sentiments, s'abstenaient d'agir; et de la mollesse d'autres qui, bien que réellement éclairés par la lumière de l'Évangile, n'osaient pas faire une profession publique de leur foi, de peur d'être accusés d'hérésie[1]. Il est vrai que la résistance de plus en plus acharnée des adversaires, dut surtout arrêter des hommes que de hautes positions attachaient au monde, et dont la conversion n'était pas encore consommée. Comme presque partout les esprits étaient ébranlés, et « vu le feu déjà fort enflambé tout autour du royaume », la Sorbonne et le parlement se décidèrent à déployer plus de rigueur que jamais[2]. Le roi lui-même fut obligé de leur céder[3]. Meaux, considéré à juste titre comme le foyer principal de l'hérésie, éprouva les premiers effets de la persécution. Pierre Caroli, de retour chez Briçonnet, et Martial Mazurier furent accusés les premiers; cités devant le parlement et la faculté de théologie, ils consentirent à signer un acte de rétractation[4] : ce ne

---

[1] Sudorius à Farel; pièces justif. n° 1.
[2] D'Argentré, o. c., t. II, p. 8.
[3] Papilion à Zwingli, 7 octobre 1524; Zwinglii *Epp.*, t. I, p. 358.
[4] Roussel à Farel, 6 juillet 1524; pièces justif. n° 2.

fut pas la dernière apostasie de ces deux hommes, dont l'un avait le caractère trop inégal, et dont l'autre se laissait trop séduire par les dignités, pour qu'ils eussent jamais pu devenir de vrais réformateurs. Cependant il paraît qu'à l'époque dont nous parlons, ils firent peu de cas d'une signature qui sans doute ne leur fut arrachée que par la crainte; car nous les retrouvons continuant de prêcher à Meaux, et bientôt de nouveau accusés. Sur la requête de Pierre Lizet, alors avocat général du roi, plus tard président du parlement, cette cour ordonna l'arrestation de quatre prédicateurs de Meaux; du nombre furent *Moysi* et Mazurier, qui prirent la fuite; ce dernier toutefois fut pris, conduit garrotté à Paris, jeté en prison et menacé du feu. Ce n'est qu'à grand'peine que par l'entremise de la duchesse d'Alençon, Briçonnet parvint à le faire remettre en liberté; Lefèvre et Roussel échappèrent au danger, grâce à la même protection [1]. Caroli, de nouveau accusé en août par Béda, fit si bien par ses appels et ses protestations réitérés, que sa cause ne fut jugée que l'année suivante, et qu'elle se termina par une simple censure [2].

Le changement qui vers la fin de 1524 eut lieu dans les circonstances politiques de la France, augmenta les chances des adversaires de la réforme de triompher de l'hérésie. François Ier se rendit dans le midi pour secourir la Provence envahie par l'armée impériale; sa mère et sa sœur l'accompagnèrent, et

---

[1] Roussel à Farel, 6 juillet 1524; pièces justif. n° 2.
[2] D'Argentré, *o. c.*, t. II, p. 21 et suiv.

tandis qu'il s'avança vers la Provence, elles demeurèrent à Lyon. Marguerite avait amené avec elle plusieurs hommes dévoués à l'Évangile; outre son aumônier Michel d'Arande, elle avait auprès d'elle Antoine Papilion, latiniste distingué, qui avait traduit pour elle le traité de Luther sur les vœux monastiques, et que, malgré l'opposition des adversaires, elle avait fait élever aux fonctions de premier maître des requêtes du dauphin[1]. Par les efforts de ces hommes, Lyon devint un foyer d'où la prédication évangélique se répandit dans les provinces voisines, où Farel, et avant lui François Lambert, lui avaient déjà préparé les voies. Maître Michel prêcha publiquement à Lyon devant un grand nombre d'auditeurs; en décembre il en fit autant à Mâcon[2]. A Lyon travaillèrent dans le même but Amédée Maigret, ancien dominicain de Grenoble, où il avait déjà prêché contre les abus de Rome[3]; Cornélius Agrippa, alors médecin de Louise de Savoie et porté pour la réformation de l'Église[4]; Michel Bentin, aussi zélé protestant que savant philologue, un de ces intrépides messagers qui bravaient tous les dangers pour porter les correspondances des réformateurs ou pour répandre parmi les populations des livres chrétiens.

[1] Sébiville au chevalier de Coct, 28 décembre 1524; dans Zwinglii *Epp.* t. I, p. 358.
[2] Merle d'Aubigné, *o. c.*, t. III, p. 596.
[3] D'Argentré, *o. c.*, t. II, p. 9 et suiv.; p. 15: *Propositiones ex sermone vernaculà linguà Gratianopoli habito et oratione latinà ad senatum ejusdem civitatis extractæ.*
[4] Il vint à Lyon en avril 1524, avec une pension du roi. Voy. sa lettre à un ami, dans ses œuvres, t. II, p. 817.

Les succès que les prédications de Maigret avaient eus à Grenoble, engagèrent Papilion à se rendre en cette ville, dont le curé lui-même, Pierre Sébiville, s'était prononcé avec énergie contre le système catholique[1]; le gentilhomme lyonnais, Antoine Du Blet, à peine revenu de la Suisse, où il avait visité avec Farel les réformateurs de Bâle, de Constance et de Zurich[2], accompagna le maître des requêtes, et grâce à leur activité réunie beaucoup de cœurs furent gagnés à l'Évangile.

Cependant les espérances que les réformés fondaient tant sur la présence de Marguerite à Lyon que sur le zèle de ces hommes, ne tardèrent pas à s'évanouir de nouveau. L'esprit de persécution qui, depuis le départ du roi, s'était déchaîné plus librement dans la capitale, influa tellement sur le reste de la France, que dès les derniers jours de 1524, le découragement s'empara des protestants du midi. Les prédicateurs furent forcés au silence, sous peine de mort, et déjà ils se livrèrent à la crainte que la semence répandue ne fût entièrement étouffée[3]. Le

[1] Sébiville au chevalier de Coct, *l. c.* — Déjà en 1523 Sébiville est en relation avec OEcolampade. Voy. OEcol. *Epp.*, fol. 190[b] et suiv.

[2] *Ibidem.* Roussel à Farel, 6 juillet 1524; pièces justif. n° 2. — Farel, obligé de quitter Bâle après sa dispute, au printemps de 1524, se rendit à Constance (Jean Botzemius à Érasme, 6 juin 1524; chez Walchner, *Johann von Botzheim und seine Freunde. Schaffhouse, 1836, in-8°, p. 130*); le Français qui, d'après cette lettre, accompagne Farel, est Du Blet; de Constance ils vont à Zurich.

[3] « Satan a esteint le fruict de l'Évangile en France pullulant; .... et à moy a esté imposé silence de prescher sus peine de mort. » Sébiville au chevalier de Coct, *l. c.*

danger devint encore beaucoup plus menaçant, lorsque la nouvelle du désastre de Pavie se répandit en France. A peine François Ier fut-il prisonnier, que la persécution éclata avec une violence qui se maintint au même degré pendant toute la captivité du roi. Délivrés des entraves que l'amour de ce dernier pour les sciences et ses velléités de réforme leur avaient opposées, la Sorbonne, le parlement et le chancelier Duprat, restés maîtres du terrain, organisèrent contre les savants et les réformateurs un système de terreur, qui remplit d'effroi et de compassion pour les victimes jusqu'à des hommes comme Érasme[1]. Un nouvel antagoniste de la réformation se joignit aux *zélateurs de la foi*, le chartreux Pierre Cousturier (*Sutor*), docteur en Sorbonne, qui dans ses écrits rivalisa de violence fanatique avec le docteur Béda lui-même[2]. Louise de Savoie participa à la réaction ; croyant avoir besoin du pape pour rétablir les affaires publiques de la France, elle lui fit demander sa volonté à l'égard des hérétiques : le saint-père répondit en demandant l'établissement de l'inquisition. Sur l'ordre du parlement, une commission, composée de deux conseillers et de deux docteurs de la Sorbonne, fut alors instituée « pour faire et parfaire le procès de ceux qui se trouve-

---

[1] Il en fait un sombre tableau dans sa lettre à François Ier, 16 juin 1526 ; Erasmi *Epp.*, édit. de Bâle, p. 800.

[2] Voy. la susdite lettre d'Érasme. En 1525 Cousturier publia *De translatione Bibliæ et novarum interpretationum reprobatione;* Paris, in-fol. Voy. la liste de ses autres ouvrages polémiques, *Biographie universelle*, t. X, p. 134.

raient entachés de la doctrine de Luther. » Un bref spécial du pape, du 20 mai 1525, conféra à ce tribunal exceptionnel le pouvoir de juger souverainement et en dernier ressort[1].

Meaux devint naturellement le principal point de mire de la réaction. Déjà le peuple de cette ville avait commencé à se montrer ouvertement hostile au catholicisme. Au mois de décembre 1524 une bulle d'indulgence avait été lacérée, et en janvier suivant on avait affiché des placards contre le pape. Plusieurs des prédicateurs de Briçonnet, comme Matthieu Saunier et Jacques Pavannes, s'étaient déclarés franchement réformateurs, en enseignant que Dieu n'a pas besoin de vicaire sur terre, que Jésus-Christ seul et non la Vierge est notre foi et notre espérance, qu'il n'y a point de purgatoire, que le culte doit être célébré dans la langue du peuple[2]. Aussi la commission inquisitoriale commença-t-elle, au mois de mars, ses opérations, en faisant arrêter et conduire à Paris Saunier et Pavannes. Pendant que leur procès s'instruit, la Sorbonne condamne comme hérétiques les traductions faites par Berquin de quelques livres d'Érasme[3]. Bientôt les flammes ne s'allument plus seulement pour dévorer les livres : les bûchers se dressent pour les réformés eux-mêmes ; les condam-

---

[1] Roussel à Farel, 25 septembre 1525 ; pièces justif. n° 5. — Merle d'Aubigné, o. c., t. III, p. 625. — Les commissaires furent Guillaume Duchêne et Nicolas Leclerc, docteurs en Sorbonne, Philippe Pot, président aux enquêtes, et André Verjus, conseiller. Duchêne mourut bientôt après.

[2] Toussaint Du Plessis, o. c., t. II, p. 277.

[3] D'Argentré, o. c., t. II, p. 42 et suiv.

nations et les supplices se succèdent pendant toute l'année, tant dans le royaume même, que dans les autres provinces de langue française, notamment dans les pays soumis au duc Antoine de Lorraine. Déjà le 25 décembre 1523 celui-ci, poussé par le fanatisme du cordelier Bonaventure Rennel, son confesseur, et de l'inquisiteur Théodore de Saint-Chamond, abbé de Saint-Antoine à Vienne [1], avait fait publier à Nancy un édit sanguinaire contre les luthériens [2], qui surtout à Metz avaient de nombreux partisans parmi les bourgeois et jusque dans les rangs du clergé même [3]. Le premier martyr protestant français fut un franciscain de Metz, Jean Chastellain, natif de Tournay, brûlé le 12 janvier 1525 [4]; après lui c'est le tour d'un homme de Meaux, membre de la communauté formée sous les auspices de l'évêque lui-même et que celui-ci n'eut pas le courage de défendre : le foulon Jean Leclerc, venu à Metz au commencement de

---

[1] Voy. François Lambert, *Commentarii in Oseam.* Strasbourg, 1525, in-8°; épître dédicatoire à l'électeur Frédéric. — Crespin, *Histoire des martyrs*, fol. 97.

[2] Cet édit se trouve dans *Fortgesetzte Sammlung von alten und neuen theologischen Sachen.* Leipzig, 1747, in-8°, p. 27.

[3] « Plusieurs grands clercs, scientifiques personnes, en estoient journellement en question et debats à disputer de ceste affaire, et tenoient les plusieurs sa partie (de Luther) et preschoient desja et annonçoient celle secte mauldicte avec ses livres et enseignemens en ensuivant sa doctrine. » *Chroniques de la ville de Metz*, recueillies par Huguenin. Metz, 1838, in-8°, p. 804.

[4] *Chroniques de Metz*, p. 808 et suiv. — Le 12 septembre 1534 on présenta à la Sorbonne un livre intitulé : *Traité nouveau de la destruction et exécution actuelle de Jean Castellan hérétique;* ce livre est reconnu « au premier coup d'œil » comme suspect. D'Argentré, t. I, Index, p. VIII.

1525, y est brûlé le 22 juillet[1]. Amédée Maigret, conduit de Lyon à Paris, y est condamné comme hérétique[2]; Jacques Pavannes, qui à Noël 1524 s'était laissé entraîner par Mazurier à une rétractation, répare son infidélité momentanée en mourant dans les flammes[3]; à Paris, un ermite inconnu de la forêt de Livry[4], et à Nancy, Wolfgang Schuch, de Saint-Hippolyte, ont le même sort[5]. Berquin[6] et un autre protestant de distinction, du nom de *Macrinus*, sont jetés en prison[7]. Enfin, comme pour enlever aux réformés français leur dernier espoir, Marguerite de

---

[1] Voy. François Lambert, *Commentarii in Micham*. Strasbourg, 1525, in-8°; préface au magistrat de Besançon, fol. 3ᵃ. — Bèze, *Hist. des égl. réf.*, t. I, p. 6. — Il paraît que Leclerc avait eu l'intention de passer par Metz pour se rendre à Strasbourg. Voy. Roussel à Farel, 25 septembre 1525; pièces justif. n° 5.

[2] D'Argentré, *o. c.*, t. II, p. 8 et suiv. — Merle d'Aubigné, t. III, p. 599.

[3] Crespin, *Hist. des martyrs*, fol. 99. — Bèze, *o. c.*, t. I, p. 7.

[4] Bèze, *l. c.*

[5] Saint-Hippolyte, aujourd'hui dans le Haut-Rhin, appartenait alors au duc de Lorraine. — D'Argentré, *o. c.*, t. II, p. 17 et suiv. — Déjà en 1524 Maublanc, citoyen de Besançon, était mort en prison et avait « été inhumé aux champs comme un chien » pour avoir parlé en faveur de Farel. *Précis historique de la réformation dans l'ancien comté de Montbéliard*. Paris, 1841, in-8°, p. 23.

[6] Érasme à Bilibald Pirkheimer, 5 juin 1526; Erasmi *Epp.*, édit. de Leyde, p. 270.

[7] Roussel à Farel, 25 septembre 1525; pièces justif. n° 5. — Capiton à Zwingli, 1ᵉʳ janvier 1527; dans Zwinglii *Epp.*, t. II, p. 1. Cornélius Agrippa l'appelle *Macrivus*: « Glorificamus quoque Dominum pro Ma‑ crivi servi Dei constantiâ. » (Lettre à un ami, 31 décembre 1525; *in opp.*, t. II, p. 830). Ce n'est probablement qu'une faute d'impression. Quel est ce Macrinus? Schulthess, dans une note à la susdite lettre de Capiton, pense que c'est Maigret. Je crois plutôt que c'est le même personnage que ce *Menadæus Macrinus* qu'OEcolampade fait saluer par le gentilhomme Maurus Musæus. (Voy. pièces justif. n° 3.)

Valois quitte la France au mois d'août, pour donner ses soins à son frère captif et malade en Espagne et pour négocier la paix avec Charles-Quint[1]. C'est alors qu'entièrement livrée à elle-même, la haine des catholiques ne connaît plus de bornes; pour exterminer les protestants, elle n'observe plus même ces prétendues formes judiciaires, dont elle s'était couverte jusque-là : elle se débarrasse d'eux par l'assassinat. Le gentilhomme Antoine Du Blet et François Moulin, savant réformé qu'Érasme estimait, sont mis à mort[2]; Papilion périt, et la rumeur publique attribue sa mort à du poison[3]. Une terreur profonde s'empare alors des réformés français; partout ils se retirent dans l'ombre, n'osant plus élever la voix ni pour se plaindre de l'odieuse tyrannie qui les opprime, ni pour prêcher leurs convictions; ils conviennent eux-mêmes que, par la puissance et l'audace de leurs adversaires, et par l'abandon où les laissent ceux qui jusque-là les défendaient, ils sont venus au point de ne plus pouvoir confesser Jésus-Christ sans danger de mort[4]. Cependant il y a toujours quelques hommes intrépides qu'aucun danger ne peut empêcher de porter les correspondances des

[1] Elle quitta Lyon le 8 août 1525.
[2] Érasme à François Ier, 16 juin 1526; Erasmi *Epp.*, édit. de Bâle, p. 800; — à Guillaume Cop, 27 août 1526; *ib.*, p. 699.
[3] Érasme à François Ier, *l. c.* — Farel à Zwingli, 12 septembre 1525 : « *Audisti ni fallor, de immaturo Papilionis transitu, super quo gestiunt impii;* » dans Zwinglii *Epp.*, t. I, p. 404.
[4] Farel à Zwingli, 12 septembre 1525: « *Tyrannydem non parvam apud Gallos suspicor, quòd fratres magis sunt muti quàm pisces;* » dans Zwinglii *Epp.*, *l. c.* — Roussel à Farel, 25 septembre 1525; pièces justif. n° 5.

réformateurs; malgré les espions qui suivent leurs traces et les bourreaux qui les attendent, ils parcourent la France et franchissent les frontières, pour porter aux frères réfugiés à l'étranger les nouvelles de ceux qui gémissent sous la croix, et à ceux-ci les consolations des réfugiés. Dans les premiers jours de septembre un de ces messagers parvient à porter aux Français retirés à Bâle des nouvelles de Paris, ayant cousu en son habit une lettre sans signature; après la lecture de cette lettre mystérieuse, Pierre Toussaint écrit à Farel alors à Strasbourg : « C'est chose épouvantable à ouïr raconter les grandes cruautés qui se font là [1]. »

Quant aux réformateurs de Meaux, le même orage gronde aussi sur eux. Dès le 19 août, sur la dénonciation de Mazurier [2], l'évêque demanda que le parlement commît quelques conseillers pour s'informer si dans son diocèse il y a des abus « sur le fait de la foi [3]. » Ses prédicateurs répandaient avec profusion les Nouveaux-Testaments français de Lefèvre, où, dans des exhortations accompagnant la traduction, il était dit que la Bible seule doit être prêchée dans l'Église chrétienne, et que l'homme n'est sauvé que par la grâce de Dieu [4]; ils enseignaient qu'il est permis au peuple de s'assembler pour lire les Écritures, quand l'Église les

---

[1] 4 septembre 1525; chez Merle d'Aubigné, o. c., t. III, p. 668.
[2] Voy. le manuscrit du curé Janvier, conservé à la bibliothèque publique de Meaux. Je tiens les extraits de ce manuscrit de l'obligeante bonté de M. Ladevèze, président du consistoire de Meaux.
[3] Toussaint Du Plessis, o. c., t. II, p. 279.
[4] D'Argentré, o. c., t. II, p. 35.

lui refuse, et prêchaient avec force contre la simonie[1]. Matthieu Saunier eut même le courage d'écrire une apologie des propositions pour lesquelles on avait condamné Pavannes[2]. La commission inquisitoriale s'appliqua dès lors avec un nouveau zèle à déraciner l'hérésie dans le diocèse de Meaux. Le 28 août elle condamna au feu la traduction française du Nouveau-Testament par Lefèvre[3]; pendant le mois de septembre elle entendit à trois reprises des témoins contre les prédicateurs réformés[4]; enfin le 3 octobre elle fit publier l'ordre de faire « prendre au corps » Lefèvre, Roussel, Caroli, Nicolas Mangin, le cordelier Jean Prévost et le dénonciateur Mazurier lui-même[5]. Briçonnet lui-même ne put se préserver des poursuites, qu'après avoir protesté itérativement de son orthodoxie. Plusieurs des prédicateurs furent arrêtés et conduits à Paris; Lefèvre, Roussel, à peine relevé d'une maladie[6], Jean Prévost et un autre religieux du même ordre parvinrent à se sauver par la fuite; Lefèvre et Roussel arrivèrent peu de temps après à Strasbourg, les deux autres à Bâle[7].

[1] Toussaint Du Plessis, t. II, p. 566.
[2] Cette apologie fut condamnée au feu le 9 décembre 1525; d'Argentré, t. II, p. 30.
[3] La condamnation est renouvelée le 6 novembre suivant. Brunet, o. c., t. I, p. 332. D'Argentré, t. II, p. 35.
[4] Roussel à Farel, 25 septembre 1525; pièces justif. n° 5.
[5] Toussaint Du Plessis, t. II, p. 281. Le manuscrit de Meaux dit que Mazurier était accusé d'avoir brisé à coups de pieds une statue de saint François stigmatisé.
[6] Roussel à Farel, 25 septembre 1525, l. c.
[7] Merle d'Aubigné, t. III, p. 668.

Informé des dangers qui menaçaient Lefèvre et Roussel, le roi écrivit, du fond de sa captivité, au parlement pour se plaindre des « calomnies dirigées contre des personnages de si grand savoir et doctrine; » il ordonna d'ajourner le procès jusqu'à son retour en France, car, dit-il, il est plus que jamais résolu de traiter favorablement les gens de lettres[1]; la reine régente, par affection pour son fils, prit également leur parti. Le 15 décembre, il est vrai, le parlement arrêta de continuer la procédure, « vu que l'hérésie n'était que trop réelle, et qu'il fallait couper le mal à sa racine[2]; » toutefois l'affaire ne paraît pas avoir eu d'autres suites, parce que les plus compromis parmi les accusés avaient trouvé un asile en pays étranger, et que les autres rendirent les poursuites inutiles en rentrant dans l'Église catholique: Pierre Caroli, homme inconstant et vaniteux, devenu, sans doute, par la protection de Marguerite, curé d'Alençon[3], embrassa momentanément le parti des persécuteurs; plus tard il se prononça de nouveau pour la réforme, et se réfugia en Suisse, où, par ses menées, il devint pour Calvin et Farel une cause permanente de désagréments[4]; Martial Mazurier fut nommé chanoine et pénitencier de Notre-Dame de Paris, et se lia même plus tard avec Loyola, quoi-

---

[1] La lettre du roi est du 12 novembre. Toussaint Du Plessis, t. II, p. 282. — Sleidanus, *De statu religionis et reipublicæ Carolo V Imp.* Strasbourg, 1555, in-fol., fol. 78ᵇ.

[2] Toussaint Du Plessis, t. II, p. 283.

[3] Kirchhofer, o. c., t. I, p. 220.

[4] Bèze, o. c, t. I, p. 21, 22.

qu'en 1544 il eût à se justifier devant la Sorbonne d'avoir prêché des propositions malsonnantes, et que la même année, son *Instruction et doctrine à se bien confesser et prier Dieu pour ses péchés* fût censurée comme suspecte d'hérésie [1].

Après leur départ de Meaux, Lefèvre et Roussel restèrent encore pendant quelque temps en relation avec Briçonnet. Il paraît même que ce fut celui-ci qui leur fournit secrètement l'occasion de se soustraire par la fuite au danger qui les menaçait [2]. Malgré ce qu'ils avaient vu, ils continuèrent à être persuadés que Briçonnet désirait une réformation de l'Église, et conservèrent l'espoir de retourner auprès de lui. L'évêque avait conseillé à Roussel de se rendre dans quelque endroit près d'Avignon, apparemment pour pouvoir aller de là à l'université de cette ville, où Roussel aurait pu réaliser son intention de se perfectionner dans la connaissance de l'hébreu ; Roussel était convaincu, comme il le dit lui-même, de la nécessité d'étudier la religion dans ses sources, afin de pouvoir rendre celles-ci accessibles au peuple, et de rétablir ainsi le christianisme dans sa pureté primitive [3]. Cependant les deux fugitifs préférèrent Strasbourg, comme étant un asile plus sûr. A peine arrivé, Roussel en informa Briçonnet, ajoutant que si l'évêque désire qu'il quitte cette ville, il est prêt à se confor-

---

[1] D'Argentré, t. II, p. 138; 174. La censure du livre fut renouvelée en 1531.

[2] Roussel à Briçonnet, 1525; pièces justif. n° 6.

[3] *Ibidem.*

mer à sa volonté; en même temps il exprime le vœu de continuer à jouir, quoique absent, des revenus de son bénéfice comme trésorier de la cathédrale de Meaux, ou, dans le cas qu'il se rendrait dans le midi, d'obtenir par l'entremise de l'évêque l'autorisation de permuter son bénéfice contre un autre plus rapproché du lieu où il irait se retirer[1].

En attendant la réponse de Briçonnet, qui paraît avoir mis peu d'empressement à en donner une, Roussel et Lefèvre s'estimèrent heureux d'avoir trouvé à Strasbourg un refuge assuré[2]. Cette ville hospitalière et éclairée, qui avait embrassé la réforme avec enthousiasme, était alors comme un port où se diri-

[1] Roussel à Briçonnet, *l. c.*

[2] Jean Sturm dit dans un de ses écrits contre Pappus (*Antipappus quartus*, Neustadt, 1580, in-4°, p. 8) que Lefèvre et Roussel vinrent à Strasbourg, secrètement envoyés par la duchesse d'Alençon, pour s'entretenir avec Bucer et Capiton sur les principaux points de doctrine. Melchior Adam (*Vitæ theologorum*, Francfort, 1705, in-fol., p. 42), Baile (t. II, p. 470), le *Musée des protestants célèbres* (Paris, 1821, in-8°, t. II, part. I, p. 88) et même MM. Merle d'Aubigné (t. III, p. 638) et Henry (*Leben Calvins*; Hambourg, 1835, in-8°, t. I, p. 61) répètent l'histoire de cette prétendue mission secrète. D'après tout ce que nous avons dit, on voit que ce n'est qu'une fable. M. Röhrich observe avec raison dans sa *Geschichte der Reformation im Elsass* (Strasbourg, 1830, in-8°, t. I, p. 272), que l'origine de cette erreur est un oubli de la mémoire affaiblie du vieux recteur de Strasbourg, âgé de soixante-treize ans lorsqu'il écrivit contre Pappus. — Sponde (*Continuatio Annalium Baronii*, Paris, 1678, in-fol. t. II, p. 598, n° 18), Florimond de Remond (*Histoire de l'hérésie de ce siècle*, Paris, 1610, in-4°, p. 846) assurent, et M. Henry (*l. c.*) répète qu'en quittant Meaux Roussel se rendit en Allemagne pour voir Luther. Aucun témoignage authentique n'atteste ce voyage. Roussel a quitté Strasbourg tout au plus pour aller avec Lefèvre à Bâle. Florimond de Remond va jusqu'à dire (p. 921), que dans ce prétendu voyage d'Allemagne Roussel a eu pour serviteur Calvin.

geaient les proscrits protestants de tous les pays, et d'où ils repartaient, avec un nouveau courage, pour prêcher l'Évangile à leurs compatriotes [1]. De leur côté, les théologiens strasbourgeois s'efforçaient avec ardeur de contribuer à la propagation de la vérité parmi les Français; dès 1523, Lonicer [2] et Bucer traduisirent en latin des ouvrages de Luther, pour leur procurer l'accès en France [3].

Les réfugiés de Meaux furent reçus dans la maison de Capiton, où ils eurent la joie de rencontrer plusieurs de leurs compatriotes. Chez Capiton demeuraient alors Farel, qui après avoir essayé d'introduire la réformation dans le pays de Montbéliard, avait été obligé, en printemps 1525, de se réfugier de nouveau à Strasbourg; Jean Védaste, de Lille, homme modeste et dévoué, venu de Metz après le martyre de Chastellain, et poursuivi jusqu'à Strasbourg par des meurtriers; comme OEcolampade et Zwingli faisaient grand cas de lui, Farel espérait à cette époque déjà qu'on pourrait l'envoyer à Neufchâtel pour y prêcher la réforme [4]; Simon de Tournay, juif con-

---

[1] « ...Argentoratum perfugium fratrum exulum. Huc omnes devenerunt undique expulsi et hinc iterum ad verbi ministerium emittuntur. » Capiton à Henri Stromer, médecin à Leipzig, 5 juillet 1524; dans Kapp, *Nachlese*, etc., t. II, p. 611.

[2] Voy. Röhrich, o. c., t. I, p. 271.

[3] En 1524 Bucer publie *Enarrationes Lutheri in epistolas Petri et Judæ*. Strasbourg, chez Jean Herwag, in-8°.

[4] OEcolampade à Farel, 25 juillet 1525; il le prie de saluer Védaste « cujus modestiam singuli prædicant. Utinam aliquatenus illi prodesse valerem; » dans OEcolamp. *Epp.*, fol. 201ᵇ; Farel à Zwingli, 12 septembre 1525; dans Zwinglii *Epp.*, t. I, p. 404.

verti, secouru spécialement par la sœur de François Ier, et dans la suite collaborateur de Farel, et placé par lui comme pasteur à Bex [1]. Bientôt Lefèvre et Roussel virent aussi arriver dans la maison hospitalière de Capiton leur ami Michel d'Arande, qui, après avoir couru de grands dangers pour avoir été impliqué dans le procès des prédicateurs de Meaux, parvint à se réfugier à Strasbourg [2]. Ils trouvèrent en outre François Lambert, établi à Strasbourg depuis le mois d'avril 1524, après des voyages en Suisse et à Wittemberg et une tentative de prêcher l'Évangile à Metz, et s'occupant alors de publications destinées pour la France [3]; le chevalier d'Esch, de Metz, pro-

[1] Capiton à Zwingli, 15 janvier 1526 : Farel, Lefèvre, Védaste, « Simon *Tornacensis et quidam alius qui omnino latere cupit* » (Scil. Roussel) sont encore en sa maison. Collection de manuscrits de Simler, à Zurich, vol. XVI ; ce passage ne se trouve pas dans l'édition des lettres de Zwingli, t. I, p. 463. — Le 25 juillet 1525 Œcolampade écrit à Farel de saluer « *Judæus neophytus* » (Œcol. *Epp.*, fol. 201ᵇ), lequel est le susdit Simon. Œcolampade faisait grand cas de lui ; voy. ses lettres, fol. 181ᵃ. — Roussel à Farel, 27 août 1526 ; pièces justif. n° 9. — Farel à Zwingli, 1528 ; Zwinglii *Epp.*, t. II, p. 206 ; comp. Kirchhofer, o. c., t. I, p. 96.

[2] Le parlement, ayant ordonné de faire arrêter Roussel, fait demander, le 3 octobre 1525, à la reine régente, qu'elle envoye « un nommé maistre *Michel* par devers les juges délégués, qui ne peuvent bonnement faire ne parfaire le procès d'aucuns accusés de crime d'hérésie, sans ce que ledit M. *Michel* soit ouy et interrogé sur certains faits contenus esdittes informations, et à eux confronté. » Toussaint Du Plessis, t. II, p. 291. — « *Periclitatus est* Michael Arandus; » Érasme à François Ier, 16 juin 1526; Erasmi *Epp.*, éd. de Bâle, p. 800. — Note au bas de la lettre de Roussel à Briçonnet ; pièces justif. n° 6.

[3] Déjà à Wittemberg il écrit des traités français ; le 14 juin 1523 il écrit à Spalatin : « *Gallice item nonnulla edere cœpi, quòd ad me ex Amburgo* (Hambourg) *nuncii advenerint, tractatus gallicos postulantes. Ajunt*

pagateur infatigable de la réforme, ami de Farel et des réformateurs suisses[1]; enfin Cornélius Agrippa, qui, inquiet pour sa sûreté, avait quitté Lyon après le départ de la reine, qui n'avait pas voulu qu'il l'accompagnât dans le midi[2]. Tous ces hommes forment à Strasbourg une petite communauté, protégée par le magistrat, et secourue de toutes les manières par les pasteurs de la ville heureux de les posséder parmi eux. Farel, sans contredit, le plus zélé parmi ces nobles proscrits, conserve et nourrit leur foi par des prédications entraînantes[3]. François Lambert leur explique dans ses leçons, fréquentées aussi par de nombreux théologiens de Strasbourg, quelques épîtres de S. Paul et le prophète Ezéchiel[4]; avides d'instruc-

enim quòd illic sit, qui eâ linguâ, climatissimos possit cudere libros, quos demum navigio in Gallias mittit. Nedum tamen aliquid conclusimus, donec prius quid possit experiar, cujus rei spero me certitudinem brevi suscepturum. Faxit D. O. M. ut inveniatur qui gallice id imprimere possit, cum nihil in eâ re conducibilius Galliis arbitrer futurum.» Chez Schelhorn, *Amœnitates literariæ*. t. IV, p. 343. J'ignore si ce projet a eu de la suite. Le commentaire de François Lambert *in cantica canticorum*, Strasbourg, 1524, in-8º, et son traité *De sacro conjugio adversus polutissimum perditionis cœlibatum*, ib., 1524, in-8º, sont dédiés à François Iᵉʳ.

[1] Chassé de Metz dès 1523, il vint à Strasbourg, d'où il retourna dans sa ville natale en 1524, pour fuir de nouveau à Strasbourg l'année suivante.

[2] Corn. Agrippa à un ami; 31 décembre 1525; *in opp.*, t. II, p. 829.

[3] « Là aussy (c'est-à-dire à Strasbourg) Farel commença à prescher lengage françois à ceux qui estoyent venus des lieux circonvoisins de la langue françoise;... et Dieu a voullu que depuis ce temps là soit demeurée une église françoise dans Strasbourg. » Fragment manuscrit à la suite de la vie manuscrite de Farel; biblioth. de Genève.

[4] Voy. sa pétition au magistrat de Strasbourg, 13 janvier 1526; manuscrit à Strasbourg. Voy. aussi *Der nuwen Zeytung und heymmlichen*

tion, ils suivent les cours publics des réformateurs strasbourgeois, et entretiennent des relations avec ceux de la Suisse; dès le 16 décembre 1524, Zwingli adresse à Lambert et à ses compagnons d'exil une épître pour résoudre différentes questions de dogme qu'ils lui avaient posées [1], et leur promet un ouvrage *sur la vraie et la fausse religion*, qu'il publie en mars 1525, analogue à l'*Institution* de Calvin, et dédié comme celle-ci au roi de France [2]. Des relations naturellement plus intimes encore s'établirent entre les Français réfugiés à Strasbourg et ceux retirés à Bâle; dans cette dernière ville demeuraient plusieurs jeunes Français [3], savants philologues que l'étude avait amenés à la connaissance de la Bible, et qui partageaient leur temps entre de courageux et pénibles voyages pour l'Évangile et de paisibles travaux scientifiques; de Bâle ils partaient pour la France, chargés des correspondances pour les frères, de Bibles françaises et de livres chrétiens pour le peuple, et ils revenaient rapportant des éditions d'auteurs classiques et des ouvrages sur l'antiquité [4]; nous ai-

wunderbarlichen offenbarung, so D. Hans Fabri jungst ufftriben und W. Capitons brieff gefælschet hat, bericht vnd Erklærung (par Capiton). Strasbourg, 1526, in-4°, fol. F iiii[b].

[1] OEuvres de Zwingli, éd. de Schulthess, t. III, p. 615 et suiv.

[2] *De verâ et falsâ religione commentarius*; Zurich, 1525, in-8°; dans l'édit. de Schulthess, t. III, p. 145 et suiv. Zwingli dit qu'il a écrit cet ouvrage « *in usum Gallorum* » (l. c., p. 153). C'est un commentaire sur la différence entre le christianisme selon Rome et celui selon l'Évangile, une exposition nette et franche de la doctrine protestante sur les principaux dogmes.

[3] Anémond de Coct était alors déjà mort.

[4] Érasme à G. Budé, 22 juin 1527; Erasmi *Epp.*, éd. de Bâle, p. 703.

mons à citer les noms de Pierre Toussaint, jeune chanoine de Metz, depuis deux ans réfugié à Bâle, ami à la fois de Farel et d'Érasme[1]; de Conrard et de son neveu Vaugris, de Lyon, travaillant à fonder à Bâle une imprimerie pour la publication de Bibles françaises[2]; de Michel Bentin enfin, qui, après avoir persisté à Lyon jusqu'au mois d'octobre, vint à Bâle, où il soigna des éditions de différents auteurs latins, jusqu'à ce que, jeune encore, il mourut d'une épidémie au commencement de 1528[3]. Comme Conrard et Bentin étaient amis de Roussel[4], et que nous ne tarderons pas à voir celui-ci lié avec Toussaint, il est

[1] Érasme à G. Budé, octobre 1525; il lui fait l'éloge de l'amour que Pierre Toussaint a pour les lettres (*l. c.*, p. 742); le 3 septembre 1528 Érasme écrit à P. Toussaint une lettre très-amicale et le prie de saluer la reine de Navarre (*l. c.*, p. 758).

[2] Ce projet n'eut pas de suite. Voy. Merle d'Aubigné, t. III, p. 607.

[3] Le 8 octobre 1525 il écrit de Lyon à OEcolampade. Collection de manuscrits de Simmler à Zurich. — En 1526 paraît chez Valentin Curio, à Bâle, in-fol., *Cornucopiæ seu latinæ linguæ commentarii*, collection de plusieurs grammairiens, parmi lesquels *Nonius Marcellus*, *De proprietate sermonum*. Michel Bentin ajoute à ce dernier ouvrage des *castigationes*, avec une préface datée de septembre 1526, Bâle. Bentin dit que c'est sa première publication; après une sortie mordante contre les obscurantistes qui méprisent les lettres, il dit qu'il aurait désiré pouvoir offrir au public quelque chose de mieux que ces « misérables et fastidieuses annotations, » qui empêchent l'esprit de prendre un libre essor. — Érasme à G. Budé, 22 juin 1527; Erasmi *Epp.*, éd. de Bâle, p. 703. En 1528 Cratander publie les œuvres de Cicéron (Bâle, in-fol.), soignées par Bentin. Dans la dédicace à Ulric Varnbuler, chancelier de l'empire, l'éditeur fait l'éloge de la « *morum elegantia*, » de la rare connaissance des langues, de l'assiduité de Bentin, enlevé par la peste au moment où il mettait la dernière main à cette édition.

[4] En 1524 Conrard apporte à Roussel à Meaux une lettre de Farel. Roussel à Farel, 6 juillet 1524; pièces justif. n° 2; 27 août et 7 décembre 1526; pièces justif. n°s 9 et 10.

permis de supposer que Roussel accompagna Lefèvre dans le voyage qu'au commencement de 1526, il fit à Bâle, dans l'intention de voir ce même Érasme[1], qui se moquait de ce que le vieux docteur français fût obligé de vivre dans l'exil sous un faux nom[2].

Strasbourg, où la réformation était déjà complétement organisée, fit une profonde impression sur les réfugiés français, qui jusque-là n'avaient vu que des églises militantes, persécutées, violemment dispersées. Frappé du zèle que montrent à l'envi le peuple, les savants, les théologiens et le magistrat, Roussel, peu après son arrivée dans la ville libre protestante, en rend compte à Briçonnet en ces termes[3] : « Presque tout ce que je vois ici, ce qu'on fait pour exciter et propager la piété, le soin des ministres de la parole à procurer au peuple, à presque toutes les heures du jour, une nourriture spirituelle sans aucun mélange de ferment pharisaïque, tout cela te remplirait de joie si tu en étais témoin. Dès cinq heures du matin on prêche dans les différents temples de la ville, et on y dit des prières communes. A sept heures, la même chose a lieu ; à huit heures il y a sermon dans la cathédrale, accompagné du chant de psaumes tra-

---

[1] Érasme à Jacques Tusan, 16 mai 1526 : « Faber Stap. hòc iter faciens...., etc. ; édit. de Bâle, p. 791.

[2] « Faber Stap. Gallià profugus agit Argentorati, sed mutato nomine, quemadmodum comicus ille senex, Athenis Chremis erat, in Lemno Stilpho. Sed quid tuam Celsitudinem hisce nœniis onero? » Érasme à Jean a Lasco, 6 mars 1526 ; l. c., p. 586.

[3] Roussel à Briçonnet ; pièces justif. n° 5.

duits en langue vulgaire ; le chant des femmes se mêlant à celui des hommes, produit un effet ravissant. A quatre heures de l'après-midi il y a de nouveau, dans le même temple, prédication précédée et suivie de chant; par les cantiques avant le sermon on demande au Seigneur d'être rendu capable de recevoir la semence évangélique, et par ceux qui suivent on lui rend grâces de l'avoir reçue. Bien que le nombre des services divins paraisse très-considérable, il n'en est pas un pourtant qui ne soit fréquenté par une foule nombreuse, avide d'entendre la parole de Dieu. Combien serais-je heureux de voir chez mes compatriotes un désir pareil ! Les leçons publiques ne sont pas moins fréquentées ; elles sont faites par des hommes aussi distingués par leur piété que par leur science, et qui expliquent le texte original des deux Testaments d'une manière naturelle, simple et édifiante, sans obscurcir l'esprit des auditeurs par une fumée scolastique. Nul ne cherche à faire parade des trésors de son propre génie ; tous n'ont en vue que les progrès de la piété chrétienne par le moyen d'une interprétation sincère de la parole de Dieu. Ce sont, en vérité, des hommes extraordinairement savants, et tels qu'il serait difficile d'en trouver ailleurs de pareils, quoiqu'aux yeux du vulgaire ils soient de peu d'apparence, n'ayant pas honte de pourvoir à leur subsistance par le travail de leurs mains, conformément à la doctrine de l'apôtre, pour ne pas tomber à la charge de leurs frères. Quant à moi, je ne puis qu'admirer l'exemple de ce pieux dévouement; il m'est impossible de l'imiter, quelque désir que j'en aie.

« Je suis réjoui en outre de la sollicitude qu'on a pour les pauvres ; par de sages mesures on fait que pas un seul jour les vrais indigents ne manquent de pain, en même temps qu'on évite d'entretenir les hommes valides dans la paresse. Le magistrat consacre à ce but une partie des deniers publics, en y ajoutant le produit des aumônes et des collectes faites parmi les habitants ; dans toutes les églises on a établi à cet effet des troncs où chacun dépose son offrande.

« Chaque paroisse a son pasteur et son diacre qui, loin d'être rétribués par des richesses injustement et de tous côtés amassées, le sont en partie par le magistrat sur les fonds publics, en partie ils vivent du travail de leurs propres mains. La plupart des couvents ont été supprimés ; plusieurs en ont été convertis en écoles. Toutefois le magistrat traite les religieux de manière qu'ils ne puissent se plaindre d'aucune oppression tyrannique ; les uns ont spontanément quitté leurs monastères pour se livrer à des professions honnêtes ; les autres ont la permission de rester dans leurs cellules, à la seule condition de ne plus recevoir de nouveaux frères. On espère généralement que les revenus des couvents seront destinés tant à l'entretien des pauvres qu'à celui des pasteurs et de ceux qui seront chargés de l'instruction de la jeunesse.

« Cependant il est aussi des choses de nature à

affliger ceux qui ne sont pas encore assez avancés dans la doctrine de l'Esprit, pour pouvoir s'élever au-dessus du monde extérieur, et qui, tout en se laissant emporter par la foi vers les régions invisibles, croient devoir ne pas scandaliser le prochain et s'accommoder par charité à sa mesure. C'est ainsi qu'à Strasbourg les images ont été enlevées des églises; on n'a laissé subsister qu'un seul autel, accessible à tous, où se célèbre la communion, comme du temps de Jésus-Christ même. Enfin, pour tout dire d'un mot, le Seigneur seul y est adoré, d'une manière conforme à sa parole. »

Cependant, malgré l'impression produite sur l'âme de Roussel par la ville protestante, il ne sut trouver le courage nécessaire pour se soumettre uniquement à l'Évangile. Il était lui-même du nombre de ceux qu'il signala dans sa lettre à Briçonnet, c'est-à-dire de ceux qui, tout en se laissant emporter par leur foi mystique vers le monde surnaturel, ne pouvaient néanmoins pas s'élever entièrement au-dessus des choses extérieures, et qui, pour justifier cette hésitation, se persuadaient à eux-mêmes que la charité qui ne veut point donner du scandale au prochain, était la principale règle de leur conduite. C'est en vain qu'il fréquentait les leçons de Capiton, de Bucer, de Bédrot[1]; c'est en vain qu'il assistait à la table

---

[1] Dans sa lettre du 17 juin 1526, Roussel prie Farel de saluer « *Jacobus græous* » (pièces justif. n° 7). C'est Jacques Bédrot, originaire des Grisons, professeur de grec à Strasbourg. Ce passage de la lettre de Roussel prouve que Bédrot était à cette époque déjà à Strasbourg. Comp. Röhrich, o. c., t. I, p. 262.

hospitalière de son hôte aux graves conversations sur les principes et les progrès de la réforme; c'est en vain que Farel rappelait à Lefèvre les paroles prophétiques qu'à Paris il avait dites à ses disciples, que Dieu renouvellerait le monde et qu'ils en seraient les témoins[1]: les réfugiés de Meaux ne purent franchir le pas qui les séparait des réformateurs, et Roussel, bien qu'il désirât de pouvoir imiter le dévouement dont à Strasbourg il vit l'exemple, se borna à l'admirer, en s'avouant sincèrement incapable de le suivre. Aussi Lefèvre, Roussel, Michel d'Arande évitèrent-ils avec un soin extrême de se faire connaître[2], craignant que si on apprenait leur séjour dans une ville aussi hérétique que Strasbourg, on ne les persécutât lors de leur rentrée en France[3], ils prirent des noms supposés; Roussel prit celui de *Tolninus*, Lefèvre celui d'*Antonius Peregrinus*[4], Michel celui de *Cornélius*[5]. Mais il leur fut impossible de demeurer longtemps inconnus; ce que Roussel avait craint en venant à Strasbourg, ne tarda pas d'arriver : la grande renommée de son savant compagnon d'exil les trahit[6], et bientôt toute la ville et jusqu'aux en-

[1] Farel, *A tous seigneurs*, etc. Manuscrit de la bibliothèque de Genève.
[2] Capiton à Zwingli, 20 novembre 1525, 15 janvier 1526; dans Zwinglii *Epp.*, t. I, p. 439, 463.
[3] Roussel à Briçonnet; pièces justif. n° 6.
[4] Capiton à Zwingli, 20 novembre 1525; *l. c.* Dans ses lettres à Farel, Roussel signe *Tolninus*; l'éditeur des lettres de Zwingli a lu dans ladite lettre de Capiton *Solinus*, ce qui ne paraît pas être exact.
[5] Voy. les notes marginales aux lettres de Roussel à Farel, 17 juin et 27 août 1526; pièces justif. n°s 7 et 9.
[6] Roussel à Briçonnet, pièces justif. n° 6.

fants dans les rues les connaissaient et les saluaient avec respect [1].

En partant de Meaux, Lefèvre et Roussel avaient eu l'espoir que la persécution dirigée contre Briçonnet ne serait que passagère et qu'après une courte absence ils pourraient retourner auprès de lui ; c'est même en partie pour ne pas le compromettre lui-même qu'ils désiraient que leur séjour à Strasbourg restât ignoré [2]. Mais Briçonnet les abandonna ; renonçant à jamais à ses projets de réforme, il finit par prendre lui-même des mesures sévères contre les hérétiques [3]; déjà en 1526 les Français réfugiés à Strasbourg eurent la douleur d'apprendre le martyre de Denis de Rieux, brûlé à Meaux [4].

Marguerite de Valois, au contraire, leur généreuse protectrice, ne les abandonna point ; quoiqu'au delà des Pyrénées, elle s'occupe d'eux et de tous les autres proscrits français, tant en intercédant pour eux auprès de son frère, qu'en leur faisant parvenir des secours. Elle leur envoya en une seule fois une somme de quatre mille francs [5]. Capiton, plein de reconnaissance pour la duchesse, dont ses hôtes se plaisaient à lui parler, résolut dès lors

---

[1] Capiton à Zwingli, 20 novembre 1525 ; *l. c.*
[2] Roussel à Briçonnet ; *l. c.*
[3] Toussaint Du Plessis, *o. c.*, t. I, p. 338. Briçonnet mourut en 1534.
[4] Bèze, *o. c.*, t. I, p. 7.
[5] Florimond de Remond, *o. c.*, p. 849. — La reine fait aussi envoyer vingt écus d'or à Cornélius Agrippa (voy. sa lettre à un ami, 31 décembre 1525 ; *in opp.*, t. II, p. 830). Pour donner à la reine un témoignage de sa reconnaissance, il lui dédie sa *Declamatio de sacramento matrimonii ; ib.*, p. 543 et suiv.

de lui donner un jour une preuve publique de son admiration, de la seule manière qui fût au pouvoir d'un savant, c'est-à-dire en lui dédiant un livre [1]. Michel d'Arande, Lefèvre et Roussel furent en outre reçus et secourus par le comte Sigismond de Hohenlohe, doyen du grand-chapitre de Strasbourg et ami déclaré de la réformation, auquel Marguerite les avait spécialement recommandés. Celle-ci entretenait avec le comte une correspondance analogue à celle qu'elle avait eue avec Briçonnet, depuis qu'après la bataille de Pavie il se fut rendu auprès de la duchesse et de la reine-mère pour leur porter des consolations [2]. Rempli d'un singulier amour pour la France, le comte de Hohenlohe s'empressait de recueillir les réfugiés de ce pays et prenait part à tout ce qui se faisait pour répandre l'Évangile parmi les Français. Aussi le 9 mars 1526 Marguerite lui écrivit-elle pour le remercier de l'assistance qu'il prêtait « aux serviteurs de Dieu qui en ont besoin, à ceux qui sont unis dans l'esprit et dans la foi [3]; » et François Lambert servit-il d'interprète à la gratitude de ses compatriotes, en dédiant au comte plusieurs de ses livres [4].

Malgré leur position précaire, malgré la persécution qui continuait de sévir en France, les réfugiés

---

[1] Capiton, épître à Marguerite, l. c.
[2] Génin, Lettres de Marguerite d'Angoulême, p. 180.
[3] Ibidem, p. 244.
[4] Commentarii de causis excœcationis multorum sæculorum, etc.; s. l. et a. (Strasbourg), in-8°. Commentarii in Johelem; s. l. et a. (Strasbourg, 1525), in-16.

espéraient toujours, comme ils l'avaient fait dès le commencement de l'oppression, « que l'année de la délivrance viendrait, et que la liberté d'esprit et de conscience finirait par leur être accordée[1]. » Fort de cette espérance courageuse, le chevalier d'Esch retourna, au mois de décembre 1525, en Lorraine, mais il fut reconnu et emprisonné à Pont-à-Mousson[2]. Peu après[3] Pierre Toussaint partit également pour la France; en passant par Metz, il fut trahi par ses anciens collègues, livré à l'inquisiteur de Lorraine et jeté en prison[4]. En recevant ces nouvelles, les amis des réfugiés français, plus épouvantés et plus découragés qu'eux-mêmes, leur donnèrent le conseil de ne plus risquer leurs jours en essayant de rentrer en France[5].

Vers le même temps des nouvelles plus rassurantes parvinrent aux réfugiés. La paix rétablie entre François Ier et Charles-Quint et l'annonce du retour prochain du roi furent considérées par eux

[1] Toussaint à Farel, 21 juillet 1525; chez Merle d'Aubigné, t. III, p. 669.

[2] Œcolampade à Farel, 9 mars 1526; dans Œcolamp. *Epp.*, fol. 201ª; M. Merle d'Aubigné (t. III, p. 645) place cette lettre en 1524; elle n'a d'autre date que le 9 mars; Œcolampade prie Farel de saluer *Antonius*, c'est-à-dire Lefèvre, et *Cornelius*, c'est-à-dire Michel d'Arande; or, ces deux hommes n'étaient à Strasbourg ni en mars 1524 ni en mars 1525; la lettre ne peut donc être que de 1526.

[3] Au commencement de 1526; en décembre 1525 Toussaint est encore à Strasbourg. Voy. Merle d'Aubigné, *l. c.*, p. 670.

[4] Toussaint à Œcolampade, 26 juillet 1526; pièces justif. n° 8.

[5] « *Nollem carissimos dominos meos Gallos properare in Galliam, nisi rebus bene exploratis.* » Œcolampade à Farel, 9 mars 1526; *l. c.*, fol. 201ª.

comme des gages d'un meilleur avenir, quoique d'un autre côté les adversaires y fondassent l'espoir d'une résistance plus vigoureuse à l'hérésie. Lorsque l'époque du retour du roi approcha, les réfugiés apprirent que de grands personnages se disposaient d'aller à sa rencontre pour solliciter en leur faveur[1]; bientôt leur joie fut au comble, par l'heureuse nouvelle que leur donna la duchesse d'Alençon elle-même, en écrivant au comte de Hohenlohe que « dès que le roi sera revenu en France, il enverra vers eux et les fera rechercher [2]. »

L'attente du parti de la réaction, relativement aux effets du retour du roi, fut trompée. A peine François Ier fut-il rentré dans sa capitale [3] que sa pré-

[1] Capiton à Zwingli, 7 mars 1526 : « *De Gallo et Cæsarre consentiente magnas spes meditantur adversarii, quos Dominus perdet; contra verò, si novi judicium Domini, non multum me fallit, quantum Antichristo ex eâ concordiâ mali sit eventurum. Nam Galli piissimi ad iter se accingunt obviam ituri Regi, et nomine ejectorum christianorum æquissimas conditiones postulaturi. Bene sit.*» Zwinglii *Epp.*, t. I, p. 480.

[2] Marguerite est de retour à Paris dès le mois de février 1526. Le 9 mars elle écrit au comte Sigismond de Hohenlohe : « *Sobald aber der kunig in Frankrich kumen wurt, so wurt er ausschicken und sye wider lassen suchen,* » c'est-à-dire ceux « *die not leiden, vorab die eins Glaubens und Geistes sind;* » et qu'elle avait remercié le comte d'avoir assistés. Tel est le texte de l'ancienne traduction des lettres de Marguerite au comte, chez Wibel, *Merkwürdige Lebensgeschichte des Grafen Sig. von Hohenlohe.* Francfort, 1748, in-4º, p. 63. M. Génin a inexactement retraduit ce passage en français, en le rapportant au comte lui-même : « Mais dès que le roy sera revenu en France, il enverra vers *vous*, et *vous* recherchera à son tour » (*Lettres de Marg. d'Angoul.*, p. 212). En s'adressant au comte, Marguerite ne se sert jamais de la troisième personne *Sie*, mais toujours de la seconde *Ihr* ; *Sie*, ce sont ceux qui ont été dans le besoin, c'est-à-dire les réfugiés.

[3] Il rentre à Paris le 20 mars 1526.

sence arrêta la violence des persécuteurs. Il parut plus favorable que jamais aux savants et aux réformateurs; touché du dévouement que lui avait témoigné sa sœur, il lui laissa prendre sur sa conduite plus d'empire encore qu'auparavant, et lui accorda plus aisément tout ce qu'elle demanda de lui. C'est alors que les fugitifs furent rappelés et que les cachots se rouvrirent pour les prisonniers. Dès le 1er avril le roi demanda la suspension du procès de Berquin; interposant son autorité, il fit sortir son conseiller de prison, le consigna pour quelque temps dans un hôtel, et finit par lui rendre la liberté[1], après que le savant et spirituel gentilhomme eut disputé victorieusement avec les sorbonnistes. *Macrinus* est également délivré[2]; Toussaint sort de sa prison et trouve un asile au château de Malesherbes auprès de la dame de Contraigu[3]; Cornélius Agrippa retourne à Lyon[4]; Michel d'Arande reprend ses fonctions d'aumônier auprès de Marguerite, et apparaît depuis cette époque avec le titre d'évêque de Saint-Paul-des-Trois-Châteaux en Dauphiné[5]; enfin Le-

---

[1] D'Argentré, t. II, p. XI; — Érasme à Bilibald Pirkheimer, 5 juin 1526; Erasmi *Epp.*, éd. de Leyde, p. 270; à Guill. Cop, 27 août 1526, édit. de Bâle, p. 699; à Chr. Utenhoven, 1er juillet 1529, *ib.*, p. 918.

[2] Capiton à Zwingli, 1er janvier 1527; Zwinglii *Epp.*, t. II, p. 4.

[3] Toussaint à OEcolampade, 26 juillet 1526; pièces justif. n° 8.

[4] Jean Chapelain à Corn. Agrippa, 2 avril 1526; *in opp.* Corn. Agr., t. II, p. 832; Corn. Agrippa à Chapelain, 1er mai 1526, de Lyon; *ib.*, p. 852.

[5] Le 7 mai 1526 Corn. Agrippa lui écrit en lui donnant ce titre; *l. c.*, p. 835. (Remarquons en passant que cette lettre, dans laquelle Agrippa recommande à Michel d'Arande son traité sur le mariage, que différentes

fèvre et Roussel, encore à Strasbourg vers le milieu d'avril[1], sont rappelés « avec honneur » par le roi[2]. Immédiatement ils se rendent à la cour de leur protectrice, qui séjourne avec la reine-mère dans le Midi ; dès le mois de juin Roussel est à Blois[3] ; Lefèvre se trouve avec les princesses à Angoulême, d'où lui aussi ne tarde pas à se rendre à Blois ; là Marguerite leur assure un asile, et là se rencontrent avec eux plusieurs hommes savants et amis d'une réforme, tels que Jean Chapelain, médecin de Louise de Savoie, et cet autre médecin qui contribua tant à la renaissance des bonnes lettres en France, Guillaume Cop, de Bâle[4].

Roussel, encore sous l'impression de la vie religieuse et ecclésiastique qu'il avait vue à Strasbourg, était rempli du désir de consacrer son activité à la propagation de l'Évangile ; le contact avec les réformateurs strasbourgeois et avec ses compatriotes plus énergiques, et les auspices favorables sous lesquelles il venait de rentrer en France avaient donné à son

---

personnes attachées à la cour, notamment l'évêque Robert Ceneau, avaient fortement censuré, fut publiée, et qu'en 1544 la Sorbonne la condamna comme hérétique. D'Argentré, t. II, p. 167.) Suivant les auteurs de la *Gallia christiana* (Paris, 1656, in-fol., t. III, p. 852), c'est en 1525 déjà que Michel d'Arande fut fait évêque de Saint-Paul.

[1] Capiton à Zwingli, 16 avril 1526 ; Zwinglii *Epp.*, t. I, p. 492.

[2] Érasme à Jean à Lasco, 17 mai 1527 ; Erasmi *Epp.*, éd. de Bâle, p. 609.

[3] Roussel à Farel, 17 juin 1526 ; pièces justif. n° 7.

[4] Jean Chapelain à Corn. Agrippa, 29 juin 1526 ; il lui écrit que ce jour même Lefèvre part d'Angoulême, où il était avec les princesses, pour se rendre à Blois « *ubi deputatum est ei domicilium ;* » *in opp. Corn. Agr.*, t. II, p. 848 ; v. aussi p. 859, 861.

caractère un ressort inaccoutumé, et il recherchait sérieusement l'occasion de faire entendre la prédication de la parole de Dieu. Comme cette occasion tardait à se présenter, il songea déjà à s'en retourner à Strasbourg, où son activité aurait trouvé un champ plus libre; il eut même un moment l'idée d'aller en Italie[1]. Bientôt cependant il reçut, par l'influence de Michel d'Arande, les fonctions de prédicateur de la cour de la duchesse[2]; son désir de travailler avec plus de liberté fut tellement vif, qu'il ne se résigna que sur les instances de ses amis à supporter les ennuis de la vie de la cour[3]. Toutefois cette fermeté protestante ne fut pas de longue durée; sa position influente suscita contre lui des haines et des jalousies; il s'imagina bientôt que l'exercice de ses fonctions l'exposait incessamment à des dangers; de sorte qu'il retomba dans son ancienne hésitation et se crut même obligé de nouveau à beaucoup dissimuler[4]; il s'intimida au point, qu'il ne rejeta pas le conseil de quelques amis, de chercher une seconde fois un asile à l'étranger[5]. Il reprit néanmoins courage; se sentant à l'abri sous la protection de Marguerite, il repassa de la crainte à la confiance presqu'aussi facilement qu'il s'était laissé abattre, et son âme, toujours mobile, s'ouvrit de nouveau à l'es-

[1] Roussel à Farel, 17 juin 1526; *l. c.*
[2] Roussel à Farel, 27 août 1526; pièces justif. n° 9.
[3] Capiton à Zwingli, 1er janvier 1527 : «...ob fratrum preces aulica tædia devorat.» Zwinglii *Epp.*, t. II, p. 1.
[4] Roussel à Farel, 27 août 1526; *l. c.*
[5] *Ibidem.*

poir que les rigueurs de la persécution se calmeraient tout à fait et que quelque liberté serait accordée aux réformés[1]. Cet espoir était alors partagé par la plupart des réformateurs français; ils croyaient presque tous que « le temps n'était pas loin où l'Évangile régnerait en France[2]. » Pierre Toussaint, qui au mois de juin vint à Blois[3], où il eut avec Marguerite de fréquentes entrevues sur les moyens de répandre l'Évangile, fut envoyé à Paris pour s'informer des dispositions du roi et de sa mère. Là il se convainquit, écrit-il à OEcolampade[4], que François Ier ne désirait rien autant que la vérité; il crut même remarquer que Louise de Savoie elle-même était décidée à ne pas s'opposer aux efforts réunis de ses enfants. Mais s'il se fit illusion peut-être sur la réalité des bonnes dispositions du roi et de sa mère, il ne s'en fit aucune sur l'esprit qui animait la grande majorité des nobles et même des savants de la cour; il se plaignit avec amertume de la tiédeur de ces hommes qui auraient bien voulu le règne de Christ, mais sans avoir besoin de souffrir pour lui; tout en se donnant l'apparence d'approuver le mouvement réformateur, ils répétaient sans cesse qu'il fallait attendre, que l'heure d'agir n'était pas encore venue. Lefèvre était de ce nombre[5]; au milieu de la crise qui agitait son pays, il ne songeait

---

[1] Roussel à Farel, 27 août 1526 ; *l. c.*
[2] Toussaint à OEcolampade, 26 juillet 1526 ; pièces justif. n° 8.
[3] Roussel à Farel, 17 juin 1526 ; pièces justif. n° 7.
[4] 26 juillet 1526, pièces justif. n° 8.
[5] « *Certe Faber nihil habet animi ;* » *ib.*

presque plus qu'à ses querelles personnelles, occupé tout entier de la réfutation des nouvelles attaques de Béda[1]. Briçonnet, en qui les réformés mettaient toujours encore des espérances, montrait encore beaucoup moins de fermeté; Toussaint blâma vivement le manque de « sincérité » de ce prêtre, « plus occupé de plaire aux hommes que de plaire à Dieu. » En voyant cette tendance des esprits, Toussaint s'écria : « priez le Seigneur qu'il suscite en France des prédicateurs animés de l'esprit de la force au lieu de celui de la crainte! » A ses yeux Roussel était un de ces prédicateurs; il ne cessait d'attendre de ses efforts des succès éclatants; encore en décembre il écrivit à Farel que Dieu opérera de grandes choses par lui[2]. Il est vrai, Roussel, revenu de son découragement momentané, continuait à travailler avec un zèle qui comblait de joie ses amis et qu'ils s'efforçaient d'entretenir; ayant suivi la cour de Marguerite à Amboise, il y prêcha fréquemment, s'appliquant dans ses loisirs à raffermir ses convictions théologiques par l'étude des ouvrages des réformateurs allemands et suisses que Farel d'ordinaire lui envoyait[3]; il composa même un livre qu'il eut l'intention de publier, après l'avoir fait agréer par la duchesse d'Alençon[4]. Il alla encore plus loin : tan-

[1] Roussel à Farel, 27 août 1526; pièces justif. n° 9. — Comp. Bulæus, *Hist. univ. Paris*, t. II, p. 192 et suiv.
[2] Toussaint à Farel, 9 décembre 1526; dans la *Vie de Farel* par Choupard, manuscrit à Neufchâtel.
[3] Roussel à Farel, 17 juin et 27 août 1526; pièces justif. n°s 7 et 9.
[4] *Ibidem*.

dis que, il y avait à peine un an[1], il avait engagé Farel à « obéir au temps » en modérant son ardeur et en n'écrivant à ses amis de France qu'avec la plus grande circonspection ; il désira maintenant que Farel rentrât dans sa patrie pour qu'elle eût un prédicateur courageux de plus. Lorsque François Ier rappela les fugitifs, il paraît que la France demeura fermée au réformateur dauphinois, dont sans doute on redoutait la trop grande vivacité. Qu'on se figure la douleur de cet homme, forcé de rester dans l'exil, en voyant partir ses amis plus heureux pour cette France qui avait tant besoin d'une intrépide prédication de l'Évangile ! Impatient de franchir la frontière, il attendait à Strasbourg que Roussel, qu'il avait chargé d'intercéder en sa faveur auprès de Marguerite, lui procurât un appel à la cour de cette princesse. Mais il paraît que Marguerite, qui, se contentant de sa vague piété mystique, ne voulait réformer que peu à peu, n'aimait ni la franchise ni la fougue de Farel : le 27 août Roussel lui écrivit que, conjointement avec Michel d'Arande, il tâchera d'obtenir quelque secours en argent pour lui et Simon, qui était également resté à Strasbourg, en attendant que le Seigneur leur permette la rentrée en France[2]. Enfin cependant Roussel crut avoir trouvé pour son ami un moyen de revenir en sa patrie ; le 7 décembre, en même temps qu'il lui envoie un secours de la duchesse, il lui annonce qu'ayant passé

---

[1] 25 septembre 1525 ; pièces justif. n° 5.
[2] Pièces justif. n° 9.

six semaines à la cour du roi, il y fit la connaissance des seigneurs de *Saucy* et de *Geminetz*, fils du prince Robert de la Marche ; comme il les vit disposés pour l'Évangile, il les exhorta à se conduire en vrais princes chrétiens, et leur représenta qu'il ne devait pas leur suffire d'avoir pour eux personnellement reconnu le Sauveur, mais qu'ils devaient aussi procurer ce bienfait à leurs sujets, en appelant en leurs domaines des ministres de la parole de Dieu ; il leur nomma Farel comme étant un des plus capables de « prêcher la gloire de Christ, » et par ses recommandations il finit par leur inspirer un vif désir de posséder son ami. En conséquence il engage Farel à hâter son départ ; les jeunes seigneurs, ainsi que leurs amis, le fils de feu le comte François et M. de Châteauroux, l'attendent avec impatience, Roussel a dû leur promettre son arrivée pour le carême prochain ; tous les gens de la maison du prince de la Marche, surtout son médecin, maître Henri, sont « favorables à Jésus-Christ ; » enfin, ce qui devait puissamment contribuer à décider Farel, Roussel lui dit qu'il a obtenu des princes qu'ils feront venir un imprimeur, pour que, tout en demeurant attaché à leur maison, il ait aussi le moyen de servir, par ses publications, la cause de l'Évangile dans le reste de la France. Toussaint, alors à Paris, joint ses instances à celles de Roussel ; deux jours après ce dernier, il écrit à Farel pour presser son voyage[1].

---

[1] « *Per* Ruffum *magna operabitur Dominus, quem spero etiam non defuturum tuis conatibus. Proinde advola. Scriberem ad vos multa, sed*

Mais celui qu'on appelait maintenant avec tant d'insistance, n'était plus libre d'accepter l'appel; jusqu'en octobre il avait attendu à Strasbourg, sans que les lettres de ses amis de la France lui apportassent autre chose que de vagues promesses ; impatient d'agir il s'était rendu enfin en Suisse, où il n'avait pas tardé à trouver un champ pour son activité à Aigle, alors soumis à la république de Berne [1]. Assurément Farel dut souffrir en recevant le tardif appel des princes de la Marche; lui, qui n'aurait rien autant désiré que de se dévouer au service de son maître dans sa patrie, se trouve lié par des engagements qu'il ne saurait rompre, au moment même où on lui offre enfin sous les conditions les plus réjouissantes l'occasion de prêcher l'Évangile à ses compatriotes ; certes ce n'est qu'après bien des luttes intérieures, qu'il a dû renoncer à suivre la voix de ses amis. Toutefois n'est-il pas permis de regretter qu'il ait cru devoir obéir plutôt à une autre vocation qu'à celle qui le rappelait en France ? qui peut dire quelle voie se fût ouverte à la réformation, si au lieu de la foi mystique et accommodante de Roussel, de Michel d'Arande, de Marguerite, la foi énergique et dévouée de Farel eût dirigé le mouvement et eût décidé les princes de la Marche à se placer courageusement à la tête des protestants français?

scio Ruffum nihil omisisse, quod ad hoc pertineat. » Toussaint à Farel, 9 décembre 1526 ; Choupard, *Vie de Farel*, manuscrit à Neufchâtel.

[1] Farel prêche pour la première fois à Aigle le 30 novembre 1526. Voy. la note au bas de la lettre de Roussel à Farel, 7 décembre 1526; pièces justif. n° 10.

Qui sait ce que l'exemple d'un prédicateur puissant en paroles et en œuvres, supportant *l'affliction, l'angoisse, la persécution*, parce qu'il savait qu'*en toutes ces choses nous sommes plus que vainqueurs, par celui qui nous a aimés*, qui sait ce que cet exemple n'eût pas fait pour ranimer ces hommes tièdes et flottants si nombreux en France et se laissant si facilement abattre par les moindres orages? A l'époque surtout dont nous parlons, la présence d'un homme comme Farel eût été un immense bienfait pour les réformés de France; car déjà s'affaiblissait l'effet produit par le retour du roi, et de nouveaux dangers menaçaient les protestants. La Sorbonne reprit le cours de ses condamnations; au mois de juillet déjà elle censura le docteur Jean Bernard, pour quelques propositions hérétiques[1]; Toussaint, emprisonné comme suspect, ne recouvra qu'à grand'peine sa liberté[2]; Roussel, à son tour, se vit entouré d'ennemis nombreux et puissants, dont la haine pouvait à chaque instant éclater[3]. Cependant le roi et les hommes éclairés par une science vraiment digne de ce nom, s'abstiennent de participer à ces mouvements de la faction rétrograde. Toussaint trouve un asile dans le collége du cardinal Lemoine, dont les frères font saluer Farel leur ancien collègue[4], et où se perpétuent longtemps des traditions libérales et scienti-

---

[1] D'Argentré, t. II, p. 46.
[2] Toussaint à Farel, 9 décembre 1526; chez Choupard, *l. c.*
[3] Roussel à Farel, 7 décembre 1526; pièces justif. nº 10.
[4] « *Fratres qui in hoc collegio sunt, hoc est cardinalis Monachi, in quo ago in præsentia, te salutant.* » Toussaint à Farel, *l. c.*

fiques ; à Paris tous les esprits supérieurs applaudissent aux progrès que fait la réformation à l'étranger, et si pour les moines les réformateurs sont des objets d'exécration, les hommes de cœur et d'intelligence ont pour eux une haute estime² : Jean Chapelain, le médecin de la reine-mère, exhorte Cornélius Agrippa à écrire un traité sur le christianisme, lui promettant de le présenter au roi qui le recevrait avec plaisir³ : mais au lieu de saisir cette occasion de faire impression sur le cœur de François Ier, Agrippa s'en défend par des paroles qui expriment l'anxiété dont les protestants français sont saisis à cette époque, et que ne justifient que trop la haine implacable des adversaires et l'inaction de beaucoup de prétendus amis de la réforme : «Tu vois, écrit-il, qu'aujourd'hui nous ne saurions professer en sécurité la vérité chrétienne que dans le silence, afin que nous ne tombions pas entre les mains des inquisiteurs et de ces scribes et pharisiens sorboniques qui, ignorant et la loi de Moïse et celle de Christ, ne sont savants qu'en Aristote, et nous forcent à nous rétracter par la crainte des bûchers⁴.»

---

¹ Vers 1545 les célèbres humanistes Buchanan, Muret, Turnèbe enseignent dans ce collége.

² Caspar Mosager à Zwingli, Paris, 16 octobre 1526 : «*Apud bonos et doctos, quorum non pauci sunt Parisiis, bene audis; a morosis, quibus nihil recte fit, nisi quod quæstum sapit, execraris.*» Zwinglii *Epp.*, t. I, p. 548.

³ 28 août 1526, in *opp. Corn. Agr.*, t. II, p. 859.

⁴ «*Hodie, ut vides, christiana veritas nullo securiori modo colitur, quàm stupore et silentio, ne forte corripiamur a prædicatorum hæretico-*

Ce fut alors que, sans doute pour les mettre plus efficacement à l'abri des poursuites, François Ier confia à Lefèvre l'éducation de son troisième fils, Charles, duc d'Orléans et d'Angoulême[1], et le chargea conjointement avec Roussel de traduire en latin les homélies de Chrysostôme sur les actes des apôtres[2]. Tous les deux restèrent attachés désormais à la cour de Marguerite; après le mariage de la duchesse avec le roi de Navarre[3], Roussel fut nommé son confesseur et la suivit depuis dans tous ses voyages; Lefèvre, au contraire, vécut à Nérac, dans une retraite profonde, presque ignoré[4]. Malgré la tendance particulière de l'esprit qui régnait à la cour de la reine de Navarre, cette cour ne cessait d'être considérée par les réformateurs comme le foyer d'où devait s'élever la lumière destinée à éclairer la France. La sollicitude de Marguerite pour les protestants persécutés, la présence auprès d'elle de l'évêque Michel d'Arande, « homme grave, éloquent,

---

rum inquisitoribus, ac sorbonicis illis in lege, non quidem mosaicâ, nec itidem christianâ, sed aristotelicâ doctissimis scribis ac pharisæis, qui nos fasciculorum metu cogant ad palinodias. » Corn. Agrippa à Chapelain, 16 septembre 1526; *in opp.* Corn. Agr., t. II, p. 863.

[1] En 1528 Lefèvre fait apprendre au jeune prince les Psaumes. Voy. l'épître dédicatoire de Bucer en tête de son commentaire sur les Psaumes (voy. ci-dessous).

[2] Érasme à Lefèvre, 24 mars 1527; il offre à Lefèvre ses propres travaux sur Chrysostôme, et ajoute: « *Opto tuæ senectuti lætam tranquillitatem. Ruffo tuo plurimam ex me salutem dicito. Erasmi Epp.*, éd. de Bâle, p. 809.

[3] Ce mariage eut lieu le 24 janvier 1527.

[4] Érasme à Germain Brie *(Brixius)*, 21 septembre 1528: « *De Jacobo Fabro demiror nihil audiri certi.* » *L. c.*, p. 749.

pieux, à la fois modéré et plein de zèle[1], » celle de Roussel surtout qu'à cette époque les réformateurs prennent encore pour un prédicateur « aussi solide dans son jugement qu'ardent dans son zèle pour la gloire de Dieu[2], » leur inspirent ces espérances. En 1527 Sigismond de Hohenlohe envoie à Marguerite des ouvrages de Luther traduits en français par des réfugiés habitant Strasbourg[3]; en mai 1528 Capiton lui dédie son commentaire sur le prophète Osée, où, dans l'épître dédicatoire, il dit que tous les yeux sont fixés sur elle, qu'elle est l'espoir des protestants, et que tous font des vœux pour qu'elle triomphe des obstacles qui chez une femme et surtout chez une princesse s'opposent à la profession de la vérité[4].

---

[1] « Arantius, vir gravissime facundus, singulariter pius, ac tempestivè diligens episcopus. » Capiton, épître dédicatoire à Marguerite, *l. c.*

[2] « ...Homo ut acri judicio, ita zelo gloriæ Dei vehementi præditus... » Ibidem.

[3] Nicolas Gerbel à Luther, 1527 : « Sigismundus ille comes de Hohenloë jussit ut se tibi vehementer commendarem... Neque cessat libellos tuos in gallicam linguam versos subinde mittere Gallorum regis sorori, fœminæ pietate misericordiâque erga exules et afflictos singulari. Quam, si tu per otium posses, plurimùm cupit libello aliquo per te in tam sancto instituto ut perseveraret adhortari. » Chez Röhrich, *o. c.*, t. I, p. 456.

[4] Capiton, *Commentarii in Hoseam*; Strasbourg, 1528, in-8°. L'épître à Marguerite est datée du 22 mai : « ...Sunt in te omnium oculi defixi... Difficile est mulieri sustinere ardua, difficilius sub infinito luxu et subdolis assentationibus, quibus pestibus necessariò circumfusa es, animo non labasci. Difficillimum verò tantâ auctoritate et pertinaciâ, quâ sibi adversarii veritatis sedulò patrocinantur, oculos non præstringi. Quid dicam de clarissimis natalibus, nam regibus nata es progenitoribus, quid de eo, quòd soror es amplissimi, et conjunx gratiosissimi regis ? quid de falsis fratribus, de veris persecutoribus, de ignominiâ crucis, quæ aulicis videtur ?.... »

Mais ces vœux ne s'accomplirent point ; la nouvelle explosion de la réaction engagea la reine de Navarre et ses prédicateurs à redoubler de circonspection et de prudence. Ce fut au commencement de 1528 que la persécution éclata de nouveau avec autant de violence qu'en 1525. D'abord elle se borna à des condamnations théoriques de Luther et de ses sectateurs, dans les synodes provinciaux de Lyon, de Sens et de Bourges[1] ; mais lorsque le 31 mai une statue de la vierge, dans la rue des Rosiers à Paris, eut été mutilée, le roi lui-même s'irrita, accourut en hâte de Fontainebleau, inaugura en procession solennelle une nouvelle statue plus magnifique que la première, et ne pouvant découvrir l'auteur de la mutilation, ordonna de sévir contre les réformés[2]. Les adversaires triomphent ; Béda et son parti se livrent impunément à leur haine, sous la protection du cardinal Duprat et de la reine-mère, qui désormais est décidément de leur nombre[3]. Le procès de Louis de Berquin est repris ; l'amitié du roi ne protége plus le courageux écrivain, et le 22 avril 1529 il est brûlé en Grève ; en 1528 déjà un réformé, Etienne Renier, ancien cordelier, avait péri à Vienne

---

[1] Voy. les actes dans la collection des conciles de Harduin (Paris, 1715, in-fol.), t. IX, p. 1919 et suiv.

[2] Jean Bouchet, *Annales d'Aquitaine*. Poitiers, 1557, in-fol., fol. 250ᵃ.

[3] Érasme à Hermann de Novaquila, 1528 : « *Si inclinat factio Lutherana, quod ut fiat ipsi sedulò dant operam, exorietur intolerabilis pseudomonachorum tyrannis. Apud nos regnant. Vicerunt, ut audio, et in Gallià, favore matris regiæ et cancellarii nunc cardinalis;* — le même à Livinus Ammonius, 2 octobre 1528 : « *Bedda cum suis Lutetiæ furit insigniter.* » Erasmi *Epp*., éd. de Bâle, p. 747 et 759.

dans les flammes[1]. Pour empêcher la propagation de ces idées de liberté de conscience pour lesquelles combattent les réformateurs français et qui paraissent de jour en jour plus redoutables aux fanatiques défenseurs de l'ancienne tyrannie spirituelle, on renouvelle, sous des peines plus sévères contre les infracteurs, les édits portés antérieurement contre les ouvrages hérétiques. Mais si les protestants français sont réduits à garder le silence, leurs frères du dehors, et notamment ceux de Strasbourg, travaillent pour eux et pour la consolidation de la vérité en France : en 1529 Bucer publie une traduction latine des psaumes, avec des commentaires destinés pour les Français ; pour que le livre ne soit point saisi comme suspect, il cache son nom sous le pseudonyme d'*Arétius Felinus* et se donne l'apparence d'être un Français qui, en évitant toute allusion directe à la réformation, ne se propose que l'étude sincère de l'Écriture sainte ; il dédie son ouvrage, qu'il date de Lyon, au duc de Bretagne, fils aîné du roi[2].

---

[1] Crespin, *Hist. des mart.*, fol. 104ᵇ ; — Bèze, o. c., t. I, p. 9.

[2] *Sacrorum Psalmorum libri V, per* Aretium Felinum ; Strasbourg, 1529, in-4º ; réimprimé plusieurs fois et fort estimé même des théologiens catholiques. La dédicace est du 13 juillet 1529. — Bucer à Zwingli, 1529 : « ....*Ego idem conatus sum, quod tu ; sed pro meâ facultatulâ in Psalmis, quorum enarrationem, impulsus a fratribus Galliæ et inferioris Germaniæ, statui edere sub alieno nomine, quo a bibliopolis illorum libri emantur. Capitale enim est nostris nominibus prænotatos libros regionibus illis inferre. Simulo itaque me Gallum, et veritatem in locis illis communibus Patrum autoritate obtrudere studeo ; multa non suis locis infulcio. Aretii Felini ; quod meum nomen et cognomen est, sed illud græce, hoc latine, librum ; nisi consilium mutavero, faciam. Tria specto*

Pendant un instant une lueur d'espérance se fit jour à travers les orages qui grondent sur les réformés français : François Ier institua enfin, en 1529, et malgré l'opposition de la Sorbonne, quelques chaires de langues anciennes pour des *professeurs royaux*; pour le moment pourtant cela n'eut encore aucun effet en faveur de la réforme; le roi, laissant agir le parlement et la faculté de théologie, se contenta de créer un asile pour ses gens de lettres. La réaction, loin de s'apaiser, continua avec une fureur redoublée, sur tous les points de la France. En 1530 Philippe Huant est brûlé par le parlement de Bordeaux[1]; beaucoup de fidèles, — et ce n'est pas là une des choses les moins curieuses dans ces tristes histoires, — trop attachés au sol de la patrie pour pouvoir se résoudre à le quitter, préfèrent cacher leurs convictions, plutôt que de chercher dans l'exil la liberté de « professer ouvertement le Christ[2]; » d'autres, après avoir persisté jusqu'à ce que la tyrannie fût devenue intolérable, se résignent enfin à se réfugier en pays étranger; tel est Meynard, qui en 1531 vient

---

hac impostura. Primum, si quo modo captivis illis fratribus sincerior tractandi scripturas ratio commendari possit. Alterum, si tolli in dogmatis religionis nostræ intempestiva peregrinitas, et scythica illa a lutheranis invecta debacchandi rabies. Tertium, ut tutius hinc sacris possent consolationibus, in persecutione, quam ferunt, confirmari. » Zwinglii *Epp.*, t. II, p. 316. — Le même au même, 26 août 1529; *ib.* p. 340.

[1] Peignot, *Dictionnaire des livres supprimés, brûlés*, etc. 1806, in-8º, t. II, p. 246.

[2] « *Deliciæ gallicæ ita detinent captivos, ut malint sine fructu perire, et mussitabundi latere sub tyrannis, quàm palam Christum profiteri.*» Farel à Zwingli, 1531; Zwinglii *Epp.*, t. II, p. 648.

chez Farel à Granson[1]; tel est aussi Toussaint, que déjà en 1528 OEcolampade avait en vain tâché de rappeler[2], et qui ne retourne en Suisse que lorsqu'il est chassé par l'excès de l'oppression[3]. Roussel, au contraire, suit toujours la cour de la reine de Navarre, où il accepte des bénéfices et des dignités. Depuis que le nom de Michel d'Arande ne paraît plus dans l'histoire, c'est lui qui est aumônier de Marguerite et de son époux; en 1530 la reine lui fait donner, par l'entremise du grand-maître de Montmorency, la riche et célèbre abbaye de Clairac, malgré un compétiteur fortement soutenu auprès du roi[4].

Cependant il s'approche une de ces époques plus favorables à la réforme, qui pendant presque tout le règne de François Ier, alternent avec les années de la persécution. François Ier n'aimait pas assez l'austérité morale des réformateurs, pour embrasser franchement leur cause; mais il n'aimait pas davantage les moines, et était trop ami des sciences et des lumières, pour se mettre à la tête du parti de la réaction. Durant tout son règne, le fanatisme des adversaires ne se calma pas un instant : mais à chaque explosion de la violence succéda pour les réformés un moment de calme et souvent de succès,

---

[1] Farel à Zwingli, 1er octobre 1531, *l. c.*, p. 647.
[2] OEcolampade à Farel, 11 mai 1528; OEcol. *Epp.*, fol. 181a.
[3] Farel à Zwingli, 1531 ; Zwinglii *Epp.*, t. II, p. 648.
[4] Marguerite à Anne de Montmorency; *Lettres de Marg.*, p. 267. — Le *Musée des protestants célèbres* (t. II, p. I, p. 89) dit faussement que c'est Lefèvre qui fut fait abbé de Clairac et plus tard évêque d'Oléron.

grâce en partie à l'influence royale qui dans les ennemis de la réforme religieuse voyait aussi avec raison ceux des lumières scientifiques. Toutefois, à peine les progrès de l'Évangile paraissaient-ils devenir menaçants aux yeux même du roi, auquel des conseillers comme le cardinal Duprat et l'archevêque François de Tournon représentaient les protestants comme des ennemis de tout ordre ecclésiastique, politique et civil [1], qu'il laissait le parlement et la Sorbonne s'abandonner sans frein à leur haine. Tristes effets de la faiblesse d'un cœur, où la volonté pour le bien se heurte sans cesse contre les passions mondaines et les intérêts terrestres!

C'est depuis 1531 que les circonstances semblèrent devenir moins défavorables aux réformés français. Louise de Savoie, qui s'était rejetée complétement dans le parti catholique, mourut en cette année. Cet événement, en laissant le roi plus maître de son gouvernement, fit naître chez les réformés l'espoir de jours moins sombres; et lorsque, l'année suivante, ils virent François Ier entrer en alliance avec la ligue

---

[1] Lorsqu'en 1531 François Ier, intentionné d'entrer en alliance avec les princes protestants allemands, envoya auprès de l'électeur de Saxe le docteur en Sorbonne Gervaise Waim, celui-ci dit à Luther que le roi était persuadé que chez les protestants il n'y avait ni Église, ni magistrat, ni mariage. Luther, dans la préface aux Articles de Smalcalde : « *Fuit Wittebergæ Doctor quidam ex Galliis missus, qui nobis palam indicabat, Regi suo certò certius persuasum esse, apud nos nullam esse ecclesiam, nullum magistratum, nullum matrimonium; sed promiscue omnes pecudum more vivere pro arbitrio.* » Comp. Schelhorn; *Ergœtzlichkeiten aus der Kirchenhistorie und Literatur;* Ulm, 1762, in-8º, t. I, p. 270 et suiv.

de Smalcalde, ils crurent que le moment n'était pas loin qui assurerait leur liberté. Dans le midi, il est vrai, où surtout dans les universités les principes de la réformation avaient trouvé des partisans enthousiastes, la persécution sévit encore ; le parlement de Toulouse condamne le célèbre professeur de droit, Jean Boissoné, à la prison perpétuelle ; plus de trente luthériens sont condamnés avec lui, mais parviennent à s'échapper[1] ; quelques mois après, Jean de Caturce, licencié en droit de la même université, est brûlé à Limoux[2]. Mais d'autre part les pays de Marguerite de Navarre sont plus ouvertement que jamais un asile, où affluent les savants et les réformés persécutés. Quoi qu'il faille dire des convictions particulières de cette princesse, toujours est-il que l'Église protestante lui doit à jamais de la reconnaissance pour la protection qu'elle accordait aux victimes du fanatisme de Rome. En 1532 et en 1533 son université de Bourges est un foyer à la fois de science et de prédication évangélique ; les réfugiés venant du midi et d'ailleurs, y trouvent sécurité et liberté[3] ; des savants distingués y enseignent, comme Volmar, disciple de Lefèvre et de Budé ; les docteurs Jean Chaponneau et Jean Michel et le moine augustin Marlorat y prêchent « assez librement l'Évangile » devant de

---

[1] En mars 1532, *Histoire générale du Languedoc*, Paris, 1745, in-fol., t. V, p. 133. — Voy. aussi Étienne Dolet, *Orationes duæ in Tholosam*, etc., s. l. et a., in-8°, p. 60.

[2] En juin 1532. Crespin, *Hist. des martyrs* ; fol. 106ª ; Bèze, o. c., t. I, p. 41.

[3] Bèze, t. I, p. 12.

nombreux auditeurs[1]; et ce qui suffirait pour témoigner de l'esprit qui règne alors à Bourges, c'est l'impression qu'en rapportent Calvin qui y étudie le droit, et le jeune Théodore de Bèze qui y fait ses premières études littéraires. Dans le même temps les savants jouissent aussi à Paris d'une liberté plus complète; le *collége royal* fleurit de plus en plus; la protection et la munificence royales y attirent les hommes les plus distingués de la France, de l'Allemagne, de l'Italie; en 1532 six professeurs royaux donnent journellement des cours à une jeunesse nombreuse, accourue de tous côtés, surtout des pays protestants[2]; ce sont François Vatable, ami de Lefèvre d'Etaples[3]; le vénitien Paul Canossa, dit Paradis, juif converti, et son compatriote Agathius Guidacerius[4], qui tous trois enseignent l'hébreu; Pierre Danès, de Paris, et Jacques Tusan, de Troyes, professeurs de grec; et Oronce Finé, de Briançon,

---

[1] Bèze, t. I, p. 10; 56.

[2] Vitus Ardysæus à Conr. Hubert; Paris, 30 mai 1532. Manuscrit autographe aux Archives du séminaire protestant de Strasbourg.

[3] Robert Estienne ayant recueilli les notes que Vatable avait faites sur l'Ancien-Testament dans ses leçons publiques, les mit aux marges d'une Bible latine qu'il publia en 1545, en 2 vol., in-8º, et qui contenait la version de la Vulgate et celle de Léon Jude. A cause de quelques propositions malsonnantes contenues dans les notes marginales, la Sorbonne mit cette Bible à l'index. Voy. Renouard, o. c., t. I, p. 62, et t. II, p. 27.

[4] En 1531 il fait réimprimer à Paris (chez Ant. de Bladis, in-4º) ses *Versio et commentarii in cantica canticorum*, déjà publiés à Rome en 1524, in-fol. Il dédie à François Iᵉʳ : *In verba Domini supra montem explanatio;* Paris, chez Wechel, 1531, in-8º; et une édition hébraïque de cinq psaumes avec une version et des notes; Paris, chez Franç. Gryphius, 1532, in-4º.

professeur de mathématiques. Les leçons d'autres savants également payés par le roi, comme de Barthélemy Latomus qui enseigne la rhétorique, de Jean Sturm, plus tard fondateur du gymnase de Strasbourg, de Guillaume Budé, du médecin Jean Günther d'Andernach, complètent cet enseignement illustre, qui ne cesse d'exciter la haine de la faculté de théologie. Ce qui irrite le plus les docteurs de la Sorbonne, c'est de se voir enlever par des professeurs dont plusieurs sont laïques, le monopole de l'interprétation de l'Écriture; ils prévoient avec effroi les résultats de leçons données par des hommes que leur position indépendante élevait au-dessus des intérêts et des préjugés ecclésiastiques. La plupart de ces savants sont favorables à la réformation; plusieurs d'entre eux se retrouvent plus tard à l'étranger comme protestants, ou communiquent à leurs fils des principes qui les obligeront un jour à quitter la France[1]; tous préparent la jeunesse, par l'esprit libéral et religieux de leurs leçons, à distinguer la vérité de l'erreur et à recevoir plus aisément les impressions de la parole de Dieu. Déjà l'on entend des curés dans leurs chaires et des élèves de la Sorbonne dans des thèses publiques hasarder des propositions contraires aux dogmes de l'Église[2], tandis

[1] C'est ainsi que les fils de Guillaume Budé se réfugièrent à Genève en 1549; François, le fils du célèbre Nicolas Bérault, se retira également en Suisse.

[2] Le 1er février 1531 maître Étienne Lecourt, curé de Condé, est censuré par la Sorbonne pour avoir prêché des hérésies luthériennes; le 29 janvier 1533 Béda repousse comme pernicieuses quelques thèses pro-

que des littérateurs se moquent dans des comédies livrées au public, de l'intolérance furibonde du docteur Béda[1]. Ce qui est mieux encore, c'est que la Bible latine, publiée en octobre 1532 par Robert Estienne, est avidement achetée, et qu'un privilége royal protége le savant et courageux imprimeur contre les poursuites des Sorbonnistes[2]. Enfin il ne faut pas oublier que le siége épiscopal de Paris est occupé par Jean Du Bellay, seigneur de Langey, un des hommes les plus éclairés de son époque, et ouvertement contraire au fanatisme du parti de la réaction.

Au milieu de ce concours de circonstances heureuses, un essai fut tenté au printemps de 1533 de faire entendre à Paris la prédication évangélique[3].

posées par maître Jérôme Sallignas. D'Argentré, t. II, p. 93 et suiv.; et t. I, Index, p. VIII.

[1] Gérard Morrhius, imprimeur de la Sorbonne, à Érasme, 30 mars 1532 : « *Arbitror audivisse te comœdiam nuper hic publice exhibitam, cujus argumentum est, Academiam Parisiensem super monstrum esse fundatam. Natalis Bedda, existimans id in se fuisse dictum, comitia totius Academiæ convocanda curavit apud Maturinum, ut de pœna auctori irroganda statuerent facultates. Res delata est ad inquisitores fidei, sed nihil hactenus factum est præterea.* » Chez Maittaire, *Annales typographici*. Lahaye, 1722, in-4º; t. II, p. 559.

[2] Renouard, o. c., t. I, p. 35, et t. II, p. 227.

[3] Les détails suivants sont principalement tirés des lettres de Pierre Siderander à Jacques Bédrot, 28 mai 1533, et de Jean Sturm à Bucer, 23 août 1533; pièces justif. nos 11 et 13. — Florimond de Remond assigne aux prédications de Roussel à Paris une occasion, qu'aucun témoignage authentique ne vient confirmer; la suite de notre récit montrera clairement que cet historien n'a fait que rapporter un faux bruit. Après avoir dit qu'à la cour de Béarn on partageait son temps entre des représentations théâtrales et des prêches hérétiques, il continue (p. 849) : « Le Roi François, averti de ce beau ménage qui se faisoit à Pau, mêmes que la

Après avoir passé le carnaval de 1533 en fêtes et en *banquets* splendides, François Ier partit pour la Picardie. Le roi de Navarre et son épouse, qui avaient pris part aux réjouissances royales, demeurèrent à Paris, ayant avec eux l'abbé de Clairac, leur prédicateur; le vieux Lefèvre était resté dans sa retraite au fond de l'Aquitaine. Pendant le carême la reine fait prêcher Roussel dans le Louvre; elle assiste régulièrement avec son époux à ces prédications qui se font tous les jours, devant plusieurs milliers d'auditeurs; trois fois la foule qui se presse à ses discours, où pourtant il conserve sa modération, sa mesure accoutumées, oblige Roussel à choisir un local plus vaste. On conçoit sans peine cette avidité des habitants de Paris à entendre la prédication simple et chaleureuse de la Parole de Dieu ; habitués à ne recevoir pour toute nourriture spirituelle que des sermons remplis de subtilités scolastiques se mêlant à d'absurdes légendes, ou de tableaux obscènes et d'exclamations burlesques dictés par une véhémence sans goût, ils s'empressèrent d'accourir aux exhortations

Sorbonne avoit censuré un livre de la reine, intitulé *Le miroir de l'ame pecheresse*, se courrouce, mande sa sœur. » (On verra que si le roi se courrouça à propos de cette censure, ce ne fut pas contre sa sœur, mais bien contre la Sorbonne.) « Elle le va trouver,... et meine son Roussel en sa compagnie. A son arrivée le Roi la tança, quoiqu'il l'aimât infiniment... Elle répond en catholique ; toutefois parle au Roi de la messe,... lui fait ouïr les sermons de Roussel et de deux Augustins, l'un nommé Conraud et l'autre Bertaud. Mais à peine eurent ces predicans ouvert la bouche, qu'à leur haleine on sentit les ulceres qu'ils avaient en l'ame. On découvrit le ressort lutherien, qui jouoit au dedans : de sorte qu'ils furent mis en prison. »

évangéliques que Roussel leur adressait dans un langage si nouveau pour eux. Exaspérés de tant de hardiesse et de tant de succès, les docteurs de la Sorbonne tiennent conseil; mais la crainte de s'opposer ouvertement au beau-frère du roi les arrête encore. Enfin cependant ils portent devant François Ier une dénonciation contre Roussel; le roi les renvoie au chancelier Duprat, qui, n'osant se prononcer, les renvoie à son tour à l'évêque Du Bellay; celui-ci ne les écoute que pour se railler d'eux. Ils tentent un dernier essai auprès de Pierre Lizet, premier président du parlement; mais tout ennemi qu'il est de la réforme, il refuse d'embrasser leur cause, de crainte d'offenser le roi. Abandonnés ainsi des pouvoirs civils et ecclésiastiques, plusieurs d'entre eux se mettent à prêcher contre les hérétiques luthériens; ils accusent publiquement et le roi de Navarre et son épouse, et l'évêque de Paris, et François Ier lui-même d'être les complices de ceux qu'ils défendent ou qu'ils refusent au moins de persécuter. Les plus fougueux de ces prédicateurs catholiques furent un moine mathurin, dont le nom n'est pas connu; François Le Picart, alors bachelier en théologie et professeur au collége de Navarre, un des plus véhéments déclamateurs contre le protestantisme[1]; et Béda,

---

[1] En 1554 Le Picart dit en chaire: « Le roi devrait pour un temps contrefaire le luthérien, parmi eux, afin que prenant de là occasion de s'assembler hautement partout, on pût faire main basse sur eux tous et en purger une bonne fois le royaume. » Voy. Baile, art. Rose, t. IV, p. 88. Voy. aussi Labitte, *De la démocratie chez les prédicateurs de la Ligue.* Pa-

syndic de la Sorbonne et supérieur de ce même collége de Montaigu où Calvin avait fait ses premières études. Béda surtout se distingua par son animosité; il poussa les prédicateurs catholiques à exciter le peuple à extirper l'hérésie jusque dans sa racine, c'est-à-dire dans ses protecteurs; fidèles à ses conseils, ils tonnèrent dans leurs chaires contre les hérétiques et leurs fauteurs, de telle sorte que le peuple commença déjà à murmurer et à s'agiter. On afficha des placards injurieux contre la famille royale; on publia à Paris même une espèce de farce dirigée contre la reine de Navarre[1]; on recueillit des propositions hérétiques imputées à Roussel, et le 12 mai la Sorbonne en condamna quelques-unes, sans se fonder toutefois sur un autre motif que sur la circonstance « qu'elles *paraissaient* être favorables aux erreurs de Luther[2].

L'agitation devint si menaçante que déjà peu de jours après Pâques[3], le roi de Navarre consigna les fougueux orateurs dans leurs logements; Béda resta pendant plusieurs jours enfermé dans son collége de Montaigu; mais bientôt las de ce repos forcé, le turbulent docteur rompit sa consigne, et on le vit de

---

ris, 1841, in-8º, p. 3. — Le Picart mourut, en 1556, comme doyen de Saint-Germain-l'Auxerrois.

[1] « *Ludus ioonicus.* » Lettre de Sturm. Nous serions curieux de savoir si cette pièce existe encore. En 1533 parut à Paris, in-8º, une *Moralité de la maladie de chrétienté à treize personnages*, de Matthieu Malingre. Serait-ce la pièce en question?

[2] D'Argentré, t. II, p. 120. Les propositions ne sont pas rapportées.

[3] Pâques fut le 13 avril.

nouveau parcourir sur sa mule les rues de Paris, cherchant à agiter le peuple. Le danger d'une émeute devenant de plus en plus imminent, le roi de Navarre et l'évêque de Paris se décidèrent à se rendre auprès de François Ier, qui se trouvait alors à Meaux avec plusieurs des grands dignitaires de sa cour[1]. Henri d'Albret représenta au roi les excès de Le Picart et de ses compagnons, et les dangereux effets de leurs prédications séditieuses; pour lui démontrer combien il était urgent de mettre un frein à leur haine, il lui rappela la cruauté commise sur Louis de Berquin que le roi avait tant estimé. Pour éviter un tumulte, François Ier ordonna au cardinal Duprat et à son confesseur Guillaume Parvi de se rendre en toute hâte à Paris, pour interroger Le Picart, et, s'il y avait lieu, le faire arrêter. Cet ordre fut exécuté; Le Picart fut consigné[2], ses livres et papiers furent saisis, et après qu'il eut été interrogé par Guillaume Payet, avocat-général au parlement, il fut enfermé à l'abbaye de Saint-Magloire, avec défense d'y prêcher et d'y enseigner[3].

En même temps le roi défendit tant aux autres prédicateurs catholiques[4] qu'à Roussel lui-même de

[1] F. Hilarion de Coste, de l'ordre des minimes, *Le parfait ecclésiastique ou l'Histoire de la vie et de la mort de François Le Picart, seigneur d'Atilly et de Villeron, docteur en théologie*, etc. Paris, 1658, in-12, p. 70.

[2] « A l'hôtel d'Hercule près des Augustins, au logis du cardinal Duprat. » Coste, o. c., p. 72.

[3] Coste, p. 73.

[4] Coste, p. 62, nomme parmi les plus zélés de ces prédicateurs les docteurs Maillard, Ballue, Bouchigny.

quitter leurs demeures, et prescrivit l'information de la tentative de sédition reprochée aux uns, et de l'hérésie dont on accusait l'autre. Cependant, fatigué de l'insistance opiniâtre de la Sorbonne, et indigné de l'hypocrisie de ces théologiens qui demandaient que le procès de Roussel fût instruit de la même manière que celui de Berquin, afin qu'au lieu d'avoir l'air d'accusateurs, ils ne parussent que comme inquisiteurs de la foi et qu'ils pussent se tirer d'embarras, quelle que fût l'issue de l'affaire, le roi ordonna l'ajournement du procès d'hérésie. D'ailleurs, François Ier était sur le point de partir pour le midi, où il avait fixé une entrevue avec Clément VII qui devait conduire en France Catherine de Médicis, sa nièce, fiancée de Henri, second fils du roi. Les théologiens ne cessant de l'obséder, et voulant lui présenter une série d'articles contre Roussel, il leur déclara qu'il se réservait à lui-même, pour son retour, l'instruction du procès du prédicateur accusé, et dans un mouvement d'indignation, il les chassa de sa présence. Il fit interroger ceux qui avaient tenu les discours séditieux, sur l'ordre de qui ils l'avaient fait; ils en jetèrent la responsabilité sur la Sorbonne; celle-ci niant d'y avoir participé, on apprit enfin que le principal coupable était le syndic Béda. Pressé de partir, le roi écrit au parlement pour demander la punition de cet agitateur, contre lequel il gardait d'ailleurs un vif ressentiment, depuis qu'il s'était opposé avec force au projet du roi de faire rendre par la Sorbonne un avis favorable au divorce de

Henri VIII[1]. Le 16 mai, Béda, Le Picart et le frère mathurin sont cités devant la cour suprême; conformément à la volonté du roi, on leur ordonne « à chacun d'eux de choisir un certain lieu par forme d'exil à trente lieues de Paris, et distant l'un de l'autre, et qu'ils eussent à sortir de la ville vingt-quatre heures après la signification de cet arrêt, avec défense d'enfreindre leur ban sous peine de la vie, de ne plus prêcher ni faire leçons ni aucune assemblée, de communiquer ensemble directement ni indirectement en quelque sorte que ce fût, jusqu'à ce que le roi en aurait autrement ordonné[2]. »

Cet arrêt produisit à Paris une rumeur extraordinaire. Le 26 mai, jour où le docteur Béda devait quitter la ville, des troupes d'étudiants et de peuple se rassemblèrent devant le collége de Montaigu; mais leur attente fut trompée: les exilés ne partirent que le lendemain, escortés de l'université et d'une multitude de gens du peuple[3].

Stupéfaite de l'arrêt qui la frappait dans plusieurs de ses principaux membres[4], la Sorbonne envoya au roi, qui dans l'intervalle était parti pour le midi, des députés chargés de demander leur grâce, ou au moins un adoucissement à leur peine. Mais Fran-

---

[1] En 1529 et 1530. Baile, t. I, p. 496.
[2] Coste, o. c., p. 76. Le Picart fit choix de la ville de Reims.
[3] *Ibidem*.
[4] On raconta même en Allemagne qu'un vieux théologien fut tellement affecté de cette *insulte* faite à la faculté, qu'il en devint fou et qu'il mourut. Mélanchthon à Spalatin, 22 juillet 1533; pièces justif. n° 12.

çois Ier ne céda point; il était tellement indigné, à cette époque, contre la Sorbonne et en particulier contre Béda, qu'il exprimait à ses amis le désir que celui-ci ne revînt plus jamais dans la capitale. Parmi le peuple et les étudiants, les uns plaignaient les exilés, les autres se réjouissaient de l'arrêt du parlement, comme d'une manifestation significative pour l'avenir; pour beaucoup Béda et ses compagnons étaient un objet de raillerie. Dès le dimanche 25 mai, des vers satiriques français furent affichés, non loin de la Sorbonne, contre les docteurs condamnés et contre les professeurs de théologie du collége de Navarre, notamment contre le véhément et ridicule docteur de Cornibus[1]. Dans les groupes d'étudiants attirés par ce placard, des cris de colère se mêlèrent bientôt aux éclats de rire, et s'il n'eût été arraché, une rixe eût été difficilement évitée. Deux jours après, le jour même du départ des exilés, on affiche dans le quartier de la Sorbonne un placard d'un autre genre, dirigé contre les luthériens; cette fois-ci ce n'est pas une simple satire, ce sont des vers où respire la vengeance et qui provoquent le roi à sévir par le feu contre la race maudite des hérétiques. Ces

---

[1] C'est le docteur Pierre Cornu, cordelier, devenu aussi fameux par son zèle contre les hérétiques que par ses sermons bizarres où il mêlait à un français inculte un latin plus barbare encore. Rabelais s'est beaucoup moqué de lui (*Pantagruel*, liv. III, chap. XIV, édit. d'Amsterdam, 1725, in-8°, t. III, p. 77). Il mourut en 1542, et en même temps que Le Picart fit son oraison funèbre, parut sur lui un recueil d'épitaphes satiriques. (Voy. la note de Leduchat au passage cité de Rabelais.)

vers, les seuls de cette espèce qui nous aient été conservés, sont ainsi conçus [1] :

> « Au feu, au feu cest heresie
> qui jour et nuyt trop nous greve ! [2]
> Doibz-tu souffrir qu'elle moleste
> saincte escripture et ses esdictz ?
> veulx-tu bannir science parfaicte
> pour soubstenir luteriens mauldictz ?
> Crains-tu point Dieu qu'il permette
> toy et les tiens, qui sont floris [3], faire peril ?
>
> Paris, Paris, fleur de noblesse,
> soubstiens la foy de Dieu que on blesse,
> ou aultrement fouldre et tempeste
> cherra [4] sur toy, je t'advertis.
> Prions tous le roy de gloire
> qu'il confonde ces chiens mauldictz,
> a fin qu'il ne soit plus memoire
> non plus que de vielz oz pourris.
>
> Au feu, au feu ! c'est leur repere [5] !
> Faiz en justice ! Dieu l'a permys. »

La même chose se répète le lendemain : nouveau placard contre les hérétiques et nommément cette fois contre Gérard Roussel. Ces affiches menaçantes, qu'on ne se presse pas d'arracher aussi vite que les couplets railleurs contre les Sorbonistes, ne

---

[1] Siderander à Bédrot; pièces justif. n° 11. Nous donnons ici ces vers avec l'ancienne orthographe.

[2] *Grever*, être à charge, faire souffrir.

[3] *Flori*, fleuri, florissant.

[4] Futur de *choir*, tomber.

[5] *Repère*, repaire; ici : l'endroit qui leur convient.

manquent point leur effet : un tumulte est imminent; les partisans de la Sorbonne demandent à grands cris justice de « ces détestables hérétiques. » Mais le roi était parti, ayant laissé des ordres sévères pour le maintien de l'ordre; il fallut donc attendre et se taire.

Ces événements firent une sensation immense; ils raffermirent les espérances des amis de l'Évangile, et ranimèrent leur courage; les savants et les étudiants protestants présents à Paris, s'empressèrent d'en faire part à leurs amis comme d'une « chose inouïe[1];» en Allemagne, Mélanchthon se proposa d'écrire un livre particulier sur ces histoires extraordinaires[2]. Le roi, s'étant réservé l'instruction du procès de Roussel, avait encore avant son départ, rendu le prédicateur de Marguerite à son entière liberté. Sous la protection de la cour de Navarre, et par l'indulgence de l'évêque Du Bellay, Roussel prêche alors librement, pendant presque tout le temps que dure l'absence du roi[3]. Encouragés par son exemple, et jouissant de la même protection que lui, deux moines augustins, Courault et Bertault, le premier dans l'église de Saint-Sauveur, prêchent également les principes de la réformation[4]; Pierre

---

[1] Siderander à Bédrot; *l. c.*

[2] Mélanchthon à Spalatin; *l. c.*

[3] Mélanchthon à Jean Hess, juillet 1533 : « Ger. Ruffus *libere docet Evangelium in ipsâ Lutetiâ.* » Mel. *Opp.*, édit. de Bretschneider, t. II, p. 657. — Bucer à Ambr. Blaarer, 18 janvier 1534; pièces justif. n° 16. — Coste, *o. c.*, p. 80.

[4] Bèze, t. I, p. 14. — D'Argentré, t. I, Index, p. VII.

Toussaint, alors à Bâle, est attendu à Paris, pour joindre sa voix à celle de ces prédicateurs[1]. En même temps un homme plus puissant se trouve dans la capitale : c'est Calvin, de retour de ses études à Bourges[2]; pendant que Roussel et ses collaborateurs gardent encore, devant leurs milliers d'auditeurs, des ménagements avec Rome, Calvin prêche déjà la réformation entière et décidée, à un petit nombre de zélés protestants se réunissant en secret chez le marchand Etienne de la Forge, qui plus tard périt dans les flammes[3]. C'est à cette époque que des relations d'amitié s'établirent entre Roussel et Calvin, lequel admirait alors la piété profonde du prédicateur de Marguerite[4].

Pendant l'absence de François Ier, le parti des adversaires, qui à sa haine contre les protestants ajoutait un vif ressentiment contre la cour, fit tous ses efforts pour exciter une réaction et surtout pour rendre la reine de Navarre et ses prédicateurs suspects de luthéranisme. La haine contre Marguerite inspira aux moines et aux théologiens de la Sorbonne les mesures les plus extravagantes. Dans une conférence sur les moyens d'anéantir l'influence de la reine, un moine, nommé Toussaint Lemand, pro-

---

[1] Siderander à Bédrot; *l. c.* — Selon toute apparence Toussaint ne vint pas alors à Paris. Depuis 1535 il est pasteur de Montbéliard.

[2] Il loge à Paris au collége de Forteret. Bèze, t. I, p. 14. Le même, *Vita Calvini*, en tête des *Epistolæ* Calvini, Hanau, 1597, in-8°, p. 4.

[3] Henry, *Leben Calvin's*, t. I, p. 49.

[4] Voy. Calvin, *Epistre du devoir de l'homme chrestien en l'administration ou rejection des benefices de l'Eglise papale*, 1537 (voy. plus bas).

posa tout simplement de la mettre dans un sac et de la jeter à la Seine[1]. Suivant la coutume, les professeurs du collége de Navarre firent jouer, dans les premiers jours d'octobre, une comédie par les élèves passant de la classe de langues à celle de rhétorique. Ils y représentèrent une reine occupée à filer; une Mégère, s'approchant d'elle, lui remet pour la séduire, un Évangile; après l'avoir saisi, la reine se change elle-même en furie et ne travaille plus qu'à opprimer les malheureux et les innocents[2]. La reine c'est Marguerite; la Mégère c'est Roussel, le nom de Mégère devant être une allusion à *Mag. Gerardus*[3]. Cette mauvaise farce, qui n'eut pas même l'excuse d'être spirituelle, fut couverte des bruyants applaudissements des théologiens accourus pour la voir. Le bruit de cette inconvenance se répandit rapidement dans la ville; les auteurs y contribuèrent eux-mêmes en faisant imprimer leur pièce[4]. A cause des outrages à la sœur du roi, la police ne put s'empêcher d'intervenir; elle fit entourer le collége, et malgré l'opposition du supérieur, malgré les pierres lancées par les écoliers contre les gens du bailli, les élèves qui avaient rempli les rôles furent arrêtés; l'auteur s'étant échappé, on arrêta aussi les chefs de l'établissement, Morin et le docteur Lauret, lequel passait pour

---

[1] Génin, *Lettres de Marguerite*, etc., p. 56. — *Musée des protestants célèbres*, t. II, p. I, p. 143.

[2] Calvin à Fr. Daniel, 1533; Calv. *Epp.*, l. c., p. 1 et 2.

[3] Sturm à Bucer, novembre 1533; pièces justif. n° 15.

[4] *Ibidem*. Sturm dit qu'il l'enverra à Bucer. En existe-t-il encore des exemplaires? Nous l'ignorons.

un homme d'une grande érudition et de beaucoup d'influence[1].

Vers la même époque l'animosité de la Sorbonne contre Marguerite éclata contre un de ses livres. En cette année elle avait fait traduire en français et publier son livre d'heures, d'où elle avait fait retrancher un assez grand nombre de prières à la Vierge et aux saints[2]; quelle que fût l'irritation de la faculté de théologie, elle n'osa s'opposer à cette publication, parce que le traducteur était Guillaume Parvi, évêque de Senlis et confesseur du roi[3]. Pour se dédommager, on attaqua un autre livre de la reine. Ce fut le *Miroir de l'âme pécheresse* qui avait déjà paru sans opposition en 1531 dans la ville d'Alençon, et dont une nouvelle édition fut publiée en 1533 à Paris même[4], sans nom d'auteur et sans qu'on eût demandé l'autorisation préalable de la faculté[5]. Informée de cette publication dont l'auteur ne lui était assurément pas inconnu, la Sorbonne délégua Nicolas Leclerc, curé de Saint-André, pour rechercher l'ouvrage chez les libraires. Il n'eut pas de peine à le

---

[1] Calvin à Daniel ; *l. c.* — Sturm à Bucer ; *l. c.*

[2] *Heures de la royne Marguerite.* Paris, 1533.

[3] Bèze, t. I, p. 13.

[4] *Le miroir de l'ame pecheresse auquel elle recongnoist ses faultes et pechez, aussi ses graces et benefices à elle faitez par Jesuchrist son espoux.* Alençon, chez maistre Simon du Bois, 1531, petit in-4º. — L'édition de 1533, Paris, chez Antoine Augereau, in-8º, est corrigée et augmentée d'après le manuscrit de l'auteur. Le *Miroir* se trouve aussi dans le 1er volume des *Marguerites de la Marguerite des princesses tres-illustre reyne de Navarre*; Lyon, 1547, 2 vol. in-8º.

[5] Calvin à Daniel; *l. c.*, p. 3.

trouver; il le saisit comme suspect, et le déféra aussitôt à la faculté. Cependant le *Miroir* était peu hérétique; c'est un poëme où respire cette piété vague, intime, mystique, au-dessus de laquelle Marguerite s'est rarement élevée; bien que peu poétiques et çà et là même ennuyeux dans la forme, ces pieux épanchements d'une âme que le souvenir de ses péchés tourmente et qui aspire au salut en Jésus-Christ, ne laissent pas de produire sur le lecteur une impression profonde et douce [1]. Comme il eût été difficile à la Sorbonne d'y découvrir des propositions scandaleuses et hérétiques, elle accusa le livre pour ce qu'elle n'y trouva pas; c'est-à-dire pour n'avoir rien dit des saints ni du purgatoire [2]; par ce motif il fut censuré et inscrit au nombre des ouvrages dont la faculté demandait la suppression [3]. Instruite de ce jugement, Marguerite en informa son frère en s'avouant l'auteur du livre. Le roi, à cette époque encore absent de la capitale, fit écrire à l'université pour demander la cause de la condamnation du *Miroir*; le 24 octobre l'évêque de Senlis donna lecture

---

[1] Voy. Merle d'Aubigné, t. III, p. 504 et suiv.

[2] Génin, *Lettres de Marguerite*, p. 49, 111.

[3] Calvin à Daniel; *l. c.* — On voit par là que la condamnation du *Miroir* ne fut pas l'œuvre de Béda; celui-ci était alors en exil. Autant que je sache, Bèze, t. I, p. 13, est le seul auteur du temps qui dit que le *Miroir* « irrita la Sorbonne et notamment Béde et autres. » Comme, à ce qu'il paraît, Bèze ne se souvenait plus exactement des dates, il a pu très-naturellement attribuer la condamnation du livre de la reine à ce syndic de la Sorbonne, dont le nom figurait alors dans toutes les mesures prises contre l'hérésie.

aux facultés réunies de la lettre royale[1]. Quinze jours auparavant, le 10 octobre, avait eu lieu l'élection d'un nouveau recteur ; les suffrages étaient tombés sur le fils du célèbre médecin Guillaume Cop, Nicolas, médecin lui-même et professeur au collége de Sainte-Barbe[2] ; l'université ignorait sans doute que ce savant était lié avec Calvin, ainsi qu'avec les réformateurs de Strasbourg et de la Suisse. Aussitôt après la lecture de la lettre du roi, Nicolas Cop convoqua les cinq facultés ; dans celle des arts, dont il faisait partie, il prononça un discours énergique contre la témérité de ceux qui, en condamnant le *Miroir*, avaient porté atteinte à la majesté royale ; il exhorta ses collègues à ne plus s'exposer à la colère du roi en attaquant une princesse aussi distinguée par ses vertus et sa piété que par son amour pour les lettres. Pour faire oublier leur imprudence, les différentes facultés furent d'avis de nier le fait[3]. Le seul curé, Nicolas Leclerc, eut la franchise de se lever pour l'arrêt de la Sorbonne ; la circonstance, dit-il, d'avoir été publié à l'insu de la faculté de théologie, suffit pour rendre le livre suspect ; du reste, que sert-il de nier ce que tout le monde sait ? la sentence a été prononcée, et tous les membres en sont solidaires. Comme ceux-ci se taisent, l'évêque de Senlis,

---

[1] Bulæus, *Hist. universit. Paris.*, t. VI, p. 238.

[2] Le second fils de Guill. Cop, Jean, qui fut jurisconsulte, prononça en 1535, à l'université de Paris, un discours sur les mérites de François Ier, quant à la renaissance des lettres. Bulæus, t. VI, p. 258.

[3] « *Omnium sententia fuit, factum abjurandum.* » Calvin à Daniel, l. c.

après avoir déclaré qu'il n'a trouvé dans le *Miroir* rien de répréhensible, à moins qu'il n'ait oublié toute sa théologie, demande à l'université une déclaration de nature à satisfaire le roi. Le recteur prononce alors que l'université ne reconnaît pas la censure, attendu qu'elle n'a ni vu ni condamné le livre; ceux qui ont formulé la sentence devront tâcher de se justifier; l'université ne peut que les recommander à la grâce du roi[1].

En présence de ces faits, on est étonné des chances de succès qu'en 1533 la réformation avait dans la capitale de la France. Le roi, indigné du fanatisme des moines et des Sorbonnistes, semble plus prêt que jamais à embrasser la cause protestante; une reine, qui exerce une grande influence sur son frère et sur son époux, protége ouvertement les savants et les prédicateurs évangéliques; des hommes haut placés dans l'État et dans l'Église, comme Guillaume Du Bellay[2], son frère l'évêque de Paris, l'évêque de Senlis, confesseur du roi, l'amiral Philippe Chabot, comte de Charny[3], les couvrent de leur estime; un savant, lié avec Calvin et Bucer, est recteur de

---

[1] Bulæus, o. c., t. VI, p. 238 et suiv.

[2] Les protestants fondaient de grandes espérances sur lui. Bucer au médecin Ulric Chelius, 17 août 1534: « *Dominus excitet multos isti heroï* (scil. Guil. Bellaio) *similes, et spes erit forte ut emergat aliquando regnum Christi.* » — Sturm à Bucer, 17 novembre 1535 : « *Si* Langæus *isthuc veniat, obsecro habe eum in numero eorum, qui quidvis pati volunt pro Christo.* » Manuscrits autographes, aux archives du séminaire protestant de Strasbourg.

[3] « *Admiralius adest, qui unice nobis favet.* » Sturm à Bucer, *l. c.*

l'université; les élèves de la Sorbonne commencent à réfléchir sur la distance qui sépare Rome de l'Évangile [1]; les docteurs les plus véhéments sont loin de Paris en exil, et ceux qui restent sont intimidés par des échecs réitérés; beaucoup de grands personnages sont gagnés au protestantisme, qui compte des partisans à la cour et jusque dans la maison du roi [2]; il en est qui vont jusqu'à envoyer des enfants en pension chez les réformateurs de Strasbourg [3]; en un mot, tous les esprits plus éclairés commencent à penser et à parler plus librement [4].

Mais pour la France les temps n'étaient pas encore accomplis; la nation n'était pas encore disposée, comme ailleurs, à recevoir les lumières de la réformation. Quelques paroles prononcées avec trop de courage suffirent pour faire évanouir toutes ces espérances, et pour ramener de nouveau une période de violente persécution.

Conformément à son ancienne coutume, l'université s'assembla le jour de la Toussaint, dans l'église des Mathurins, à l'effet d'entendre la harangue du nouveau recteur. Les protestants choisirent cette occasion pour faire une manifestation publique et solennelle de leurs principes; de concert avec son

[1] « *Juniores theologi jam sapere incipiunt.* » Le même au même, 23 août 1533; pièces justif. n° 13.

[2] Comme le gentilhomme de la chambre du roi, Maurus Musæus; les dames d'Étampes, de Cauny, de Peisseleu, etc.

[3] Pierre Moncler à Bucer, 26 octobre 1533; pièces justif. n° 14.

[4] «...*Factum est ut... cœperint omnes loqui liberius.*» Bucer à Ambr. Blaarer, 18 janvier 1534; pièces justif. n° 16.

ami Calvin, Nicolas Cop rédigea un discours qui, au lieu de contenir les formules d'usage, exposa en termes explicites la doctrine de la justification par la foi [1]. L'université et le clergé écoutèrent avec étonnement ce langage inouï. Les cordeliers se hâtèrent de l'accuser devant le parlement, au lieu d'en saisir l'université même. Le 19 novembre, Nicolas Cop, tout en se reconnaissant l'auteur des propositions accusées, protesta contre l'appel à la juridiction du parlement comme étant en ce cas une infraction aux droits de l'université; celle-ci, après une séance longue et tumultueuse, ne put s'empêcher de se plaindre de l'injure faite au corps tout entier dans la personne de son recteur; mais les doyens de théologie et de droit s'opposèrent à toute autre conclusion. Cop, menacé d'emprisonnement et déjà poursuivi par les gens de la police, eut à peine le temps de fuir; dans la précipitation de sa fuite il emporta le sceau de l'université; peu de jours après il arriva à Bâle, ville natale de son père, tandis que Calvin, par la protection de la reine de Navarre, put se retirer dans la Saintonge [2].

L'éloignement de Cop et de Calvin ne satisfit pas les adversaires; enhardis par la fuite de ces deux hommes, ils réussirent à provoquer une persécution générale contre les protestants, à laquelle le roi lui-

[1] Bèze, t. I, p. 14; le même, *Vita Calvini*, l. c., p. 3.
[2] Beza, *Vita Calvini*, l. c., p. 4. — Bulæus, t. VI, p. 238. — Calvin se rendit aussi à Nérac où il vit Lefèvre d'Étaples. Ce que dit Florimond de Remond (o. c., p. 921) d'une entrevue que Calvin aurait eue à cette occasion avec Roussel, est controuvé; Roussel était resté à Paris.

même ne tarda pas de s'associer. Ce nouveau changement dans la conduite de François Ier ne doit pas nous surprendre; si son esprit éclairé méprisait l'obscurantisme des moines, sa vanité se sentait repoussée par l'austérité des préceptes moraux des réformateurs. Il protégeait ceux-ci tant qu'ils ne s'opposaient qu'aux vieilles superstitions et à la science ténébreuse des scolastiques, mais il retirait sa main dès qu'ils prêchaient les doctrines de l'Évangile, infiniment trop sérieuses au gré du brillant et frivole monarque. En outre, les intérêts momentanés de la politique avaient beaucoup plus d'empire sur lui que les intérêts éternels de la vérité; d'ailleurs il était revenu de son entrevue avec le pape avec des dispositions qui, quand même le recteur n'aurait pas prononcé son discours, seraient devenues fatales aux protestants. Cette entrevue n'avait eu lieu qu'au mois d'octobre à Marseille. Annoncée depuis le mois de mai, elle avait été l'objet de la plus vive anxiété des deux partis religieux; protestants et catholiques, tous y fondaient des espérances; les uns en attendaient la chute du pouvoir papal en France, les autres une résistance plus vigoureuse aux progrès de l'hérésie [1]. C'est l'attente de ces derniers qui se réalisa: le roi revint de Marseille avec des bulles de Clément VII contre les « luthériens [2]. »

[1] Sturm à Bucer, novembre 1533; pièces justif. n° 15.
[2] La première, datée de Rome et adressée aux prélats du royaume, est du 1er septembre 1533; la seconde, datée de Marseille et adressée au roi, est du 10 novembre; chez Rousset, *Supplément au Corps universel diplomatique de Du Mont;* Amst., 1739, in-fol., t. II, p. I, p. 116.

En entendant le recteur proclamer en pleine université les doctrines réformées, la Sorbonne dut reconnaître avec effroi la force croissante du parti protestant. Il fallut donc non-seulement poursuivre Nicolas Cop, mais prendre des mesures contre tous les partisans de la réforme. On commença par mettre à prix la tête du fugitif; 300 écus furent promis à celui qui le ramènerait vivant ou mort[1]; le roi, encore à Lyon, ayant écrit au parlement pour lui ordonner de procéder avec toutes les rigueurs contre les hérétiques[2], on fit publier que quiconque serait convaincu par deux témoins d'être luthérien, serait puni du feu[3]. Immédiatement plus de cinquante personnes furent dénoncées et jetées en prison; dans les derniers jours de décembre, le nombre des captifs fut estimé à plus de 300[4]. Beaucoup furent assez heureux de passer les frontières; de ce nombre fut le gentilhomme de la chambre du roi, *Maurus Musœus*[5]; d'autres périrent sur les bûchers : Alexandre Canus, d'Évreux, fut brûlé à la place Maubert; le chirurgien maître Jean Pointet[6] et un Allemand eurent le même sort[7]. Les prédicateurs

[1] Bucer à Ambr. Blaarer, 18 janvier 1534; pièces justif. n° 16.

[2] La lettre est du 10 décembre; chez Rousset, *l. c.*, p. 115.

[3] Bucer à Blaarer, *l. c.* — Érasme à Jean Cholerus, prévôt de Coire, 19 février 1534. Erasmi *Epp.*, éd. de Leyde, p. 356.

[4] Bucer à A. Blaarer, *l. c.*

[5] En automne 1534 Maurus Musæus est à Bâle et écrit à Bucer pour demander son amitié. Voy. ses lettres aux archives du séminaire protestant de Strasbourg.

[6] Crespin, *Hist. des martyrs*, fol. 106[b]. — Bèze, t. I, p. 12.

[7] Nicolas Cop à Bucer, 5 avril 1534; pièces justif. n° 17.

de Marguerite furent accusés à leur tour; déjà le 26 novembre Courault et Bertault subirent une censure; plusieurs autres ecclésiastiques encoururent également le reproche d'avoir prêché des hérésies[1]. Mais les deux augustins ne se découragèrent point; les prédications publiques leur étant interdites, ils tinrent des réunions particulières comme Calvin l'avait fait; Gérard Roussel imita leur exemple. Cela aussi ne tarda pas à être découvert, et les trois prédicateurs furent emprisonnés comme hérétiques[2].

Ce n'est pas tout. Dès qu'il s'agit d'une nouvelle persécution des protestants, Béda ne put y manquer. Le 5 juillet déjà, sur le vœu de la faculté de théologie, l'université avait envoyé au roi pour solliciter le retour des docteurs exilés[3]. A cette époque cette démarche demeura sans succès, mais dans les circonstances nouvelles il fallut peu de peine pour obtenir leur grâce: ils revinrent triomphants[4]. Béda, dont l'exil n'avait pas calmé la fougue, ne se contenta pas de sévir contre les réformés, il demanda même l'interdiction des professeurs royaux Pierre Danès, Paul Paradis et Vatable; irrité de voir ces savants enseigner l'hébreu et le grec, ces idiomes *des hérésies*, et interpréter dans leurs cours les Écritures

---

[1] D'Argentré, t. I, Index, p. VI; t. II, p. 102 et suiv.
[2] Crespin, o. c., fol. 111. — Bèze, t. I, p. 15.
[3] Bulæus, t. VI, p. 238.
[4] « Bedda *cum collegis suis revocatus est, ac triumphat serio.* » Érasme à Jean Cholerus, *l. c.*

saintes, il requit du parlement que l'usage de la Bible leur fût interdit : tant il redoutait pour l'ancien système la libre étude de la parole de Dieu[1]. Quant à Le Picart, la Sorbonne le vengea de son exil en lui conférant le grade de docteur[2]; il reprit le cours de ses prédications violentes contre les luthériens, et de concert avec Béda, il demanda le feu contre Roussel et ses amis; Béda surtout éprouvait contre Roussel un ressentiment violent, car c'est en lui qu'il voyait la cause de son exil[3].

Mais le triomphe de la Sorbonne fut de courte durée. La nouvelle et grossière explosion de la haine de Béda contre les savants, ranima toute la colère du roi contre l'implacable et fougueux syndic de la faculté de théologie. Il le força de se rendre dans la prison de Roussel et des autres prédicateurs, et de disputer avec eux ; l'effet prévu par le roi ne manqua pas d'arriver : Béda dut se retirer couvert de honte, après avoir vainement opposé ses arguties scolastiques aux raisonnements que Roussel fondait sur l'Écriture sainte[4]. Dans le même temps il tomba entre les mains du roi un libelle publié déjà antérieurement et intitulé : *l'Oraison faite au roi de France par les trois docteurs de Paris bannis et relégués requé-*

---

[1] Bulæus, t. VI, p. 239 et suiv.

[2] Coste, *o. c.*, p. 95.

[3] Myconius à Bullinger, 28 février 1534. Chez Füslin, *Epistolæ ab Ecclesiæ helveticæ reformatoribus vel ad eos scriptæ;* Zurich, 1742, in-8º, p. 121.

[4] *Ibidem.*

rans d'estre rappelés de leur exil[1]. Ce pamphlet, qui contenait plusieurs propositions diffamatoires contre le roi, excita au plus haut degré sa colère; Béda, Le Picart et Nicolas Leclerc, celui qui avait provoqué et soutenu la censure du *Miroir de l'âme pécheresse*, furent arrêtés sous l'accusation de crime de lèse-majesté[2]. Pendant toute l'année 1534 ils restèrent enfermés dans les prisons de l'évêché. En même temps qu'ils rentrèrent en prison, on continua pour la forme le procès de Roussel, de Courault et de Bertault. Par un de ces retours si fréquents en sa vie, François Ier revint de son irritation contre les réformés; la reine de Navarre ne négligea rien pour protéger son aumônier; elle sut même intéresser en sa faveur le grand-maître de Montmorency, par l'assurance qu'elle lui donna que maître Gérard n'avait « jamais tenu aucune opinion sentant l'hérésie[3]. »

---

[1] Coste, p. 77.

[2] Cop à Bucer; pièces justif. n° 17.

[3] Marguerite à Montmorency : « Je croy que jamais le Roy ne feit chose quy estonnast tant ceux quy n'ont mestier que de mal parler, que ce quy a esté faict. » (Cela se rapporte à l'expulsion de Béda.) « L'on est à ceste heure à parfaire le procès de maistre *Gérard*, où j'espère que la fin bien congneue, le Roy trouvera qu'il est digne de mieulx que du feu, et qu'il n'a jamais tenu opinion pour le mériter, ny quy sente nulle chose hérétique. Il y a cinq ans que je le congnois, et croyés que si je y eusse veu une chose doubteuse, je n'eusse point voullu souffrir sy longuement une telle poison, ny y employer mes amis. Je vous prie ne craigniés à porter ceste parole pour moy, car j'espère que la chose sera sy bien prouvée, que vous et moy serons trouvés véritables. » *Lettres de Marguerite*, p. 298. M. Génin met la date de cette lettre après les placards; mais on verra qu'à cette époque Roussel n'était plus à Paris; du reste, Roussel n'eut qu'un seul procès et ce fut celui du commencement de 1534. Si la

Enfin, en mars, le roi ordonna de remettre les trois prédicateurs en liberté, mais en leur faisant défendre « de prêcher ni de lire[1]. » La Sorbonne et son parti qui, peu de semaines auparavant, avaient cru leur triomphe assuré, se virent de nouveau réduits à l'impuissance[2].

Malgré la défense, Roussel essaya de prêcher à Notre-Dame; mais comme il passait désormais pour un luthérien consommé, le peuple, excité par le clergé, l'empêcha de monter en chaire[3]. Ce fut la dernière tentative qu'il fit à Paris; peu après il retourna avec Marguerite dans le Béarn, après l'avoir accompagnée en 1534 dans un voyage qu'elle fit en Normandie[4]. Vers le même temps Courault se retira en Suisse, où, après avoir été à Genève le collaborateur de Farel, il fut appelé comme pasteur à Orbe dans le pays de Vaud, où il mourut.

Les prédicateurs quittèrent Paris, non sans avoir laissé dans beaucoup de cœurs les germes de la foi évangélique. Le nombre des personnes assistant aux réunions secrètes que Calvin surtout avait formées, augmenta de jour en jour. Roussel avait trouvé des partisans jusque parmi les moines; nous avons déjà

---

reine dit qu'elle connaît maître Gérard depuis cinq ans, c'est-à-dire depuis 1528 ou 1529, cela veut dire que vers cette époque elle se l'attacha plus intimement en le nommant son aumônier.

[1] Cop à Bucer; *l. c.* — Crespin, *o. c.*, fol. 111. — Bèze, t. I, p. 15. — Le même, *Vita Calvini*, *l. c.*, p. 4.

[2] Cop à Bucer; *l. c.*

[3] Coste, p. 46.

[4] *Lettres de Marguerite*, p. 61; 284.

cité Courault et Bertault; plusieurs autres s'attachèrent à la cour de la reine de Navarre, pour jouir de sa protection. Un de ces disciples de l'abbé de Clairac fut envoyé par Marguerite à Rome, pour une cause inconnue; comme c'était un homme savant, le pape, dit-on, lui offrit un salaire considérable pour enseigner publiquement la théologie à Rome [1].

Débarrassé à la fois de Béda qu'il n'aimait pas, et de Roussel qu'il soupçonnait d'être trop protestant, François Ier songea à la réalisation d'un projet qui l'occupait depuis quelque temps, et qui montre de la manière la plus parfaite jusqu'où allaient ses dispositions en faveur d'une réforme. Ce projet, auquel la reine de Navarre n'était pas étrangère et dont la réussite eût mis le comble aux désirs de son prédicateur, consistait à rétablir la paix entre les deux partis religieux par le moyen de concessions réciproques. A cet effet le roi fit faire, dès le mois de juillet 1534, des démarches auprès de Mélanchthon et de Bucer, ceux des réformateurs qui étaient le plus estimés en France pour leur science et leur esprit modéré. L'évêque Jean Du Bellay et son frère Guillaume appuyèrent ces négociations de toute leur influence; Mélanchthon, Bucer et son collègue Hédion leur envoyèrent des mémoires tendant à montrer la possibilité d'une réconciliation en s'unissant dans les points essentiels, et en accordant, quant aux points accessoires, la liberté des opinions; Mé-

---

[1] Sturm à Mélanchthon, 9 juillet 1535; Melanchth., *Epp.*, t. IV, p. 1033.

lanchthon écrivit dans le même sens à l'abbé de Clairac[1], et, comme lui, tous les esprits supérieurs se livrèrent à l'espoir de voir enfin s'établir en France la paix et le règne de l'Évangile[2].

Mais Dieu voulut que ces espérances ne s'accomplissent point. Des placards contre la messe, audacieusement affichés, le 19 octobre, à Paris et jusque sur les portes du château de Blois où François Ier se trouvait alors[3], excitèrent à un tel point la colère du roi, qu'il assista lui-même aux horribles supplices décrétés par le parlement. A Paris, à Arras, en Poitou, les bûchers consument un grand nombre de protestants[4]; frappés de terreur, beaucoup de savants et de nobles s'enfuient : Claude des Fosses, Jacques Canaye, Jacques Amyot se réfugient à Bourges; Clément Marot trouve un asile auprès de la duchesse de Ferrare[5]. Ce qui peut paraître bizarre, c'est qu'au milieu de cette épouvantable persécution, Fran-

---

[1] Florimond de Remond (p. 856) assure qu'il avait possédé « la copie d'une lettre latine que *Melanchthon* envoia en ce même temps à *Roussel* pour la faire tenir et lire à la Roine de Navarre. » Nous regrettons autant que cet écrivain qu'il ait égaré cette copie.

[2] Guillaume Du Bellay à Bucer, 20 juin 1534 : « *Omnes bene sperare iubent, etiam rex ipse, cuius animus erga meliores literas indies magis ac magis augetur.* » Sur l'adresse Bucer est appelé *melioris theologiæ professor eximius.* — Bucer à Ambr. Blaarer, 22 janvier 1535 : « *Pulchre inclinabat regnum papæ in Galliâ, ad Christum multi adspirabant.* » Manuscrits autographes, Archives du séminaire protestant de Strasbourg.

[3] Crespin, o. c., fol. 111a.

[4] *Ibidem*, fol. 112 et suiv. — A Besançon on fait périr dans la même année le prêtre Quoquillard comme protestant. Voy. Pantaleon, *Martyrum historia*; Bâle, 1563, in-fol., p. 80.

[5] Bèze, t. I, p. 16.

çois Ier persista dans son ressentiment contre Béda. Le 21 novembre, jugeant que le moment était favorable, le docteur Luillier engagea l'université à profiter de la colère du roi contre les luthériens, pour demander la remise en liberté de Béda, de Le Picart et de Leclerc[1]; les différentes facultés ne firent la demande qu'en hésitant, et le roi ne fit grâce qu'à Le Picart et à Leclerc; quant à Béda, après avoir fait publiquement amende honorable d'avoir parlé contre le roi, il fut exilé pour le reste de ses jours au mont Saint-Michel[2].

Pendant qu'avec un courage qui excitait l'admiration du peuple[3], les protestants de Paris laissèrent leur vie pour la vérité que Roussel leur avait prêchée, celui-ci vécut en sécurité à la cour de Marguerite. La persécution qui suivit les placards ébranla de nouveau sa constance, que la liberté dont il avait joui en 1533 avait pour quelque temps raffermie. Se persuadant désormais de l'inutilité de tous les efforts pour amener la France à l'Évangile, et voyant avec effroi les dangers qui menaçaient les réformateurs, il se plongea plus que jamais dans son mysticisme par lequel il croyait pouvoir tout concilier. La reine de

---

[1] Bulæus, t. VI, p. 249.

[2] Sturm à Bucer, mars 1535; chez Strobel, *Histoire du gymnase de Strasbourg*; Strasbourg, 1838; in-8º, p. 113. — Latomus à Érasme, 29 juin 1535; Erasmi *Epp.*, édit. de Bâle, p. 1097. — Coste, p. 100. — Béda mourut en 1537.

[3] En voyant les supplices des protestants, le peuple disait : « C'est merveilles comme ils se font brusler, et qu'ils meurent ainsi constamment pour maintenir leur loi. » Crespin, fol. 107 ᵇ.

Navarre partagea ces sentiments; témoin du peu de succès des nouvelles négociations que son frère fit entamer en 1535 avec les réformateurs d'Allemagne[1], témoin surtout de l'influence funeste que d'ardents catholiques, comme le cardinal de Tournon et le grand-maître de Montmorency[2], exercèrent désormais sur l'esprit du roi, elle résolut de s'abstenir à l'avenir de contribuer activement à la propagation de la réforme en France; elle se borna à protéger les savants[3], à intercéder pour les persécutés[4], et à

---

[1] En novembre 1535 elle est auprès de son frère, qui est malade à Dijon, et qui fait faire les dernières démarches pour engager les réformateurs allemands à faire plus de concessions. Sturm à Bucer, 17 novembre 1535; chez Strobel, o. c., p. 115.

[2] Le chancelier Duprat mourut en 1535; Montmorency devint connétable en 1538; en 1535 Sturm (à Bucer, l. c.) l'appelle « *maximus et potentissimus adversarius.* »

[3] C'est ainsi qu'elle assista et protégea Claude Baduel de Nîmes. Lorsqu'en étudiant en 1534 l'éloquence et la théologie à Wittemberg, il faillit être forcé par son indigence à renoncer aux études, Mélanchthon, qui l'estimait beaucoup, implora en sa faveur l'assistance de Marguerite (Lettre du 13 juin 1534; Melanchth. *Epp.*, t. II, p. 732). En 1535 Baduel fut employé aux négociations avec les réformateurs de Wittemberg et de Strasbourg (Sturm à Bucer, 17 novembre 1535; chez Strobel, o. c., p. 114; Sturm parle du bruit qui s'était répandu qu'il était mort en voyage). En 1537 Bucer le recommanda de nouveau à la reine de Navarre, par une lettre remarquable où il démontre surtout la nécessité de ne confier le ministère évangélique qu'à des hommes ayant fait de fortes études (manuscrit autographe, Archives du séminaire protestant de Strasbourg). Baduel, après avoir professé en 1539 la philosophie à Paris, devint, en 1540, par la protection de Marguerite, recteur de l'université de Nîmes. Quelque temps après il se réfugia à Genève; d'abord pasteur de campagne, puis professeur de philosophie et de mathématiques; il mourut en 1561. (Voy. Senebier, *Histoire littéraire de Genève*; Genève, 1786, in-8º, t. I, p. 392).

[4] Le 3 juillet 1536 le magistrat de Strasbourg s'adresse à elle, pour la

offrir dans ses états un asile aux fugitifs; un instant elle eut même l'idée de fonder dans le Béarn une école savante et d'y attirer plusieurs des plus illustres professeurs de Paris [1]; mais ce projet ne paraît pas avoir été réalisé. Comme son aumônier lui persuadait que la participation aux formes et aux cérémonies extérieures était une chose en elle-même indifférente; pourvu que la foi intérieure, la foi de l'esprit soit gardée, Marguerite maintint la plupart de ces formes intactes et ne laissa même pas d'y attacher personnellement une certaine importance [2]. C'est là l'esprit qui dès lors domina seul à la cour de Béarn, dont Roussel devint le principal directeur spirituel. Michel d'Arande, à ce qu'il paraît, était mort depuis longtemps; en 1537 Lefèvre d'Étaples mourut plus qu'octogénaire à Nérac, léguant sa bibliothèque à celui de ses disciples dont l'esprit avait le plus de conformité avec le sien, à Gérard Roussel [3]. L'année précédente Marguerite avait fait nommer

solliciter d'intercéder auprès de François Ier en faveur des Vaudois de Provence persécutés. Manuscrit, Archives du séminaire protestant de Strasbourg.

[1] Siderander à Bédrot; pièces justif. n° 11.

[2] « Le plus grand mal fut, que la plupart des grans commença lors de s'accomoder à l'humeur du Roy, et peu à peu s'eslongnerent tellement de l'étude des saintes letres, que finalement ils sont devenus pires que tous les autres : voire mesme la *Royne de Navarre* commença de se porter tout autrement, se plongeant aux idolatries comme les autres, non pas qu'elle approuvast telles superstitions en son cœur : mais d'autant que *Ruffi* et autres semblables luy persuadoyent que c'étoient choses indifférentes. » Bèze, t. I, p. 22.

[3] Baile, t. II, p. 470, note A.

celui-ci à l'évêché d'Oleron en Béarn[1]. Ce siége étant devenu vacant par la mort de Pierre d'Albret[2], le roi de Navarre en fit solliciter à Rome la provision en faveur de Roussel, estimé comme bon prédicateur et aimé des diocésains. Le cardinal Salviati, auquel appartenait la réserve de l'évêché d'Oleron, et qui s'en était désisté en faveur de Pierre d'Albret, moyennant une pension de 200 ducats, s'opposa d'abord à la nomination de Roussel; mais le roi lui ayant assuré la continuation de la pension, il se montra satisfait, et l'abbé de Clairac fut promu aux fonctions épiscopales[3].

C'est ainsi que Marguerite crut devoir récompenser les longs services de son prédicateur, tandis que celui-ci ne crut pas devenir infidèle à ses convictions en acceptant de la cour de Rome une dignité ecclésiastique. Son élévation remplit de joie et la cour et le peuple de Béarn; elle fut chantée par des poëtes comme un événement d'heureux présage[4]. Mais la nouvelle en parvint aussi aux anciens amis de Roussel que leur constance dans la foi avait fait chasser

---

[1] Suivant M. Génin (*Lettres de Marguerite*, p. 300), Roussel ne fut fait évêque qu'en 1540; mais les poésies de Nicolas Bourbon (voy. plus bas) et surtout l'épître que Calvin adressa à Roussel à l'occasion de sa nomination (voy. ci-dessous les notes 2 et 3 de la p. 114), prouvent que celle-ci eut déjà lieu en 1536.

[2] Il mourut empoisonné, en revenant d'un voyage à Rome, après n'avoir joui que six mois de sa dignité épiscopale.

[3] Génin, *Lettres de Marguerite*, p. 300, d'après une pièce inédite émanée de la cour de Navarre.

[4] Par le prêtre Nicolas Bourbon; voy. ces vers aux pièces justif. n° 21.

de France, et qui jusque-là n'avaient pas cessé d'espérer en lui ; leur douleur fut grande, lorsqu'ils apprirent qu'ils ne devaient plus regarder comme un des leurs cet homme dont l'esprit était « doué de tant d'excellentes qualités et orné de tant de belles connaissances [1]. » Les félicitations des poëtes de la cour eurent à peine cessé de retentir aux oreilles du nouvel évêque, qu'une voix plus sévère vint s'adresser à son cœur. Ce fut celle de Calvin, qui, réfugié auprès de la duchesse de Ferrare [2], se fit l'organe des sentiments des réformés, en écrivant à Roussel son épître *sur le devoir de l'homme chrestien, en l'administration ou rejection des bénéfices de l'Église papale* [3]. Déjà les premières lignes de cette lettre expriment avec énergie le sentiment qui la dicta : « Maintenant « chacun va disant que tu es bienheureux, et par « manière de dire le mignon de la fortune, à cause

[1] Voy. l'épître de Calvin citée ci-dessous.
[2] Nic. Des Gallars dit dans sa préface aux *Opuscula omnia* J. Calvini *in unum volumen collecta* (Genève, 1552, in-fol.) : « Epistolas duas edidit quas de hac re ad quosdam amicos ex Italia scripserat ut quam detestandum sit coram Deo idololatriæ crimen, omnes intelligerent. » C'est vers le commencement de 1536 que Calvin se rendit en Italie ; fin août il est déjà à Genève. Voy. Henry, *Leben Calvin's*, t. I, p. 153 et suiv.
[3] « A un ancien ami, de présent évesque. » Dans le *Recueil des Opuscules* de M. Jean Calvin ; Genève, 1611, in-fol., p. 110 et suiv. — Cette épître et une autre, écrite dans une intention pareille à Nicolas Duchemin, parurent d'abord à Bâle, sous le titre : Calvini *epistolæ duæ, de rebus hoc sæculo cognitu apprime necessariis* ; Bâle, in-4°, *mense martio* 1537. L'édition de Genève, 1550, in-8°, a une préface de Calvin datée du 12 janvier 1537. Ces deux épîtres furent aussi traduites en allemand et même en bohémien. Voy. Henry, *Leben Calvin's*, t. III, p. II, Appendice, p. 195.

« de la nouvelle dignité d'Evesque qui t'est escheue.
« Car outre le titre honorable de Prélat duquel la ma-
« jesté est partout révérée, elle t'apporte aussi un
« grand revenu de deniers, duquel non seulement
« tu pourras entretenir le train de ta maison, mais
« aussi subvenir à la povreté de plusieurs et user de
« la libéralité envers d'autres. Voilà ce que les hommes
« disent de toi et par aventure aussi te le font croire;
« mais moi, quand je pense un petit, que valent toutes
« ces choses, desquelles les hommes font communé-
« ment si grande estime, j'ai grand compassion de ta
« calamité. » Ensuite Calvin lui représente l'inconséquence de sa conduite ; « toi, dit-il, toi qui blâmais
jadis les abus du clergé de Rome, tu acceptes maintenant une dignité qui t'oblige à approuver la messe
que tu regardes comme une idolâtrie, et à prononcer
peut-être des excommunications dont pourtant tu
reconnais l'injustice. » Il lui rappelle son ancienne
piété « que jadis, dit-il, j'ai moi-même admirée et
dont l'exemple a été pour moi d'un profit immense. »
Au nom des « restes » de cette piété, il le conjure de
ne pas se laisser éblouir par le faste du monde, de
se réveiller de sa mollesse, de ne pas devenir com-
plice des abus qui défigurent l'Église du pape, ni des
persécutions dirigées contre ceux que jadis il appelait ses frères : « A la trompette, toi qui dois faire le
« guet, à tes armes, pasteur ! Qu'attens-tu, à quoi
« songes-tu ? Est-il temps de dormir ? Malheureux,
« tu dois rendre compte de la mort de tant de gens
« devant le Seigneur ! tant de fois es-tu homicide !

« tant de fois coulpable de sang, duquel il n'y aura
« pas une goutte que le Seigneur ne redemande de
« ta main. Et estant fouldroyé là horriblement tu n'en
« es aucunément esmu, tu n'en as aucune frayeur? »
Puis, après avoir tracé de sa main vigoureuse le tableau des abus aux différents degrés de la hiérarchie romaine, et celui des devoirs d'un vrai ministre de Jésus-Christ, Calvin presse vivement son ancien ami d'entrer dans une voie plus conforme à l'Évangile, et si autrement il ne le peut, de renoncer à son poste et de quitter son pays, plutôt que de demeurer plus longtemps dans les chaînes de l'Église de Rome.
« Certes, dit-il en terminant, nous n'ignorons pas
« l'imbécillité commune de notre nature, nous de-
« mandons qu'on nous face ceste gracieuseté et vou-
« lons aussi en user en cas pareil envers les autres :
« c'est que, encore que nous clochions et choppions
« parfois, ce qui advient aux plus parfaits plus sou-
« vent qu'il ne serait à désirer, toutefois nous ne
« laissions pas d'estre estimez et tenus les uns des
« autres pour chrestiens. Mais ce n'est point à autre
« condition, si non que celui qui choppe ainsi et fait
« des faux pas demeure tous jours néanmoins dans
« la voie du Seigneur, et que son clochement ne l'ar-
« reste point si court que tousjours il ne s'efforce à l'en-
« contre et ne travaille à bon escient pour surmonter
« la difficulté qu'il a de cheminer, et quoiqu'il tremble
« et chancelle, que toutefois il ne perde jamais cou-
« rage, que mesmes estant tombé il ne laisse point
« de se redresser sur ses pieds, et finalement que nul

« destourbier[1] ne l'empesche de poursuivre tousjours
« son chemin, ayant les yeux dressés vers le royaume
« des cieux comme à son droit but. Voilà, dis-je,
« ceux lesquels avec leurs fautes et imperfections
« nous supportons d'une affection et douceur frater-
« nelles ; voilà ceux que nous tenons pour frères et
« recevons amiablement entre nos bras, à sçavoir
« ceux qui suivent un train de vie chrestienne, et
« lesquels on voit de tout leur pouvoir tascher de par-
« venir au royaume de Dieu. Et toutesfois encore ne
« supportons nous pas tellement les fidèles dans leurs
« fautes, que ce soit pour nourrir leurs vices par nos
« dissimulations et flatteries; il y a cela seulement
« que nous ne voulons point rejeter de nostre com-
« pagnie ceux que le Seigneur reconnaist et advoue
« pour ses serviteurs. Mais en toy y a-t-il rien de sem-
« blable? duquel la vie n'a aucune apparence de vo-
« cation chrestienne et mesmes est totalement es-
« longnée de la voye du Seigneur? Parquoy, tant que
« par larrecins et pilleries tu succeras le sang des
« pauvres et tireras leur substance pour en abuser à
« tout excès et superfluité; tant que tu profaneras la
« charge de pasteur pour détruire meschamment et
« vilainement le pauvre troupeau ; tant que tu seras
« de la bande de ceux lesquels Christ nomme voleurs,
« brigands et meurtriers de son Eglise, estime de toy
« ce que tu voudras : pour le moins je ne te tien-
« drai jamais ni pour chrestien ni pour homme de
« bien. Adieu. »

[1] Empêchement.

Il est vrai, on est loin de reconnaître en Roussel cette fermeté courageuse qui n'accompagne que la foi vive et claire en Jésus-Christ, et qui seule donnait aux réformateurs la force d'âme nécessaire pour renoncer aux liens qui les attachaient à l'Église catholique. Cependant il ne mérite pas entièrement les reproches amers que Calvin lui adresse à la fin de son épître. Tandis que d'autres devinrent apostats et même persécuteurs de leurs anciens frères, lui du moins demeura attaché de cœur à la doctrine fondamentale de l'Évangile, et en examinant l'ouvrage qu'il écrivit vers la fin de ses jours, nous serons surpris d'y trouver cette doctrine exposée à peu près comme un protestant aurait pu le faire. Loin de nous de vouloir l'accuser d'une duplicité peu compatible avec la force d'une conviction véritablement chrétienne : s'il croyait pouvoir rester extérieurement dans la communion romaine, c'est, nous le répétons, parce que, entraîné par la tendance mystique de son esprit, il n'envisageait les formes extérieures que comme des choses tout à fait indifférentes. Sans doute il vécut dans une dangereuse illusion, en se persuadant au moyen d'une spéculation fausse, qu'il suffit de faire abstraction théoriquement des choses du monde pour y renoncer réellement, et que la participation aux usages d'une autre Église demeure sans conséquence, tant que la foi de l'esprit subsiste et qu'on sait donner à ces usages une interprétation spirituelle. Ceux qui réellement renoncèrent au monde pour sauver leur foi, ce furent ceux qui, sachant que toute conviction profonde a aussi besoin de se manifester librement au dehors, quittèrent pour l'Évangile leur patrie, leurs familles, leurs biens, leur vie même plutôt que de contracter une alliance ou de transiger avec l'Église du pape[1]. Toutefois ce qui rend l'évêque d'Oleron à jamais respectable aux yeux des protestants, c'est qu'il a rempli ses fonctions bien plutôt comme un vrai ministre de Jésus-Christ, que comme les prélats romains de son époque[2]. Fatigué de la vie agitée qui était alors le lot des témoins de la vérité, et que lui-même, bien souvent malgré lui, avait dû mener jusque-là, fatigué des luttes et des périls au milieu desquels il s'était vu lancé à plusieurs reprises, il goûtait avec bonheur le repos auquel il avait aspiré sans cesse et qu'il venait de trouver enfin dans le paisible pays de Navarre. Ce même esprit plus conciliant qu'agresseur, plus méditatif que dialectique, qui lui avait fait éviter les disputes des théologiens et qu'avait froissé le spectacle des scissions nées de ces controverses, lui faisait recommander à ses diocésains de demeurer dans la simplicité de la foi évangélique et d'éviter tout ce qui peut troubler la paix[3]. Il essayait de tenir une

---

[1] Voy. aussi l'épître de Calvin à Nic. Duchemin, 1536 : *Comment il faut éviter et fuir les ceremonies et superstitions papales, et de la pure observation de la religion chrestienne. Opuscules*, p. 65 et suiv.

[2] Florimond de Remond, o. c., p. 851, dit lui-même : « Sa meute de chiens et levriers était un grand nombre de pauvres, ses chevaux et son train, une troupe de jeunes enfants élevés aus lettres. »

[3] Voy. l'ouvrage de Roussel intitulé *Exposition familière du symbole*, etc. (voy. plus bas), *passim*.

route moyenne entre Rome et la réforme¹, en répandant sur le Christianisme des idées plus pures, et de mettre successivement l'Évangile à la place des traditions, tout en maintenant certaines pratiques et cérémonies du catholicisme. Fréquemment, en parcourant son diocèse, il prêchait deux ou trois fois par jour, et toujours dans la langue du peuple; à la vérité, il disait la messe et consacrait le pain en prononçant les paroles sacramentales usitées dans l'Église catholique; mais il donnait la communion sous les deux espèces, et « en s'adossant à l'autel, faisait au peuple une remontrance sur le mystère du sacrement². » Le soin qui le préoccupait le plus, était celui de l'instruction de la jeunesse; comme avant lui le chancelier Gerson, avec qui du reste il a plus d'un rapport, il croyait que la réformation de la chrétienté devait commencer par les enfants; « il faut, disait-il, avoir égard aux écoles, comment la jeunesse est instruite; car si elle n'est point instruite, il n'y a pas grand espoir pour l'avenir³. » Il provoqua l'établissement d'écoles ; il instruisait lui-même les enfants de ses paroissiens et réunissait autour de lui un cercle de jeunes gens, chez lesquels il éveillait à la fois l'amour des sciences et une conviction reli-

¹ Florimond de Remond, o. c., p. 922, assure qu'il disait « qu'à la vérité il étoit nécessaire de nettoier la maison de Dieu, l'appuier, mais non pas la détruire. »

² Spondanus, o. c., t. II, p. 525, année 1549, n⁰ˢ 7 et 8. — Florimond de Remond, o. c., p. 850 et 919. — *Exposition familière*, fol. 168ᵃ.

³ Voy. l'instruction de Roussel, intitulée *Forme de visite de diocèse* (voy. plus bas), fol. 175ᵃ.

gieuse plus pure[1]. Sa vie, du reste, était sans reproche. Différent sous ce rapport de la plupart des autres évêques, il évitait le faste que sa dignité lui prescrivait; les auteurs du temps racontent qu'il prêchait en habit laïque, et qu'il employait les revenus de son bénéfice à des œuvres de charité et de miséricorde[2], tandis qu'au dire même d'un historien catholique, son collègue, l'évêque de Lescar, « ne songeait qu'à faire bonne chère, et à se donner du plaisir[3]. »

La plupart du temps Roussel séjournait à la cour; Marguerite aimait à l'avoir auprès d'elle, et à s'entretenir avec lui de science et de théologie; les médecins de la reine, ses maîtres des requêtes, Nicolas Bourbon, précepteur de la jeune Jeanne d'Albret et chantre des mérites de Roussel[4], assistaient à ces paisibles réunions où chacun apportait, dans la méditation des textes de l'Écriture sainte, son contingent de citations des Pères ou de pensées pieuses[5]. C'est ainsi que pendant une série d'années cette cour

---

[1] Spondanus, *l. c.* — Flor. de Remond, *l. c.*
[2] *Ibidem.* Il est dit qu'il nourrissait « *greges pauperum.* »
[3] Flor. de Remond, p. 850.
[4] Nicolas Bourbon, bon philologue et poëte, était de Vaudœuvre dans la Champagne. Sur la fin de sa vie il se retira à Condé, où il mourut après 1550. En 1533 il publia un recueil de poésies intitulé *Nugæ*; Paris, in-8°; 2° édit., Lyon, 1538, in-12; on a aussi de lui un poëme didactique: *Opusculum ad pueros de moribus sive* παιδαγωγεῖον, *latino carmine*; Lyon, 1536, in-4°. Ses vers sur Roussel se trouvent dans la 2° édition des *Nugæ* (pièces justif. n° 21). Voy. sur lui les *Mémoires* de Nicéron, t. XXVI, p. 48 et suiv.
[5] *Gallia christiana*, t. II, p. 833.

offre l'image d'un asile tranquille, inaccessible aux tempêtes. Ce calme n'est troublé que lorsqu'en 1545 la nouvelle arrive du massacre des Vaudois de Merindol et de Cabrières, et surtout lorsqu'après la mort du roi une horrible persécution éclate contre les protestants à Meaux, à Paris, à Sens, à Angers[1]. Le cœur de Roussel dut se remplir d'amères pensées, quand il apprit qu'on avait dressé des bûchers dans cette ville de Meaux où il avait été un des premiers à répandre la semence évangélique; sans doute il y avait parmi les martyrs de ses anciens disciples livrés sans défense au fanatisme de ce docteur Le Picart, auquel, treize années auparavant, il avait échappé lui-même, grâce à de puissantes protections[2]. Cependant ces nouvelles produisirent chez Roussel et chez toute la cour de Navarre le même effet que chez beaucoup de protestants nobles de Paris : bien qu'on déplorât les malheurs du temps et qu'on priât pour les églises éprouvées par des tribulations épouvantables[3], on se persuada de plus en plus qu'on pouvait servir Dieu intérieurement tout en se donnant l'apparence d'être extérieurement catholique.

Des dispositions pareilles favorisent singulièrement le mysticisme. Aussi une secte mystique, qui depuis plusieurs années déjà s'était montrée dans quelques provinces du nord de la France, fit-elle vers cette époque de rapides progrès. Déjà en 1544 ses princi-

---

[1] En 1546. Voy. Bèze, o. c., t. I, p. 49 et suiv.
[2] *Ibidem*, p. 50. — Crespin, *Hist. des mart.*, fol. 183ª.
[3] Voy. l'*Exposition familière* de Roussel, fol. 92ᵇ.

paux chefs, Antoine Pocquet et Quintin, furent accueillis avec faveur à la cour de Navarre[1]. C'étaient des hommes peu instruits, exaltés par les rigueurs de l'oppression; dans son traité contre les Libertins, Calvin les confondit avec ces sectaires, quoique rien ne prouve qu'ils aient partagé l'extravagance dangereuse de ces faux *Spirituels*[2]. Le réformateur de Genève, toujours attentif aux destinées de l'Évangile en France, publia dans le même temps un traité contre ceux qui, intimidés par la persécution, croyaient pouvoir se dispenser de professer publiquement leur foi, en alléguant pour leur justification différents prétextes[3]. Dans cet écrit Calvin censura sévèrement plusieurs classes d'hommes, qui toutes avaient leurs représentants à la cour de la reine de Navarre : les prédicateurs qui, pour ne pas déplaire à leurs protecteurs ou pour conserver leurs bénéfices, con-

---

[1] Bèze, t. I, p. 22; 48. — Le même, *Vita Calvini*, l. c., p. 13.

[2] *Contre la secte phantastique et furieuse des Libertins, qui se nomment spirituels;* 1544. *Opuscules* de Calvin, p. 735 et suiv. Baile, t. III, p. 469, et les *Remarques critiques sur Baile*, t. II, p. 568, disent avec raison que tout ce qu'on sait de Poquet et de Quintin, c'est qu'ils ont été des mystiques. Ce qu'en dit Prateolus dans son *Elenchus hæreticorum* (Cologne, 1605, in-4º, p. 422) n'est pas exact.

[3] Bèze, t. I, p. 48. — Calvin, *Petit traicté monstrant que doit faire un homme fidèle congnoissant la vérité de l'Evangile, quand il est entre les papistes. Avec une epistre du mesme argument. Ensemble l'excuse faicte aux Nicodemites sur la complainte qu'ils font de sa trop grande rigueur*; 1544. *Opuscules*, p. 867 et suiv. M. Lacroix (*OEuvres françoises de Calvin*; Paris, 1842, in-12, p. XI) dit par erreur que ce traité avait d'abord été imprimé en 1537. (Voy. Henry, *Leben Calvin's*, t. III, p. II, Appendice, p. 207). Ce traité fut condamné par la Sorbonne. D'Argentré, t. II, p. 173.

sentent à dire la messe, sous prétexte que c'est une chose indifférente; les grands et les courtisans, qui se voueraient volontiers au service de l'Évangile, si ce service ne les obligeait pas à renoncer aux plaisirs du monde; les savants et les gens de lettres, qui désirent une réforme de l'Église, mais qui l'attendent sans y contribuer, qui se font à eux-mêmes une religion au moyen de leurs «idées platoniques,» et qui se croient au-dessus des formes extérieures, tout en les jugeant nécessaires pour la masse du peuple; enfin les riches, les propriétaires, les marchands, dont la conversion est empêchée par la peur qu'ils ont de voir éclater des troubles qui mettraient en péril leur commerce ou leur fortune. Après avoir blâmé cette conduite comme indigne d'un vrai chrétien, après l'avoir même représentée comme hypocrite et blasphématoire, Calvin exhorta avec énergie ses compatriotes à une confession ouverte et courageuse de leur foi en l'Évangile.

Ce traité et celui contre les Libertins furent mal reçus à la cour de Marguerite[1]. La reine se trouva offensée de l'attaque dirigée par Calvin, tant contre des hommes qui avaient trouvé l'hospitalité auprès d'elle et dont les tendances mystiques excitaient ses sympathies, que contre les propres «serviteurs de sa maison.» Elle dit tout haut qu'elle ne désirait guère d'avoir un serviteur tel que l'austère réformateur, auquel les *platoniques* commensaux de Marguerite

---

[1] Bèze, *Vita Calvini*, l. c., p. 15.

renvoyèrent la question : « si Calvin est si sévère et si intrépide, pourquoi ne vient-il pas en France pour nous donner l'exemple? il a beau nous prêcher le courage, lui qui est en parfaite sûreté dans un lieu où la persécution ne saurait l'atteindre. » Ayant appris cela, Calvin adressa à la reine une lettre aussi ferme que respectueuse [1], dans laquelle il se défend d'avoir jamais voulu la censurer elle-même, tant par égard pour son rang et ses vertus, que par reconnaissance pour ce qu'elle a fait pour l'avancement du règne du Seigneur; mais il maintient à la fois ce qu'il a écrit contre Quintin et Pocquet, et ses reproches adressés aux personnes fuyant la persécution; quant à lui-même, s'il ne s'est pas exposé au danger, c'est que Dieu, dit-il, « ne m'a pas éprouvé en cet endroit; jamais notre Seigneur ne m'a « admené jusques là qu'on m'ait demandé confession de ma foy; » il en appelle au témoignage même de Roussel pour prouver à la reine qu'on le calomnie en l'accusant d'infidélité, et que du temps où il était encore en France il avait « toujours eu en horreur une telle lâcheté, que de renoncer Jésus pour sauver sa vie ou ses biens. »

Il paraît que ces remontrances de Calvin firent peu d'impression sur Marguerite et sur son confesseur. Ils étaient tous les deux trop engagés dans la voie du mysticisme, pour qu'à l'âge où ils étaient parvenus, ils eussent voulu consentir à changer d'idées. La reine continuait à se livrer aux exercices

---

[1] 28 avril 1545; chez Henry, o. c., t. II, Appendice, p. 112 (en latin, dans Calvini *Epp.*, p. 148).

de sa dévotion mystique, et Roussel continuait à la persuader de l'indifférence des choses extérieures. Sur la fin de sa vie elle fonde même, dans l'Angoumois, le couvent de Tusson et y fait de fréquentes retraites, après lesquelles elle s'amuse à Nérac à écrire des contes et « à faire momeries et farces[1]. » Ce n'est pas là une contradiction inexplicable dans sa conduite : c'est un trait caractéristique de cette vague dévotion mystique qui aspire à la contemplation de l'infini, mais qui ne régénère pas la vie et qui fort souvent manque de l'austérité nécessaire pour renoncer aux frivolités du monde. Un auteur savant et spirituel a dit que « ce qu'on appela le protestantisme de Marguerite serait appelé aujourd'hui d'un terme plus juste esprit philosophique, sympathie pour les recherches des libres penseurs[2]. » Nous ne croyons pas que cela soit tout à fait exact; si à notre tour on nous demande quel nom nous donnons à ce qu'on appela le protestantisme de la reine, nous lui donnerions celui de mysticisme. Sa correspondance avec le mystique évêque de Meaux, celle avec le doyen du chapitre de la cathédrale de Strasbourg, ses relations avec Lefèvre et surtout avec Roussel, son *Miroir de l'âme pécheresse*, l'accueil qu'elle fit aux chefs d'une secte mystique, tout cela nous prouve suffisamment son penchant pour cette sorte de piété et de théologie. C'est parce qu'elle fut mystique, qu'elle a pu « allier toute sa vie les idées

[1] Génin, *Lettres de Marguerite*, p. 71.
[2] *Ibidem*, p. 138.

religieuses et les idées d'amour mondain[1]; » sans son mysticisme, cela ne prouverait que la légèreté d'un caractère qui ne s'occupe des choses sérieuses que pour en faire son jeu, et rien ne nous autorise à faire ce reproche à une femme d'aussi éminentes qualités. C'est encore par son mysticisme qu'elle fut rapprochée de la réformation; de tous les temps, dans l'Église catholique, les mystiques ont désiré un culte plus pur, une prédication plus évangélique. Ce n'est donc pas seulement parce qu'ils étaient libres penseurs, que Marguerite protégeait les réformés, mais parce qu'elle sentait que chez eux était la vérité chrétienne; le besoin de recourir, pour être sauvé, à autre chose qu'au mérite de ses propres œuvres, tel était le lien qui unissait la reine de Navarre aux protestants; mais ce lien n'était pas assez fort pour établir entre eux une alliance parfaite. Aussi la réforme que Marguerite voulait et que, secondée par Roussel, elle tâchait d'introduire dans ses états, n'était-elle qu'une demi-réforme, basée, il est vrai, sur les doctrines fondamentales de l'Évangile, mais n'osant pas s'avouer l'opposition qui existe entre cet Évangile dans sa pureté et le catholicisme dégénéré de Rome. Dans le principe les protestants fondèrent sur la reine de grandes espérances; mais si pendant quelques années elle parut les justifier, elle ne les réalisa point dans la suite; elle protégea les individus venant chercher un asile dans ses pays,

---

[1] Génin, *Lettres de Marguerite*, p. 72.

tandis que le protestantisme comme cause, comme principe ne trouva pas chez elle l'appui qu'une reine, sœur de François I*er*, aurait pu lui accorder. Dans sa mysticité contemplative, elle crut pouvoir se contenter de faire disparaître quelques abus, tout en conservant, en les interprétant, il est vrai, à sa manière, la plupart des formes du catholicisme. C'est dans ces dispositions qu'elle mourut en 1549, laissant la Navarre plus éclairée et mieux préparée pour la réformation que beaucoup d'autres provinces de la France, mais sans y avoir établi une *Église* protestante.

Son époux continua dans le même esprit l'œuvre de demi-réformation entreprise par Marguerite. L'évêque d'Oleron conserva auprès de Henri d'Albret la même influence qu'il avait eue auprès de la reine, et s'en servit pour introduire successivement quelques améliorations. Sur le conseil de Roussel, le roi rendit une ordonnance portant que chaque dimanche « les recteurs et vicaires devront réciter au peuple, dans la langue vulgaire, les trois sommaires de la foi, c'est-à-dire le symbole apostolique, les dix commandements et l'oraison dominicale [1]. » On le voit, les réformes que Roussel tendait à introduire durent paraître peu menaçantes. Toutefois la simple récitation des trois *sommaires* ne lui suffit pas; il voulut que les prêtres suivissent son propre exemple, en rattachant à cette récitation des explications con-

---

[1] Voy. la dédicace de l'*Exposition familière de Roussel* ; pièces justif. n° 18.

formes à l'Écriture sainte, et accommodées à l'intelligence des fidèles. Pour les mettre en état de le faire, il rédigea, en forme d'un dialogue catéchétique entre un maître et un disciple, une *Familière exposition du symbole, de la loi et de l'oraison dominicale*, dédiée au roi de Navarre [1].

Cet ouvrage est remarquable à plus d'un titre. Il fait connaître d'une manière complète et les convictions de Roussel et l'esprit qui régnait à la cour de Marguerite. La rapide esquisse que nous allons en donner justifiera ce que nous avons dit sur les doctrines, le caractère et les tendances de l'évêque d'Oléron. Nous ferons ressortir de préférence les parties où il exprime ses opinions relativement aux dogmes fondamentaux du Christianisme.

Pour entrer en matière, le maître pose au disciple la question suivante :

« *Le maistre*. Vouldrois-tu, mon enfant, ressem-
« bler à ceulx qui de ce monde partent premier que
« scavoir qu'ilz y sont venuz faire?

« *Le disciple*. Ja Dieu ne veuille, mon bon maistre,
« en ce seroit me demonstrer plus ignorant que le
« beuf et l'asne qui recongnoissent leur seigneur et
« possesseur.

« *Le maistre*. Pour ne te demonstrer tel, dy moy
« donc pourquoy Dieu t'a creé et mis au monde.

---

[1] Manuscrit, à la Bibliothèque du Roi, n° 7021ᵃ (fonds Baluze, n° 502), un vol. in-fol., papier, 180 feuillets, belle écriture du seizième siècle. Voy. M. Paulin Paris, *Les manuscrits français de la Bibliothèque du Roi*, t. IV, p. 43 et suiv.

« *Le disciple.* Le bon Dieu m'a creé et faict naistre
« au monde homme pour le congnoistre et luy obéir,
« l'aymer et le gloriffier de parolle et vie, et est ceste
« congnoissance de Dieu attirant avec soy amour,
« louenge, action de graces, et vie selon Dieu, par
« ainsi vraye obeissance, la fin principalle de la vie
« humaine et son souverain bien » (fol. 1ᵃ).

Or, cette connaissance de Dieu ne s'acquiert pas par la raison naturelle de l'homme. Par celle-ci on reconnaît tout au plus Dieu comme créateur de l'univers; on n'apprend à le connaître parfaitement et à l'aimer, qu'autant qu'on est inspiré d'en haut, régénéré par l'eau et par l'esprit. « C'est en ceste regeneration que vrayement gist la profession chres« tienne, par laquelle l'homme est faict profex de la « vraye religion de Jesuchrist, il est faict membre « de son corps et enfant de son eglise » (fol. 1ᵇ). A cet effet, il faut *croire* ce que Dieu a révélé dans l'Ecriture et *faire* ce qu'il y commande : « le tout gist « en ces deux motz croire et faire, esquelz est con« tenu ce que comprent l'escripture, laquelle en « somme nous monstre ce que Dieu veult que nous « croyons et ce qu'il veult que faisons. » Croire et faire ce que Dieu veut, c'est la vraie sagesse et la parfaite justice, « lesquelz deux se recongnoissent en toute « perfection au seul Jesuchrist » (fol. 2ᵃ).

Ce qu'il faut croire est contenu dans l'Écriture sainte; mais comme tous ne sont pas en état de la lire et de la comprendre tout entière, il existe depuis les premiers âges un sommaire de la foi chrétienne, le symbole apostolique. De là Roussel passe à une explication des différents articles de ce symbole.

A l'article de Dieu il définit la vraie foi un don de Dieu, une œuvre du Saint-Esprit, justifiant l'homme qui croit que Jésus-Christ est mort pour lui. Elle est accompagnée de confiance, d'espérance et surtout d'amour. Sans espérance ni amour il n'y a pas de foi, elle est morte. Elle n'est donc pas une simple croyance abstraite, mais un attachement du cœur, une affaire de sentiment. Ainsi, en disant je crois en Dieu, ce n'est pas seulement dire qu'on croit qu'il *est*, mais qu'il « veut et qu'il peut ma justice et mon salut » (fol. 3 et 4). Roussel applique cette définition successivement à tous les articles du symbole. Celui qui concerne Jésus-Christ est traité avec le plus de développement, la doctrine de Jésus-Christ, Fils unique, sans péché, seul Sauveur et Rédempteur par sa mort, étant pour Roussel la doctrine fondamentale, essentielle de l'Evangile. La mort de Jésus-Christ, dit-il, est « vraye expiation necessaire et suffisante pour expier et effacer tous pechez; » il n'est pas de péché, si petit qu'il soit, qui n'ait besoin de cette expiation, ni de si grand qui ne puisse être effacé par le sang de Jésus-Christ (fol. 11ᵃ). « Là est le « payement de toutes noz debtes, là est la satisfac- « tion de tous noz pechez, là s'efface la memoire de « tous noz pechez pour ne venir jamais devant Dieu. » Pour participer à ces bienfaits de la mort de Jésus-Christ, il faut y croire d'une foi vive; il faut en être profondément convaincu et avoir éprouvé les effets de son efficacité ; alors on la reconnaîtra comme « la « medecine de l'ame et de toutes ses navreures, et la « seulle propiciation pour les pechez, le vray remede « et preservatif contre la mort spirituelle et eter-« nelle ». (fol. 11ᵇ). On n'a pas besoin d'autre sacrifice, ni d'autre médiateur ; « Jesuchrist est assis à « la dextre du Pere, s'offrant soi-mesme, comme le « seul sacrifice tres-reel et tres-agreable » (fol. 8ᵃ). Il est ressuscité pour nous donner à la fois un gage de notre propre résurrection et une preuve que lui seul est vrai « collateur du benefice de justice et de « vie nouvelle ; » et il est monté au ciel « pour nous « estre vray roy et evesques, perpetuel médiateur, « pontife » (fol. 13ᵇ). Il est l'unique chef, invisible, de son Église ; « Christ victorieulx peult bien defendre « son eglise. » Il fallut qu'il retournât au Pere et quittât le monde, « pour n'y estre plus visible et present « à l'œil corporel, affin que la religion et cult fust « en esperit et verité, et que les cueurs et esperitz « des fideles fussent eslevez des choses terriennes ès « choses celestes, de la terre au ciel, là où est leur « chef Jesuchrist » (fol. 15ᵃ).

Le disciple ayant exposé dans un long passage ce qu'il y a de biblique et de consolant dans la foi que Jésus-Christ est seul rédempteur (fol. 17ᵇ), le maître s'écrie : « O mon cher enfant, que tu es tenu « à Dieu, qui t'a inspiré une telle congnoissance de « Jesuchrist, une telle foy en luy ! O que je repute-« rois heureux les maistres et ministres qui auroient

« leurs disciples et peuples ainsi instituez ! o heu-
« reuse escholle, heureux temple là où se recongnoit
« telle instruction » (fol. 18ᵃ).

La preuve combien la doctrine du salut par Jésus-
Christ seul est importante aux yeux de Roussel, et
combien il rejetait toute autre espèce de mérite, se
trouve encore dans les passages suivants : « Je ne
« dis point, mon Dieu, mon Seigneur, que je n'aye
« bien merité jugement de damnation, si tu voulois
« avoir separement esgard à ma conversation et vie,
« et si tu ne voulois couvrir mes faultes et supplier
« mes imperfections, par ton sang les purger, cou-
« vrir ma honte, et vestir ma nudité de ta justice,
« qui seule est entiere, parfaicte, satisfactoire, me-
« ritoire, sans laquelle ton jugement seroit grande-
« ment à refuyr » (fol. 17ᵇ). Ambrassons doncques
« d'une vive et ardente foy ung seul pour toùt, sans
« nous divertir ailleurs, nostre indubitable seigneur
« Jesuchrist,.... celluy auquel l'entiere somme de
« nostre salut et toutes les partyes d'icelluy sont com-
« prinses, de sorte que ne debvons la chercher ny
« povons la trouver en aultre part; son seul nom as-
« sez manifeste estre en luy que la debvons cher-
« cher et trouver.... Brief, bien regardé de l'œil de
« foy, se recongnoist le seul vray tresor de tous biens,
« duquel se peult le tout puiser habondamment et à
« sacieté, qu'il n'est expedient de divertir ailleurs;
« ains se destourner aultre part, seroit se demons-
« trer ne le bien veoir de l'œil de foy » (fol. 18ᵇ). Cette
foi s'acquiert uniquement par le Saint-Esprit; c'est

lui qui opère la régénération et qui sanctifie, c'est lui qui doit détruire le règne du diable pour préparer celui de Jésus-Christ (fol. 19). On voit par là que, contrairement à l'Église catholique, Roussel professe cette rigide orthodoxie augustinienne, qui ne laisse à l'homme aucune part dans l'œuvre du salut; c'est le Saint-Esprit qui *seul* fait *tout*, l'homme n'a pas même le pouvoir de désirer la grâce.

La sainte Église catholique « vrayement inter- « pretée, est la communion, societé et compaignie « des sainctz et fideles. » Cette Église est formée par le Saint-Esprit, lequel « par le ministere de l'evangille « et parolle de Dieu delaquelle il est le vray, legitime « et efficace administrateur, imprime et plante la foy « au cueur des auditeurs; » cette foi est « la liaison « pour unir les fideles entre eulx et avec Jesuchrist, « comme membres tout d'ung corps avec leur chef. » L'Église est dite catholique ou universelle, « comme « de tous les fideles n'y a qu'ung chef, aussi fault-il « que tous soient assemblez en ung, et faictz ung « corps, de sorte qu'il y ait une eglise espandue par « tout le monde, et non plusieurs. » Mais il ne dit nullement que cette Église soit la romaine.

Dans le symbole on parle de la communion des saints, « pour monstrer que les dons de grace don- « nez à l'eglise, ne sont point donnez pour le prouffit « particulier d'ung chacun, mais pour toute l'eglise, « par quoy se doibvent communiquer à tous, pour « monstrer que tous usent de mesmes dons et privi- « leiges, comme cytoyens de mesme cité, comme les

« membres d'ung corps qui tendent à mesme fin,
« quelque diversité d'office qu'ilz ayent. Aussi cela y
« est mis par une interpretation, pour mieulx inter-
« preter et exposer quelle est ceste congregation, que
« c'est une société en laquelle n'y a que les sainctz,
« les esleuz et filz de Dieu » (fol. 21 et suiv.).
Roussel distingue évidemment entre Église invisible et Église visible (fol. 23ª); la communion des
saints, dit-il, « ne se voit de l'œil corporel, ny se
« congnoist par signes, mais est seulement congneue
« et apprehendée par foy. » Mais il y a « une aultre
« église de Dieu, visible, laquelle il nous descript
« avecques certains signes et nottes pour la nous faire
« congnoistre, comme sont la parolle de Dieu et les
« sacrementz purement administrez. » C'est là une
doctrine essentiellement protestante; dans toutes les
confessions de foi des Églises sorties de la réformation, la pure prédication de la parole de Dieu et
l'administration des sacrements conformément à
l'intention de Jésus-Christ, sont désignées comme
les caractères distinctifs auxquels se reconnaît la véritable Église de Dieu.

La rémission des péchés ne se trouve que dans
l'Église; elle s'opère par le sang de Jésus-Christ.
Nous recevons l'aspersion de ce sang, par la foi opé-
rée par le Saint-Esprit. Cette rémission est absolu-
ment gratuite; l'homme, né pécheur, est condamné;
Dieu lui pardonne par pure grâce, sans son mérite,
par Jésus-Christ seul (fol. 26). Le prix final est la vie
éternelle (fol. 28ʰ), où l'image de Dieu est entière-

ment rétablie, où l'on sera « trop myeulx refformé
« et restitué que n'estoit Adam devant le peché ; je
« m'y voy de l'œil de foy, faict du tout conforme à
« Jesuchrist, vraye imaige du pere, vivre d'ung
« mesme esprit, d'une mesme vie avec luy en gloire
« éternelle. »

C'est à la foi en toutes ces vérités chrétiennes,
continue Roussel, que l'Écriture attribue la justification du pécheur, et l'héritage de la vie éternelle.
Nous sommes justifiés par la foi, non que cette foi
nous soit un mérite ou qu'elle soit assez parfaite
pour nous rendre justes devant Dieu, mais parce
que, nous unissant avec Jésus-Christ, elle fait que
sa justice est substituée à la nôtre, de même que le
péché d'Adam nous est imputé à péché. Jésus-Christ
a satisfait pour nous à la loi de Dieu ; nous sommes
réconciliés, justifiés par son mérite et non par celui
de nos œuvres (fol. 30).

Cependant la foi n'est pas sans charité ; c'est la
charité qui témoigne de la foi qui la produit ; la foi
ne saurait donc être séparée des bonnes œuvres
(fol. 33ᵇ) ; les bonnes œuvres sont celles « qui sont
« de foi ouvrante par charité » (fol. 16ª).

Selon Roussel ces œuvres sont prescrites par le
décalogue, où est révélée la volonté de Dieu relativement à la conduite de l'homme ; le décalogue est
le sommaire de ce que Dieu veut que l'homme fasse.
Avant d'aborder l'exposition des différents commandements, Roussel fait ressortir la différence essentielle entre la loi et la foi, et insiste de nouveau sur

la doctrine de la justification par la foi en Jésus-Christ. La loi, dit-il, a servi à faire connaître à l'homme le péché qui est en lui. Par suite de la dépravation de sa volonté qui ne veut que le mal, l'homme n'a pas pu observer la loi en entier; il a fallu que Jésus-Christ vînt la parfaire (fol. 35ª). « De « nature nous appartenons à Sathan, de nature « sommes pécheurs, enfans d'ire et mort, et ne pou- « vons appartenir au royaulme de Dieu, s'il ne nous « vient d'ailleurs, » c'est-à-dire par la grâce de Jésus-Christ (fol. 104ᵇ).

La loi a dû nous montrer notre « impuissance à « justice et salut » par nous-mêmes (fol. 38ᵇ) ; par la charité qui suit la foi, toute la loi est accomplie, d'autant plus que Jésus-Christ a satisfait aux exigences de la loi qui punit le péché, et que par la foi la justice de Jésus-Christ « est faicte nostre » (fol. 40ª).

« La loy devant la grace offerte et exhibée par Je-
« suchrist bien est elle indice des bonnes œuvres,
« bien monstre elle ce que Dieu veult et requiert de
« nous, mais n'ostant, ne pouvant oster de nous ce
« qui nous empesche de la garder, ne nous donnant
« ne pouvoir ne vouloir de l'accomplir, plus nous
« sert pour indice de peché, pour nous declarer pe-
« cheurs, voire et impuissans à bien faire, et par
« ainsi pour nous humilier et faire souspirer à la
« grace, que pour norme de bonnes œuvres par voye
« de vie et salut ; mais apres la grace a tollu¹ en nous

¹ *Tollir, tollere*, enlever.

« le peché, apres qu'ell'a guery la volunté, lors nous
« sert pour reigle de bien vivre. Par la loy en premier
« lieu nous est monstrée la volunté infirme affin
« qu'elle ne se retire à la grace ; icelle guerie par
« grace est faicte ydoine pour suyvre le chemin de la
« loy, laquelle peult bien lyer, monstrer le peché,
« mais ne peult deslyer ny oster le peché. Jesuchrist
« est celluy qui oste le peché, qui deslye, le vray
« medecin qui guarist, qui donne vraye franchise et
« liberté, qui donne le vray pouvoir et vouloir d'obeir
« au vouloir du pere » (fol. 85ᵇ).

A propos du premier commandement, Roussel rejette implicitement l'invocation des saints : « Quant
« on vient à attribuer à aultre ce qu'est propre à Dieu,
« ou bien qu'on croit, qu'on se confie, qu'on adore
« aultre que luy, qu'on prefere aultre que luy en re-
« cours pour necessitez, en invocation, comme s'il y
« avoit aultre plus prest, plus propice à donner se-
« cours et exaulser, qu'on prefere aultre à luy en
« craincte, en amour, cela s'appelle faire aultre Dieu »
(fol. 42ᵇ). L'observation du premier commandement
consiste en « vraie foy, accompagnée d'entiere dilec-
« tion » (fol. 43ᵃ). « Là où est la foy vive ouvrante
« par charité, là est l'observation de tous les com-
« mandemens » (fol. 45ᵃ).

En parlant du quatrième commandement, qui
chez Roussel est le troisième, parce qu'il réunit en
un ceux que l'on considère ordinairement comme le
premier et le second, il déclare que les cérémonies
ne sont pas *nécessaires*, Jésus-Christ ayant aboli celles

qui étaient prescrites aux Juifs, sans en introduire de nouvelles. Cependant celles qui existent sont bonnes à conserver, à cause de la faiblesse humaine qui a besoin de se représenter visiblement les choses de l'esprit; mais il ne faut jamais oublier qu'elles ne sont rien, à moins qu'elles ne figurent effectivement des choses spirituelles. Il s'ensuit que pour l'homme devenu spirituel, les cérémonies sont des choses indifférentes ; c'est surtout le ministre de l'Église qui doit s'élever au-dessus du point de vue purement extérieur, pour enseigner au peuple de rechercher les choses de l'esprit, et de rendre à Dieu un culte selon sa volonté (fol. 53). Nous transcrivons ici tout le passage relatif à la célébration du dimanche.

« *Le maistre.* Dy moy le vray usaige comment il
« veult que sanctifions le dimanche et aultres feries
« et qu'en usons bien et deument.

« *Le disciple.* Nous userons bien et sainctement des
« jours feriaux si les faisons servir à l'exercice de foy
« et charité, si pour exciter, nourrir et accroistre la
« foy en nous, exciter et exercer charité envers nostre
« prochain ; c'est lors que les sanctifions et que les
« employons ès choses sainctes : comme quant nous
« traictons la parólle de Dieu, l'oyons en icelle parler
« à nous, que par icelle puriffie le cueur ; quand en
« icelles feries nous venons à rememorer la creation
« et conservation de toutes choses, aussi la regene-
« ration et innovation de nostre nature corrompue
« faicte par le filz de Dieu ; c'est lors que faisons ser-
« vir les feries à l'exercice de foy. Quand nous don-

« nons repos à noz serviteurs et chamberieres et les
« soulageons ; item quand faisons collectes pour pour-
« voir aux pouvres, nous visitons les malades, nous
« subvenons aux indigens, nous instruisons nostre
« famille en craincte et discipline, nous leur appre-
« nons la loy, la foy, la forme de prier, quant nous
« portons les fardeaux les ungs des aultres, usons
« les ungs envers les aultres de correction fraternelle :
« lors c'est que faisons servir les feries à l'exercice
« de charité. Davantaige quant en icelles feries ces-
« sons de noz propres œuvres, affin que Dieu ouvre
« en nous, qu'il face en nous et par nous ses œuvres,
« mortifions nostre chair, renonceons à nous mesmes
« pour estre regis et gouvernez de l'esprit; et par
« ainsi si faisons servir les dictes feries comme de bonne
« pedagogie et tres bon preparatif au spirituel et eter-
« nel sabbath, lesquelz sont en ce tiers commande-
« ment figurez et qu'on y doibt principallement con-
« siderer » (fol. 54ᵃ). « ... Tenons pour tout resolu
« que nous est besoing pour ceste vie du sabbath ex-
« terieur pour conserver la police de l'eglise, pour
« le ministere de la parolle et sacremens, benefices
« telz que n'en scaurions assez remercier nostre Sei-
« gneur qui les a laissez à son eglise, ne scaurions
« trop les avoir en recommandation, les bien garder
« et observer. Le tout est que ce sabbath exterieur
« soit tousjours accompaigné des choses pour les-
« quelles il est ordonné, qui sont : enseigner, ouir,
« apprendre, mediter la loy de Dieu, prier en public
« et privé, item assister aux ceremonies ecclesias-

« ticques, pour lesquelz les jours des feries sont esta-
« bliz, assavoir par assembler le peuple et ouyr la
« parolle de Dieu, assister aux divins misteres et sa-
« cremens, les celebrer et traicter selon l'institution
« de Jesuchrist; item avoir cure des pouvres, faire
« collecte à l'exemple de sainct Pol; item vivre en so-
« brieté, que crapule et ebrieté n'empeschent le prier
« et mediter; item visiter les malades, consoler les
« vefues, prendre la cure des pupilles; item instituer
« la famille, enfans et serviteurs, en la craincte et
« doctrine de Dieu. Vray est que pour ce faire, fault,
« comme cy devant a esté dict, se retirer à Jesuchrist,
« autheur et consummateur de foy et de toute per-
« fection, fault puyser de sa plenitude, fault estre
« regi et agi par son sainct esprit» (fol. 56ᵃ).

Quant aux commandements moraux, Roussel ne
les explique pas seulement dans leur portée né-
gative; il y rattache aussi les différents devoirs de
famille, de société, etc.; en même temps il les interprète spirituellement et mystiquement, comme
contenant des défenses relatives, non à des faits ex-
térieurs, mais à des faits de l'ordre spirituel. Avant
de terminer l'exposition des dix commandements, il
revient à la différence entre la loi et la foi : « Des
« choses susdictes se peult congnoistre de quelle per-
« fection est la loy de Dieu, quelle exacte integrité et
« perfection elle requiert jusques aux pensées et de-
« sirs, voire jusques à la source qu'elle requiert du
« tout pure et entiere, elle requiert l'entiere obser-
« vation de tous ses commandemens, jusques au

« moindre iota, de sorte que qui offense en ung, est
« coulpable de tous, et declaire mauldict celluy qui
« ne persevere d'observer par entier tout ce qu'est
« escript au livre de la loy; ce qui ne se doibt
« prendre pour occasion ny desespoir ny mespris,
« mais pour oster de soy toute presumption et teme-
« raire fiance, pour congnoistre Jesuchrist le tres ne-
« cessaire, auquel convient avoir son recours, en luy
« de tout se fier comme à celluy qui oste la maledic-
« tion et exaction de la loy, la commue en grace
« voire d'adoption en filz » (fol. 85^b).

La parole de l'apôtre, « la plenitude de la loy est
« dilection » (fol. 86^a), lui fournit la transition pour
passer à l'Oraison dominicale. L'amour, dit-il, est le
centre de tout. Tout ce que Dieu a fait a eu pour
but de nous prouver son amour, et tout ce qu'il demande de nous, c'est que nous l'aimions, afin que
son image soit parfaitement rétablie en nous. Cet
amour pour Dieu se montre par l'amour du prochain
(fol. 87^b), et c'est ainsi que nous accomplissons réellement la loi. Par rapport à Dieu notre amour s'exprime par la prière (fol. 88^b). Cette partie de l'ouvrage
de Roussel est plus remarquable encore que les précédentes; c'est là qu'il s'exprime d'une manière assez
positive sur plusieurs des points les plus controversés
alors entre les protestants et l'Église de Rome. Il
commence par des considérations générales sur
l'essence de la prière, sur la nécessité de prier, sur
le temps, le lieu où il faut le faire, sur les dispositions où il faut être pour bien prier. « Je n'appelle

« point proprement parler à Dieu et le prier, barboter
« des levres de bouche, sans l'attention et ardent de-
« sir du cueur. Pourtant se diffinist oraison ung ar-
« dent et serieux colloque avec Dieu, ou bien selon
« la commune diffinition, elevation de cueur et esprit
« à Dieu, et comme une eschelle pour monter à Dieu
« et luy presenter requestes et complainctes »..... « Je
« n'estime nul si despourveu de sens qui n'entende
« bien qu'oraison n'est point le remuement et barbo-
« tement des levres sans nulle attention et affection
« de cueur; ne se doibt aussi dire prier si aulcun lict
« et recite quelque oraison »..... « Ne peult estre dicte
« faicte en foy et verité, si elle est faicte et formee
« selon la doctrine et mandement des hommes et non
« point selon la doctrine et mandement de Dieu; car
« de telz vrayement est dict ce que aussi leur dict Je-
« suchrist : en vain me servent, me invoquent, me
« prient, enseignant la doctrine et mandement des
« hommes. » A cette déclaration du maître le disciple
répond : « Ainsi je le croys, jacois qu'il se praticque
« au contraire, qu'on ne face cas aujourdhuy que bar-
« boter et murmurer entre les levres, sans attention,
« saveur et ardeur, voire sans rien entendre de ce
« qu'on dict, et Dieu scayt comment il est bien pro-
« feré » (fol. 89ᵃ).

A la question quand il faut prier, le disciple répond : toujours, mais surtout dans les temps d'affliction. « Doncques, reprend alors le maître, en ces
« derniers jours esquelz sommes, nul fidele n'est
« destitué en nul moment d'occasion de pryer, es-

« quelz y a continuel accroissement de tribulations
« soit que nous regardons l'estat des choses tempo-
« relles, soit que regardons le christianissime, l'estat
« des eglises, par tout où nous y pouvons veoir ung
« tel desordre que nulles larmes me suffiroient pour
« deplorer l'infelicité de nostre temps » (fol. 92ᵇ).

Quant au lieu où il faut prier, celui qui a « Jesu-
« christ resident en son cueur par foy, il peult prier
« en tous lieux, et en tous lieux peult adorer le pere
« en esprit et verité » (fol. 93ᵇ). Toutefois, pour se for-
tifier mutuellement, les chrétiens doivent maintenir
les prières publiques, et il est bon d'avoir pour cela
un lieu, un temple, pourvu qu'on se garde « de su-
« perstition, folle fiance et temeraire asseurance »
(fol. 94ᵃ).

La prière modèle est l'Oraison dominicale, tant
parce que Jésus-Christ lui-même l'a enseignée, que
parce qu'en des formules très-brèves elle contient
tout ce que l'homme a besoin de demander à Dieu.
Par cette raison cette prière rend superflues toutes
les autres (fol. 95ᵇ). Les instructions de Roussel sur le
sens des différentes parties de l'Oraison dominicale,
contiennent des observations pleines de finesse et de
profondeur et sont d'une grande utilité pratique. Ce
n'est pas sans habileté qu'il sait y rattacher presque
tous les devoirs du chrétien, et compléter ainsi l'espèce d'instruction morale qu'il donne dans son ouvrage. Nous ne nous arrêterons pas à son exposition
des premières paroles de la prière du Sauveur ; il
suffira d'observer que, suivant Roussel, « c'est le pere

« qu'il fault pryer, et le debvons prier au nom de son
« filz Jesuchrist, nostre vray, *seul* et indubitable me-
« diateur » (fol. 95ª); d'où il résulte qu'il considère
l'invocation de Dieu au nom de la Vierge ou des
saints, comme n'étant pas conforme à l'Écriture. La
prière : que ton nom soit sanctifié, lui inspire une
des pages les plus remarquables de son livre : « Nous
« demandons (en disant ces mots) comme sa divine
« maiesté, puissance, bonté, sapience, verité, jus-
« tice, amplement et insignement reluysent en ses
« œuvres, ainsi soient de tous considerées, recon-
« gneues, glorifiées, preschées, que tout ce qu'est
« de puissance, bonté, verité, en quelque part que
« soit, luy soit attribué, que rien faisant à sa gloire
« ne soit caché ne dissimulé par nostre ingratitude ;
« que nous ayons pour sainct, juste, bon, tout ce qu'il
« faict, soit qu'il pugisse (*sic*) soit qu'il pardonne ; ès
« pugnitions qu'il soit congneu juste, ès condonna-
« tions et pardons, misericordieux et bon, ès pro-
« messes veritable. Tousjours et partout viennent au-
« devant ce dire du psalmiste : n'y a Dieu comme toy
« faisant les merveilles, tu es le Dieu seul, selon ton
« nom ; ainsi ta louenge en tous les fins de la terre.
« Nous demandons que les creatures, la loy, l'evan-
« gile obtiennent en nous la fin pour laquelle sont
« ordonnées, c'est à dire que de là soyons à le con-
« gnoistre, l'invocquer, le craindre, l'aymer, celebrer,
« prescher. De là tout cueur, toute bouche, langue,
« vie, conversation, soit formée à sa gloire. Nous de-
« mandons une foys tollir, effacer, abolir, perir tout

« ce qui est pour obscurcir, retarder, empescher sa
« gloire, comme sont doctrines des dyables, faulses
« expositions, additions, substractions à la loy di-
« vine, toutes humaines inventions, ordonnances qui
« nuysent à sa gloire, qui destournent de luy aux
« creatures, idolatries, superstitions, ars magicques,
« blasphemes, perjures, brief tout ce que prohibe le
« second commandement, tout scandalle soit en doc-
« trine soit en meurs, qui nuysent à la gloire du pere.
« Au contraire demandons obtenir partout les choses
« qui sont à la promotion de la gloire du pere, qui
« sont pour le congnoistre, l'invocquer, le craindre,
« l'aymer, pour celebrer, prescher, magnifier son
« nom, comme est la parolle de Dieu, la doctrine
« evangelicque laquelle demandons estre partout pu-
« rement administrée, n'y avoir anglet au monde où
« ne soit preschée, ouye et receue, qu'elle soit telle-
« ment exprimée par parolle, vie et conversation que
« de là tous soient induictz à glorifier le pere qui est
« ès cieulx ; que suivant le dire du psalmiste, toutes
« gens que tu as faictes, Seigneur, viennent devant
« toy et adorent ton nom, car tu es le seul Dieu ; que
« de là soyons tellement instituez et formez cueur,
« bouche, langue, mains, piedz, que nostre vie, con-
« versation et meurs soient tellement composez, que
« n'y ait rien en nous ny de nous qui ne soit à sa
« gloire, soit que beuvons, mangeons ou faisons
« aultre chose. Brief nous le supplions qu'il nous sanc-
« tifie, affin qu'en nous et par nous soit sanctifié,
« qu'il nous impartisse son sainct esprit, affin qu'en

« toute conversation soyons sainctz, car il est sainct,
« et que son nom de pere ne soit par nous prophané ;
« que luy soyons en parolle et vie devant les hommes,
« que voyant noz œuvres bonnes glorifient nostre
« pere qui est ès cieulx. Et n'est difficile congnoistre
« estre comprinse en cette petition action de graces,
« qui est l'une des principalles partyes de la sanctifi-
« cation du nom de Dieu, car c'est lors que princi-
« pallement nous le glorifions, quand partout nous
« recongnoissons la divine bonté et que rendons
« graces. Que si nous regardons ce que sainct Pol,
« Rom. 2, allegant Esaïe au 52. chap., appelle pro-
« phaner le nom de Dieu, sera aisé à l'opposite re-
« colliger que c'est le sanctifier ; vray est que ne sera
« plainement sanctifié, que toutes principaultez et
« puissances evacuées et tollues, Dieu ne soit tout
« en tout et partout ; sera lors qu'à ceste petition et
« requeste des fideles sera entierement satisfaict du
« pere, et se recongnoistront avoir esté de luy du
« tout exaulcez. ». Pour bien dire et prier au pere,
« que son nom soit sanctifié, le demander en esprit
« et verité, est requis le cueur estre embrasé du zele
« de la gloire de Dieu, lequel desire sur tout que
« notre pere celeste soit partout cogneu, adoré, glo-
« rifié, observé et obey, que ostées toutes tenebres
« d'erreur, superstition, ydolatrie, à luy seul tous
« genouilz soyent ployez comme au seul vray Dieu et
« dominateur de tous. Telz sont les principaulx et
« affectionnez desirs de ceulx qui par vraye et vive
« foy congnoissent et savourent ceste incomparable

« bonté et charité du pere declarée et exhibée au
« monde en Jesuchrist » (fol. 101ᵃ et suiv.).

A l'occasion de la prière : que ta volonté soit faite sur la terre comme au ciel, Roussel s'explique sur le dogme de la prédestination et de l'élection; mais il ne le fait qu'en peu de mots, parce que, selon lui, ce sont des matières que l'intelligence humaine ne saurait approfondir. « Par la grace et gratuite bene-
« volence du pere sommes estés esleuz en Jesuchrist,
« par luy appellez et justifiez;.. de là depend nostre
« obeissance, comme l'effect de sa cause ; sans estre
« esleuz, appellez et justifiez, ne pouvons obeir à la
« divine volunté, n'estre faictz ydoines à ce faire; il
« fault premier estre justifié que faire bonne œuvre »
(fol. 109ᵇ). « La volunté de Dieu quant à la prescience
« et predestination doibt estre plus adorée en nous
« comme inscrutable à l'homme et excedente tout
« entendement, que curieusement vestigée et en-
« quise. Assez est au fidele ne point s'exclure de la
« promesse de Dieu universelle et gratuite, se voir
« de l'œil de foy contenu en icelle et par la foy en
« icelle se tenir persuadé en estre du nombre. ...
« Telle asseurance par l'œil de foy n'est ne temeraire
« ne presumptueuse et ne rend point l'homme ny lan-
« guide ny paresseux, mais diligent et assidu en
« priere et exercice des commandemens de Dieu.
« Ainsi fault il considerer la predestination et l'adap-
« ter pour myeulx et plus ardemment obeyr au vou-
« loir du pere » (fol. 110ᵇ). « La volunté du pere gra-
« tuite et plus que paternelle... se doibt de nous

« bien et assiduement considerer, recongnoistre et
« embrasser d'ung cueur ardent, d'une vive foy par
« laquelle povons et debvons estre dutout persuadez
« et asseurez rien ne nous pouvoir deffaillir, rien ne
« nous pouvoir estre denyé, bien povons et debvons
« sur luy rejetter toute nostre solicitude, comme sur
« icelluy qui a plus cure de nous que le meilleur pere
« qui oncques fut ne sera, n'eut cure de son enfant,
« pour chier qu'il l'eust » (fol. 111^a). « Combien que
« le benefice de Jesuchrist soit plus que suffisant
« pour tous, si ne prouffite il qu'aux esleuz, et n'y a
« que les esleuz qui en soient participans (fol. 115^b).
Il ne veut pas qu'on prie pour les diables et les réprouvés, qu'ils conforment leurs volontés à celle du
Père; ce serait « demander leur salut et tumber dans
« l'erreur des origenistes. »

L'exposition de la prière : pardonne-nous nos offenses, développe la doctrine de la rémission des
péchés d'une manière tout à fait conforme au dogme
des réformateurs. Roussel termine : « ... Par ceste
« formule de prier tous pechez sans limitation aul-
« cune leur sont remis et condonnez du pere, et
« ceste seule formule à eulx ordonnée par leur grand
« pontife Jesuchrist, leur est de trop plus grande
« certitude et asseurance que ne pourroient estre
« toutes aultres bulles et parchemins, pour quelz
« qu'ilz soient et de quelque part qu'ilz viennent.
« Voire et me semble grande stolidité et folie laisser
« ce remede tant à la main et faisable, sans fraiz ny
« coustz, et neantmoins le trescertain et suffisant,

« pour en chercher à grandes peynes et frais d'aultres
« qui ne luy sont aulcunement à comparer. Icy ne
« debvons estre ingratz à recongnoistre l'ouverture et
« accez que nostre Seigneur nous faict icy au throsne
« de grace, parce que sans moyen ny intercession
« aulcune nous envoye au pere pour luy demander
« nous mesmes la remission des pechez, et non seu-
« lement pour nous mais pour noz freres ; car nyer
« ne se peult que ceste formule de prier que nostre
« Seigneur a faicte et ordonnée n'eust esté de luy
« baillée à tous chrestiens, et par ainsi faicte ouver-
« ture et entrée à tous chrestiens pour se presenter
« au pere sans moyen, et luy demander pour luy et
« ses confreres remission des pechez. Doibt estre
« donc par tout resolu que tous chrestiens ont icy
« par Jesuchrist accez au throsne de grace pour
« demander et impetrer tant pour eulx, que pour
« leurs freres l'entiere remission des pechez ; les qua-
« triesme et dixiesme chapitres des Hebreux aussi
« le demonstrent amplement » (fol. 128ª).

Après l'exposition de l'Oraison dominicale, Roussel ajoute encore des instructions sur les sacrements, qui sont, avec la parole de Dieu, dont le contenu vient d'être traité, « les moyens par lesquelz nostre Seigneur « se declare à nous et nous demonstre son vouloir » (fol. 145ᵇ). En parlant des sacrements institués et ordonnés par Jésus-Christ, il ne cite que « le baptesme « et le sacrement de son corps et de son sang. » Ces deux sacrements ne sont pas seulement « significa- tifs », c'est-à-dire ils ne représentent pas seulement

la chose, ils sont aussi « exhibitifs, pour offrir et
« exhiber les choses par eulx representées » (fol. 146ᵃ).
Ce qui constitue le sacrement, « c'est l'institution
« d'autorite divine et l'efficace salutaire » (fol. 146ᵇ).
Comme tels il n'y a que le baptême et la sainte cène.
Quant à cette dernière, Roussel n'entre dans aucun
détail sur les différents points de vue sous lesquels
ce dogme a été considéré. La doctrine de la transsubstantiation lui est complétement étrangère. Fidèle
à sa tendance pratique, qui domine dans tout son
livre, il s'occupe principalement des effets de l'eucharistie, lesquels sont l'union avec Jésus-Christ,
la nourriture spirituelle pour la vie de l'âme. Il se
borne à dire qu'avec le symbole il y a une « actuelle
« et realle exhibition du corps et du sang de Jesu-
« christ; » par le pain et le vin Jésus-Christ « se dict
« offrir, exhiber et donner vrayement et effectuelle-
« ment son corps et son sang », mais sans que les
deux espèces changent de substance (fol. 162ᵇ). Ceux
qui ne croient recevoir que du pain et du vin et non
point le corps réel de Jésus-Christ, ceux qui croient
que le pain et le vin ne sont que « significatifs » du
corps et du sang, ceux-là ne sont pas « de l'école de
foi, » mais veulent comprendre le mystère « par raison humaine ». (fol. 163ᵃ). Enfin Roussel enseigne que
tous indistinctement ont le droit de communier sous
les deux espèces; Jésus-Christ, dit-il, a commandé
à ses disciples « de manger le pain et boyre le calice
« qu'il leur baille; parquoy obtemperant à son com-
« mandement, fault faire l'ung et l'autre » (fol. 168ᵃ).

L'administration des sacrements et la prédication de la parole, telles sont les fonctions que l'Église confie à ses ministres; ceux-ci, selon la déclaration expresse de l'évêque d'Oleron, ne sont pas les dominateurs des fidèles; ils sont tous égaux entre eux par la nature même de leur mission; il en résulte que la hiérarchie est une invention des hommes et que la papauté n'a pas de fondement dans l'Écriture sainte. « ....Par lesquelles choses bien regardées assez
« pouvons et debvons estre informez de la legation
« commise aux disciples par expres commandement,
« ce ministere et office à eulx commis et enjoinctz,
« n'estre point de regner et dominer pour ressem-
« bler aux princes de ce monde, mais de prescher et
« enseigner, non point prescher et enseigner pour
« leur vouloir et selon qu'ilz seroient persuadez ou
« d'eulx mesmes ou de par aultres, mais selon que luy
« mesme leur escript de prescher l'evangile, non les
« traditions et doctrines des hommes »..... « Se peult
« donc dire que nostre Seigneur esgalle ses disciples
« en ceste legation qu'il leur commect par expres,
« et que c'est une mesme charge et office qu'il com-
« mect à ung chacun d'eulx, affin de recongnoistre
« estre vray ce que sainct Cyprian dict de la simpli-
« cité des clercz. De vrayement (dict-il) estoient les
« aultres appostres que Pierre, estans de mesme con-
« sors d'honneur et de puissance » (fol. 147[b]).

Nous nous sommes abstenu de mêler nos réflexions à l'esquisse que nous venons de tracer de l'ouvrage de Roussel; autant que possible, nous avons voulu nous servir des paroles mêmes de l'auteur. Sauf quelques légères concessions faites aux formes extérieures du catholicisme, comme par exemple ce qu'il dit des cérémonies, c'est un livre qui aurait pu sortir de la plume d'un réformateur, et on peut se demander non sans surprise : comment se fait-il qu'un évêque ait pu écrire ce livre, ou plutôt comment se fait-il que celui qui l'a écrit ait pu conserver sa dignité de prélat de Rome? Le fond de la doctrine est la justification par la foi au mérite de Jésus-Christ; la seule autorité invoquée est l'Écriture sainte; Jésus-Christ est seul chef de son Église, il n'a confié à Pierre aucune autorité supérieure; l'Église parfaite c'est l'Église invisible, la communion des saints; l'Église visible se reconnaît à la prédication de l'Évangile dans sa pureté et à l'administration des sacrements conformément au but de leur institution, et les sacrements ne sont qu'au nombre de deux. Telles sont les doctrines explicitement enseignées par l'évêque d'Oleron; ce qui n'est pas moins remarquable, c'est son silence sur presque tout ce qui est essentiellement catholique. Nous n'avons pas trouvé une seule fois le nom de Rome dans tout l'ouvrage; nulle part il n'est dit qu'il faut croire une doctrine quelconque parce que c'est une doctrine de l'Église catholique, établie par les Pères et les conciles; la foi doit être une œuvre, s'il est permis de nous servir de ce mot, subjective, la conséquence du « témoignage que l'Esprit de Dieu rend à mon esprit » (fol. 5ᵃ). De plus, dans ce livre

Roussel ne dit pas un mot de la Vierge ni des saints, quoique ailleurs il leur fasse quelques concessions; tout est rapporté au « Père de miséricorde » et à son Fils, seul médiateur. On voit par là que ce n'est pas un ouvrage directement polémique; aucune attaque ouverte n'y est dirigée contre le pape ou contre l'Église de Rome; Roussel se borne à déplorer, en termes assez généraux, que l'Évangile ne soit plus enseigné dans sa pureté et sa simplicité primitives, qu'on ait abandonné le seul vrai chemin pour s'attacher de préférence aux traditions et aux inventions humaines, et que par suite de cela des abus, des erreurs, des superstitions se soient glissés dans l'Église et y aient donné lieu à des divisions et à des schismes [1].

Le caractère principal du livre est d'être pratique; les questions de dogme sont moins envisagées sous leur côté métaphysique, que représentées dans leur rapport avec la vie intérieure du chrétien. Point de

---

[1] Par exemple fol. 148ᵇ: « Si ce chemin (c'est-à-dire celui qui est indiqué par l'Évangile) eust esté tousjours tenu et suyvi au présent sacrement (baptême) et en tous aultres, ne seroient ydolâtries, superstitions, abus, lesquels par trop frequens et en trop grand nombre sommes contrainctz veoir aux assemblées nostres au grand prejudice du regne de Jesuchrist et salut des ames. Mais pour rejecter de nous tel abus et que n'en soyons souillez, voyons diligemment l'intention de nostre bon Seigneur.... » Fol. 156ᵃ. Le disciple : « Ceste simplicité (de foi) m'est de par vous là bien recommandée, comme celle qui faict cheminer avec confiance sans se destourner ny à dextre ny à senestre, sans tumber en dispute qui soit pour engendrer et nourrir discordes, et non point edifier à vraye unyon... Si ceste simplicité eust esté suyvie, n'eussent esté introduictes les diverses opinions et discordes au grand prejudice de l'unyon vrayement chrestienne. »

spéculation ni de dialectique ; Roussel n'est pas dogmatiste ; ce qui lui importe plus encore que la réforme de la doctrine, c'est la réforme de la vie par la foi qui régénère le cœur et qui produit la charité. Les questions ardues, comme celles de la prescience divine et de la prédestination, ces énigmes difficiles qui préoccupaient à un si haut degré le puissant esprit de Calvin, Roussel, quoiqu'il partage les vues de ce dernier, les déclare des mystères inscrutables sur lesquels il faut s'abstenir de disputer, en se bornant à les croire (fol. 110ᵇ). Dans son livre comme dans ses prédications, il recommande la simplicité d'une foi humble et naïve, croyant que tout dans l'Écriture sainte est vrai quand même la raison ne le comprend pas : « Croyons le tout y estre vray et
« juste, combien que ne l'entendons. Cheminer ainsi
« simplement est cheminer seurement pour ne tum-
« ber en trop grande presumption » (fol. 137ᵃ). « Trop
« myeulx vault captiver son entendement et raison
« et l'assubiectir à l'obeissance de l'esprit de foy, che-
« miner ainsi simplement est cheminer confidem-
« ment. Telle simplicité de foy qui embrasse pure-
« ment la parolle de Jesuchrist et à icelle s'arreste, et
« contente pour toute persuasion et raison que le
« maistre l'a dict, oultre ce qu'elle ne faict aulcune
« ouverture à erreur, elle prepare la voye à vraye
« intelligence et contentement » (fol. 163ᵃ).

A cause de ces qualités, jointes à la simplicité, à la clarté, à la correction[1] d'un style animé d'un bout

[1] Roussel a beaucoup de mots latins francisés, comme *silibonde* (al-

à l'autre d'une chaleur douce et pénétrante, l'ouvrage de Roussel n'aurait certes pas manqué d'exercer une heureuse influence, s'il avait pu être publié. Avant de dire pourquoi il ne l'a pas été, il nous reste à parler d'une espèce de résumé que Roussel en fit lui-même, sous le titre de *Forme de visite de diocèse*[1]. Plein de sollicitude pour ses églises, il voulut que les évêques fissent de fréquentes tournées dans leurs diocèses, pour s'informer si la doctrine prêchée aux fidèles est le pur Évangile de Jésus-Christ, si les sacrements sont « purement et saintement » administrés, si les ministres remplissent leur mission de servir d'exemple au peuple tant par leur foi que par leur vie, si partout on a soin des pauvres, si les écoles enfin sont dans un état prospère[2]. La prédication évangélique étant la chose la plus importante, Roussel donne des instructions sommaires sur le contenu de l'Évangile; cette partie de la *Forme de visite* n'est que le résumé de l'*Exposition familière*; la doctrine de la justification par la foi en fait le principal objet. C'est en ce traité que Roussel expose, avec un visible embarras, son opinion sur les saints. Notre prière, dit-il, ne doit sans doute s'adresser qu'à Dieu; « ce serait un blasphème de dire qu'il y ait une créature qui connût mieux notre indigence,

---

téré), *inexsolvable*, *stolidité* (sottise), *condonner* (pardonner), *vestiger* (examiner), *excogiter* (penser, réfléchir), *tollir* (enlever), etc.

[1] Dans le même manuscrit que l'*Exposition*, fol. 175 à 180; pièces justif. n° 19.

[2] Il est à regretter que ces derniers points ne soient pas développés dans le traité.

et qui eût un meilleur vouloir d'y pourvoir et d'y subvenir » (fol. 177ᵇ). Cependant, comme il pourrait sembler que par ce principe on voulût « ôter la prière des saints, » et comme cette matière « est aujourd'hui fort controversée, » il se croit obligé d'en dire aussi son avis. Avant tout on ne saurait douter qu'il ne faille honorer les saints, et que leurs intercessions ne soient agréables à Dieu; il s'agit seulement de savoir comment il faut les honorer, et ce que valent leurs intercessions. On les honore en imitant leur exemple, en les aimant pour leurs grâces et leurs vertus. « Ployer les genoux, ôter le bonnet, et toutes autres choses extérieures ne sont que des signes, et ce n'est pas en cela que gît le vrai honneur; celui-là provient du dedans, du cœur » (fol. 178ᵃ). Quant aux prières et intercessions des saints, il faut bien distinguer entre leurs prières et l'intercession que Jésus-Christ fait pour nous; Jésus-Christ ne prie pas seulement pour nous, il a aussi satisfait pour nous, d'où il suit que toute autre prière est au fond superflue; d'ailleurs les saints étant unis avec Jésus-Christ, ne peuvent vouloir autre chose que lui, ils n'ont plus de volonté propre, différente de la volonté divine. Comme ils sont dépouillés de leurs corps et qu'ils vivent au ciel comme esprits, ils ne s'attachent pas de préférence à telle ou à telle localité pour en être les patrons. « Il est donc certain que nous n'avons accès au Père que par Jésus-Christ; ce n'est aussi que par lui que nous pouvons communiquer avec les saints; c'est pourquoi il faut commencer à Jésus-

Christ et avoir sa faveur; une fois qu'il nous a acceptés, nous aurons aussi le Père et avec lui tous les saints, nous ne serons pas seulement participants de leurs prières, mais nous serons associés en communion de tous biens avec eux, tout comme les membres unis avec leur chef sont aussi unis entre eux » (fol. 179ᵇ).

Cette opinion, à l'appui de laquelle l'évêque d'Oleron cite plusieurs passages tirés des Pères, est assez peu conforme à la pratique de l'Église romaine; elle montre la peine que Roussel s'est donnée de concilier sa croyance individuelle avec ses obligations de prélat catholique; ce qui lui a permis d'en agir de la sorte, c'est sa manière mystique d'envisager le catholicisme et d'en spiritualiser les dogmes et les usages. Il ne faut pas oublier en outre qu'il proteste contre les abus et les superstitions auxquels le culte des saints donne lieu[1], et, ce qui plus est, que la prière aux saints est en réalité annulée par la conclusion toute spirituelle : il faut commencer par prier Jésus-Christ; une fois qu'il nous est propice, nous avons aussi part à la prière des saints; une fois que nous sommes unis avec lui, nous entrons aussi en communion avec eux.

Il en est tout à fait de même de son opinion sur la confession; c'est devant Dieu, dit-il, que nous devons nous accuser et nous confesser; c'est de lui que nous devons attendre et recevoir notre pardon. Cepen-

---

[1] Par exemple fol. 178ᵇ; voy. pièces justif. n° 19.

dant Dieu lui-même a institué un ministère chargé de l'administration de sa parole et des sacrements, et par l'organe duquel « il offre et distribue les biens de Jésus-Christ, savoir la rémission des péchés et la vie éternelle; » mais on ne devient participant de ces biens qu'en « recevant par vraie foi la parole et les sacrements; » Dieu est l'auteur de la rémission des péchés, le ministre n'en est que le dispensateur; il est donc utile de se présenter devant le ministre pour lui faire une confession de ses péchés, afin d'obtenir par son organe l'assurance du pardon (fol. 179).

Roussel écrivit aussi vers cette époque un traité sur *l'Eucharistie*, où, pour nous servir des expressions d'un auteur catholique[1], il enseigna « je ne sais « quel corps glorifié et spirituel et non bâti de chair « et d'os. » En rapprochant ces paroles de ce que Roussel dit de la cène dans son *Exposition familière*, on voit que dans cette doctrine il n'a pas dû être éloigné de la théorie de Calvin, qui statuait que dans le « repas spirituel » de la cène, au lieu de recevoir avec le symbole un corps matériel ou corporel de Jésus-Christ, on entre en communion avec le Christ glorifié, élevé au ciel. Sa manière toute spirituelle

---

[1] Florimond de Remond, *o. c.*, p. 850. Remond, qui était depuis 1570 conseiller au parlement de Bordeaux et qui mourut en 1602, assure qu'il a vu cet ouvrage en manuscrit « entre les mains d'un grand homme de lettres et de maison de la Guyenne, » c'est-à-dire (p. 922) de François de Candales, évêque d'Aire, qui l'avait reçu d'un médecin de Clairac, disciple de Roussel. Quand Remond ajoute que par cet ouvrage on a pu voir combien Roussel était éloigné de l'avis de Calvin, il est évidemment dans l'erreur.

d'envisager les choses religieuses, a dû nécessairement éloigner Roussel de toute théorie qui laissait subsister dans le mystère de l'Eucharistie une présence plus ou moins matérielle de Jésus-Christ. Ce n'est pas Jésus de chair et d'os qui vit avec le Père et qui règne sur l'Église; ce n'est pas non plus avec Jésus de chair et d'os que le fidèle s'unit en communiant. D'après ce qu'aux pages précédentes nous venons de dire sur les opinions de Roussel, il nous paraît impossible de ne pas y reconnaître une influence du système de Calvin. Bien que ce grand théologien ne soit nommé nulle part dans les ouvrages qui nous sont restés de son ancien ami, celui-ci conçoit les doctrines chrétiennes d'une manière trop conforme au calvinisme, pour que nous ne dussions pas admettre de sa part non-seulement une connaissance, mais une étude approfondie et continue des livres du réformateur de Genève. Dans les dogmes de la sainte cène, de l'incapacité absolue de l'homme pour le bien, de la prédestination et de l'élection, Roussel est calviniste; ses convictions à cet égard ont même dû être très-fortes, parce que les reproches qui en 1537 lui furent adressés par Calvin, avec trop de dureté peut-être, n'ont pas pu le porter à y renoncer.

En 1550 un manuscrit de l'*Exposition familière* suivie de la *Forme de visite de diocèse* parvint à la Sorbonne. Le 15 octobre, la faculté, solennellement réunie dans l'église des Mathurins, et après avoir entendu une messe du Saint-Esprit, prononça que

« ce livre est pernicieux pour le Christianisme, parce qu'il est rempli de propositions non-seulement fausses, captieuses, scandaleuses, induisant le lecteur en erreur et contraires au vrai sens de l'Écriture, mais sentant l'hérésie et en partie manifestement hérétiques; » par conséquent il devra être supprimé et inscrit au catalogue des ouvrages réprouvés[1]. Pour prouver la justice de cette sentence, les juges l'appuyèrent de vingt-deux propositions extraites de l'ouvrage de Roussel. Ces propositions ne contiennent aucune attaque directe contre les doctrines de l'Église romaine; mais la Sorbonne sentait parfaitement que la simple et positive affirmation des principes évangéliques pouvait devenir plus dangereuse au catholicisme que la polémique la plus ardente contre ses dogmes. Les doctrines de Jésus-Christ seul médiateur[2]; de la justification par la foi au mérite du Sauveur[3]; de l'insuffisance de la justice de l'homme naturel, de son impuissance d'observer la loi dans tous ses commandements, et par conséquent de satisfaire à la volonté divine[4]; du rapport intime entre la charité et la foi[5]; de la puissance de celle-ci chez les élus qui sont assurés que Dieu ne leur refuse rien[6]; de l'Église invisible[7]; du

---

[1] D'Argentré, t. II, p. 161; pièces justif. n° 20.
[2] Art. 1 et 2.
[3] Art. 3, 4, 5, 7, 10.
[4] Art. 12, 13, 14.
[5] Art. 11.
[6] Art. 21, 22.
[7] Art. 9.

droit de tous de participer aux grâces données à l'Église[1]; le conseil de n'avoir recours qu'à Jésus-Christ et de ne se fier à aucune créature quelconque quand il s'agit du salut[2]; enfin le désir, exprimé avec beaucoup de modération, de voir les vaines pratiques extérieures faire place à la piété seule réelle du cœur, et les inventions humaines céder au seul Évangile[3]: voilà ce qu'il plut aux graves docteurs de la Sorbonne de condamner comme faux, scandaleux et hérétique. Cette sentence est un aveu formel du désaccord profond qui existe entre l'Église de Rome et de la Sorbonne et l'Église selon l'Évangile, et bien que parmi les opinions théologiques de Roussel il y en ait qu'une meilleure interprétation de l'Écriture sainte ne saurait approuver, tel que le dogme de la prédestination absolue et ce qui s'y rattache, la faculté de théologie de Paris a essentiellement méconnu et le but et l'esprit du Christianisme, en prononçant l'anathème sur la doctrine de l'évêque d'Oleron. Du reste il paraît que les juges de son ouvrage ne le lurent pas même jusqu'à sa fin; les hérésies contenues dans la seconde moitié, ainsi que dans l'instruction pour la visite des diocèses, leur échappèrent : les passages sur les sacrements dont Roussel ne reconnaît que deux, sur la communion sous les deux espèces, sur le genre d'honneur que l'on doit aux saints, toutes ces propositions si ouvertement

[1] Art. 8.
[2] Art. 5, 6, 7, 19.
[3] Art. 15, 16, 17, 18, 20.

contraires au système romain ne furent point condamnées. Il suffit sans doute à ces illustres théologiens que l'ouvrage fût d'un ancien réformateur, d'un prédicateur de la cour de Navarre, pour le déclarer hérétique; pressés d'en finir, ils recueillirent au hasard un certain nombre de passages, afin de justifier aux yeux de leur public leur condamnation arrêtée d'avance. Occupés journellement à prononcer des censures ou des anathèmes contre des manifestations protestantes se renouvelant et se multipliant sans cesse, ils expédiaient ces affaires avec une légèreté peu digne d'un corps qui, après le pape, avait le plus d'autorité dans l'Église et qui se croyait investi de la mission de veiller à la défense de la véritable orthodoxie.

La censure de la Sorbonne empêcha la publication du livre de Roussel. Celui-ci toutefois n'en eut plus connaissance; la nouvelle de la condamnation n'arriva qu'après sa mort; ce qui lui épargna la douleur de voir ses dispositions pacifiques et ses croyances chrétiennes frappées de réprobation.

Vers le commencement de l'année 1550 il envoya un de ses ecclésiastiques à Mauléon en Gascogne, pour y faire quelques prédications. Celui-ci, ayant prêché sur les indulgences et sur les saints dans le sens de l'évêque d'Oloron, fut assailli par une populace fanatique et forcé de prendre la fuite; un gentilhomme du pays, Pierre Arnauld de Maytie, fut le plus ardent à le poursuivre. Bientôt après Roussel arriva lui-même; il assembla un synode, parla contre le trop grand nombre de fêtes de saints, représenta ces jours comme préjudiciables au peuple en l'empêchant de se livrer à des travaux plus utiles, et proposa d'en réduire le nombre. Il monte ensuite en chaire et commence une prédication sur le même objet, lorsque tout à coup les supports de la chaire tombent, brisés à coups de hache par le même gentilhomme fanatique qui avait chassé le ministre envoyé par Roussel. Ce dernier, entraîné par la chaire dans sa chute, fut relevé à demi-mort et transporté par ses amis à Oleron; les médecins, dit-on, lui prescrivirent de prendre les eaux; il mourut en route. Le meurtrier Arnauld de Maytie, traduit devant le tribunal de Bordeaux, fut acquitté; pour « le récompenser convenablement de sa *pieuse et belle action,* » on fit obtenir à son fils l'évêché devenu vacant par la mort de Roussel[1]. Un écrivain catholique qui vécut peu de temps après, raconte qu'un vieillard de Clairac lui assura un jour qu'avant d'expirer, Roussel se repentit encore d'avoir, pendant si longtemps, dit la messe contrairement à ses convictions, en un mot de ne pas s'être franchement séparé de Rome[2]. Ce fait ne nous paraît pas invraisemblable. La mort tragique de Roussel ne laisse pas de produire dans l'âme une émotion douloureuse; quel enseignement que la fin de cet homme qui, après avoir passé sa vie à es-

---

[1] Spondanus, *o. c.*, t. II, p. 523, année 1549, n° 8. Sponde était lui-même de Mauléon; son père, protestant, avait été secrétaire de la reine Jeanne de Navarre. Ce qu'il rapporte ici sur Roussel est donc digne de foi.

[2] Florimond de Remond, *o. c.*, p. 851.

sayer d'allier la foi protestante à la forme catholique, ne fût convaincu de l'impossibilité de cette alliance qu'en tombant lui-même sous les coups d'un fanatique de l'Église romaine! Que lui servit-il d'avoir offert des concessions à cette Église, qui ne renoncera jamais à ses prétentions de régner en maîtresse absolue sur les consciences? Nous croyons volontiers qu'à l'heure de la mort, il a dû regretter d'avoir voulu transiger inutilement avec Rome, et de ne pas avoir préféré l'exil à une position qu'il ne put justifier qu'au moyen de ses illusions mystiques, et qui d'ailleurs ne le préserva pas lui-même du martyre. Quoi qu'il en soit, il ne mourut pas sans avoir fait beaucoup de bien ; les germes de réformation déposés par lui dans la Navarre, ne manquèrent pas de se développer et de porter des fruits ; Jeanne, la fille de Henri d'Albret et de Marguerite, devint zélée protestante; des communautés nombreuses se formèrent, et lorsqu'éclatèrent les guerres de religion, les protestants de la Navarre furent du nombre des plus intrépides; enfin les amis de la famille de Roussel lui-même doivent être nommés parmi ceux qui donnèrent les plus nobles exemples de fermeté évangélique : son vicaire général, Aymérici, ancien bénédictin, se démit de sa dignité après la mort de son évêque et se fit ministre protestant à Clairac[1]; sa nièce, Madame Colier, assista avec un dévouement héroïque les ministres qui, chassés par la persécution de 1562, vinrent chercher

---

[1] Florimond de Remond, o. c., p. 851.

un asile à Clairac, et pendant la disette qui accompagna cette guerre, elle nourrit à elle seule tous les jours plus de cinquante pauvres[1]. Ajoutons aussi que Roussel mourut regretté de tous ceux qui avaient appris à l'apprécier; ses adversaires catholiques eux-mêmes, et jusqu'à celui qui vanta le crime d'Arnauld de Maytie comme « une pieuse et belle action, » furent forcés d'accorder à sa charité, à sa vie exemplaire, à sa modération les mêmes éloges[2] qu'en avait déjà faits son ami Nicolas Bourbon. Quant à ses anciens amis devenus protestants, ils durent le juger comme Théodore de Bèze[3] : ils ne purent s'empêcher de reconnaître qu'il avait « fait du fruit, » mais ils déplorèrent qu'il ne se fut « jamais pleinement adjoint aux Églises réformées. » Roussel fut du nombre de ces réformateurs qui croyaient qu'on pouvait se contenter de redresser quelques abus, sans *mettre la cognée à la racine même de l'arbre*. L'Église catholique refusa constamment d'entendre ces hommes; au quinzième siècle elle demeura sourde aux plaintes et aux conseils de Gerson; au seizième elle repoussa Roussel et ses amis qui, à une époque où des hommes plus énergiques accomplirent une réformation complète, offrirent encore des concessions et ne demandèrent que des améliorations partielles, en s'abusant eux-mêmes, dans leur mysticisme, sur la valeur

---

[1] Crespin, *Hist. des mart.*, fol. 663ᵇ. — Bèze, *o. c.*, t. II, p. 796.

[2] Florimond de Remond et Sponde, *l. c.*

[3] *Hist. des Égl. réf.*, t. I, p. 6. — Florimond de Remond, p. 922, dit que Calvin l'appelait le temporiseur.

des formes extérieures. Quelque consciencieux que fussent ces hommes, leur inconséquence est manifeste ; le catholicisme est tout à Rome ; il ne souffre pas de restriction. Aussi de leur temps aucun parti ne leur sut-il gré de leurs intentions ; les catholiques, tout en reconnaissant leurs vertus, les accusèrent d'être hérétiques[1], tandis que les protestants leur reprochèrent de l'inconstance et de la tiédeur. Selon notre conscience, leur mysticisme trop accommodant fut une des causes pourquoi le triomphe de l'Évangile fut retardé en France ; cependant il nous sera permis de croire que si eux au moins avaient pu être entendus, bien des horreurs n'auraient pas souillé notre histoire, que bien du sang n'aurait pas coulé dans les plus tristes des guerres, et que même à l'heure qu'il est notre pays serait plus libre du joug de Rome.

[1] L'auteur des *Remarques critiques sur Baile (l. c.)* est le seul qui s'efforce de représenter Roussel comme ayant été, sauf quelques opinions singulières, parfaitement orthodoxe.

PIÈCES JUSTIFICATIVES.

I.

LETTRE DE NICOLAS SUDORIUS A FAREL.

Mai 1524.

(Manuscrit autographe; Bibliothèque de Genève.)

Domino *Guillelmo Farello*, fratri christiano. *Basileæ*.

Nicolaus Sudorius Farello.

Deus pacis, qui eduxit a mortuis pastorem magnum omnium, in sanguine testamenti eterni Dominum nostrum Jesum Christum, aptet nos in omni bono, ut faciamus voluntatem suam, facientes in nobis quod placeat coram se, per Jesum Christum Dominum nostrum.

Inmittit renum ac cordum scrutator Deus (eodem ex luto vas unum ad honorem, aliud ad ignominiam fingens, universa autem propter semetipsum, impium quoque ad diem malum), ad imbecilles ac torpentes Gallos, diffusum apud Germanos divinæ lucis radium. At non recipit nimiâ terrenorum cupiditate lyppus noster oculus; iterum non recipit animus adhuc carnali prepeditus affectu. Aut si quis recipit, eum fateor ingenue adnumerandum iis qui faciem nativitatis suæ contemplantur in speculo, aut super arenam ædificant; cum sint ex paucissimis multó plures verbi et auditores et garruli, quàm factores. Donabit autem ex suà beneficentià is qui solus velle gratis prebet et perficere, aliquot ex nostris, quos mittet operarios in messem iam maturam, priusquam precipiat ministris zizania in fasciculos collecta a tritico tollere. Aut certe si nolit, Dominus est : fiat quod bonum est in oculis eius. Congratulamur vobis Germanis, et acceptam Deo ac Domino nostro Jesu Christo ferimus gratiam quæ apud vos relucet : non tam multiplici scripturæ purà et christianà professione, quàm pharisaicæ traditionis et servitutis contemptu, ac christianæ libertatis (quæ spiritu et veritate constat), restitutione. Qui sunt ex nostris illuminatiores, adhuc pharisaico jugo subdantur, nec audent tremebundi quas norunt christianæ puritati obsistere traditiones transgredi, aut cum lux cordi eorum infusa est, veritatem profiteri : potissimum quòd passim hereseos accusentur, et sint, ne sorbonistis modò, quinimo nostræ potius reipublicæ magistratibus invisi. Una præ ceteris nobis relicta et christianissima et serenissima dux, quæ nobis regum conciliet favorem ; apud quam istic reposita fides, quam testatur Jacobus ex operibus notam. Tam discreti ac sinceri spiritûs hanc cernas, ut non facile queat vulpeculæ (de qua scribis) dolis illaqueari ; neque quum eius scripta aut aliquando probat, aut probavit usquam. Dicata sibi fuerunt opera, de quibus ais debuisse me ea in supplementum ad popularem ædificationem producere, quamvis (fateor) eius iudicio non fuerint digna, minus publico. Non sinit Sorbonæ ac senatûs nostri lugenda cecitas eousque insaniens, ut impressorià incude sit omnibus interdictum[1], nisi qui censuræ suæ ac iudicio rem commiserint. Habemus paratum de vanà rei christianæ (quam publicam vocant) administratione libellum, quo molimur scripturæ et auctoritate et exemplo, multò felicius Christi quàm Gentilium legibus eam gubernari posse, quinimo, eas plurimum obesse veritati quam falsò sibi

---

[1] Il paraît qu'il manque ici un mot.

promittunt. Opus sane supra vires hominis : eius presertim qui nichil habeat spiritûs, quàlis ego. Hunc tamen, si cùm cœteris ex Germaniâ propalandum optes, curabo tibi deferendum; eâ autem conditione, quòd incerto emittatur auctore. Gratia Domini nostri Jesu Christi cum spiritu tuo. Salutant te, pater, utriusque etiam conjuges; dominum *OEcolampadium*, christianæ rei non spernendum antistitem, cœteros quoque eiusdem pastores ac episcopos salutatos velim. Nichil de *Gerardi* nostri purâ ac christianâ prædicatione ad te scribo; quòd iam pluribus epistolis compertum habeas, et fueris ipse expertus. Adeo sibi circumspectus est cum sinceritate sermo, ut nullus pateat calumniatorum insidiis locus, ita autem ut nichil veritatis evangelicæ pretermittat. Vale. *Meldis*, 18 Kal. Jun. 1524.

Inutile Dei veri figmentum, ne dicam Christi mancipium

NICOLAUS SUDORIUS.

II.

LETTRE DE ROUSSEL A FAREL [1].

6 Juillet 1524.

(Manuscrit autographe; Bibliothèque de Genève.)

Christianæ rei faventissimo *Guillelmo Farello. Basileæ.*

Girardus Ruffus Guillelmo Farello gratiam ac pacem in Christo.

Cum nuper me Parisium recepissem, querebar apud amicos quos istic habes præcipuos quòd nihil scripsisses, a me licet

[1] L'écriture de Roussel est extrêmement difficile à lire. Ne me fiant pas

provocatus per literas, hancque meam querimoniam decernebam tibi per literas indicare ; sed antevertisti querendi locum tuis proximis literis, quibus, sub ipsum exordium, scribis noscere te quid causæ intercesserit ut ne tantillum quidem literarum scripserim, ac cum interim nostrum silentium per occupationes quæ me integrum habeant, excusare pergas ; non desinis tamen a me expostulare crebras literas, quod me facturum lubens ipse recipio, qui nihil tam optem quam utrosque rescire quæ agantur utrinque. Et ut ad tuas literas respondeam, primum recepit *Faber*, pius juxta ac doctus vir, catechesim *Leoniceni*[1], ac de canone missæ libellum *Zynglii*, virorum quidem de christianis literis bene meritorum, quorum lectione non parum delectatus sum, atque utinam aliquot illis similes haberet Gallia per quos disceret Christum pure, utpote rejectis hominum frigidis commentis, et solo nixa verbo fidei, colere. Nam dici non potest quàm cupiam nostros ab evangelicâ simplicitate nusquam excidere, ad Christi simplicem regulam suos formare mores, id quod audio apud vos fieri, sed reclamantibus interea huius mundi sapientibus, denique iis per quos non oportuit negocium christianum promoveri, ne quid humanis præsidiis et non integra rei summa divinæ virtuti ascriberetur, infantes sint ac lactentes, vasaque fictilia ac penitus abiecti, oportet, per quos divina laus Deique purus cultus dudum demonii meridiani traditionibus obscuratus, novetur ac proficiatur ; id quod tum quoque fuit, cum cepit res agi per

à la fidélité de la copie qu'en 1835 je fis de ses lettres, je m'en suis procuré depuis une nouvelle. C'est M. Vincent, homme de lettres à Genève, qui a bien voulu se charger de ce soin ; avec autant d'empressement que de scrupuleuse exactitude. Je le prie de recevoir ici l'expression publique de ma reconnaissance.

[1] C'est *Lonicerus*, que Roussel confond sans doute avec le savant médecin italien Nicolas *Leonicenus*, qui jouissait alors d'une grande réputation. Lonicerus a publié une version grecque des Psaumes (Strasbourg, 1524) sous le pseudonyme de *Leontonicus*.

Christum et suos apostolos. Sic magis confunduntur mundi principes ac sapientes, cum prospiciunt illiteratos ac idiotas despectissimos ad istud perfectionis culmen, se neglectis, evehi, ad suam ac aliorum præfici instructionem per spiritum quos a se instituendos miro ducunt supercilio. Istud nihil me male habet, quod scribis simplices et idiotas christianæ rei novandæ antesignanos esse, infatuari ac desipere prorsus quos homines hactenus pro doctissimis habuere: quod sit patenti argumento spiritum illum qui nisi super humiles, contritos ac trementes sermones Dei (?) requiescit, in illis operari, ac iamiam instare tempus quo per abiectos evangelicum provehat negocium, utpote quos sit missurus per universum orbem, perinde ac sub Christianismi initio paucos dimisit apostolos in orbem terræ. Sed tunc quoque sibi quosdam e sapientibus servavit, sed qui semoto supercilio, ademptâ omni prorsus fiduciâ in se, in suâ sapientiâ, honore et talibus, se toto humillimo Christo permiserunt, in quem sua reiecerunt ut admirando commercio, pro stercore aurum, pro iniustitiâ iustitiam, pro insipientiâ sapientiam, pro morte vitam, pro viciis virtutes, pro damnatione et inferno salutem ac celum, pro nihilo denique omnia reciperent a Christo, qui in hoc veluti se exuit vestimentis, nostrâ acceptâ formâ, ut illorum nos faceret participes, illisque nostram tegeret nuditatem, ac demum nihil vereremur nisi vocem vultumque Dei. Ad quem modum et hoc etiam tempore quosdam sibi servat in bonis, quas vocant, literis, apprime doctos, inter quos arbitror esse *OEcolampadium*, qui, cum sit omni doctrinæ genere cumulatissimus ut vix haberi possit cui conferatur, totum se Christo permisit, ut illis neglectis quæ mundus in precio habere solet, solum Christum amplexetur, magnifaciat. Quod de viro audisse per tuas literas fuit gratissimum, quem utinam mihi liceret de facie nosse, conspicari mores, christianam conversationem ac intrepidum verbi Dei ministrum. Libri quidem quos in lucem emisit nobis virum exprimunt christianum minimeque fucatum. Sed nescio quam occultam habet energiam ad animi robur, ipsa consuetudo cum intrepidis christianis. Nam quod scripto adhortaris, ut ventres parisinos adoriar affixis e Christi officinâ positionibus, quibus nihil conveniat cum Sorbonâ, quæ hactenus credita est unicum theologorum asylum, non parvum exigit fidei robur, ac aliâ spiritûs manifestatione opus esset quàm sit ea quam hucusque sensi in me. Hortaris ut unus homuncio qui hactenus pene latuit, qui nullam expertus est harenam, mox summos orbis vulgò creditos eosque quamplurimos adoriatur in harenam vocatos, mox ex diametro ipsorum literis adversetur ac statutis, adhuc autem det operam libros imprimi et in gallicâ latinâque linguâ quibus errores ipsorum convellantur qui hucusque pro receptissimis habiti sunt. Quasi tu ignores decretum parisini senatûs quo cautum est ne quis evulgare libros theologicos audeat, nisi antea approbatos a facultate theologiæ parisinâ; ut nihil hodie apud nos imprimatur non sorbonicum, neque imprimi queat. Age iam qui fieri potest quod petis, cum senatus a parte theologorum stet, ut quod hi decreverunt cunctis comprobet calculis? Et ut quod dico verum putes, aperiam quod superioribus diebus apud nos acciderit. Emissâ per magistros nostros determinatione qua convelluntur articuli Meldis evulgati (hanc dudum ad te missam curavi), vocantur ad sua comitia *Martialis* et *Caroli*, ipsisque primùm indicitur palinodia, ac inde petunt determinationem per eos approbari ni reiici velint a gremio facultatis et omnibus ipsius prandiis, etc. A quo eximi cum onerosum ac grave sibi suaderent, ut discas vel ex hoc quàm frigide nostros habeat spiritus, petitioni acquiescunt approbantque quæ prorsus spiritui adversantur, quamquam hoc aiunt fecisse se non tam timore acti ne a facultate exciderent, quàm ne gravius in eos per senatum animadverteretur. Nam hoc moliri senatum rumor quidam increbuerat, qui non fuit omnino vanus, ut subinde rei probavit exitus. Si quidem *Liseto* patrono regio apud senatum promovente negocium, senatusconsulto decretum est, quattuor ex urbe Meldensi in carcerem coniiciendos, inter quos erant *Martialis* ac *Moysi*; tibi probe notus est uterque, reliquos duos non novisti. Aberat *Moysi*, alioque *Martialis* secesserat intellecta re per amicos; captus est duntaxat unus qui multa cum ignominia, ligatis pedibus manibusque, ceu mox in ignem coniiciendus ducitur Parisium ac inter primos malefactores recluditur; quæruntur interim alii et præcipue *Moysi*, quem omnino volebant exurere; fiunt aliæ quoque informationes per quas contendunt *Fabro*, mihi ac ne episcopo quidem parcere. Et nisi ill. Meldensis una cum sorore Regis omnem impendisset operam, vix citra flammas processisset res, quæ, Deo ita volente ac nostræ infirmitati consulente, feliciter terminata est. Ceterum non est inventus qui viriliter a parte Dei staret in evertendis hominum constitutiunculis, id quod christiano negocio maxime expedit. Nondum obtineri potuit ut infringeretur quod sanxit senatus de libris imprimendis etiamsi in hoc sudatum sit plurimum, ut iam non subsit via qua queat expleri quod petis, nisi spiritus ille qui omnia potest corda inflammet ac aliam nobis suggerat constantiam, per quam nihil persecutiones, tormenta, ignem et quodcunque aliud mortis exhorreamus; quod vestris concedi precibus tam petimus quam qui maxime. Nihil moramur(?) episcopos, sed senatus nos male habet, qui non permittit idiotis suggeri libros, cum interim verbum Dei in aliquot locis sincere tractetur, sed deest constantia quam istic esse prædicas, citra quam tamen non est ut consulam cuique audendum. Pastoris munus ut neque nomen non arrogo mihi, etiamsi in numerato habeam solos haberi quos ad ministerium verbi deligit spiritus. Non agam tecum in re de qua nolim quemquam degladiari, cum nobis hoc agendum sedulo quo verbum Christi annuncietur, ut maxime nulli suus decedat honor. Certum est Philippum diaconum ab apostolis designatum in ministerium pauperum, gratiam habuisse verbi, ut fidem facit liber actorum, tamen utcumque suo ministerio fidem recepissent Samaritani, duxerunt apostoli mittendos Petrum ac Joannem, ut impositis manibus reciperent spiritum, perinde ac si non haberet Philippus idem donum quod apostoli; aut quod magis placet, ne quicquam tibi dissentiam, in hoc missi sunt ut illorum assensu concordi cum Philippo Samaritanorum fides roboraretur. Nec mihi displicet ordo in ecclesia: sed hunc solùm amplector quem exhibet ac requirit spiritus, quicunque tandem sit, ne infirmos nactus oculos cogar deinde in luce meridiei caecutire. Presbyteros a populo deligi mihi probatur, sed requiro antea populum fieri christianum ac Dei agi spiritu, qui si desit non video qui ita succurri possit christianae rei, cum scindatur incertum studia in contraria vulgus. Sed de his hactenus, ne videar quicquam iis refragari quae cunctis persuasa esse velim ut qui maxime. Porro cum haec scripsissem, redditae mihi sunt aliae literae per *Conrardum*, quae praeter peregrinationem tuam cum *Bleto* ac confabulationem piam cum christiano pastore *Zynglio*, superiorem quoque adhortationem tuam perstringunt, ut expendere mihi vel ex hoc sit facile quanto animi ardore istud a me fieri desideres, quod ut agnosco rei christianae apprime conducere mi contendam precibus impetrare a Deo, qui adeo pius est in filios, ut hos nolit in re quapiam angi sollicitudine, sed a se quodcunque quaerendum praescribat. Interim velim per te certior fieri de ordine ac modo in illis conflictationibus christianis observato a vobis. Nam mihi probantur multam spiritus desiderare prudentiam, ac fieri vix posse autumo ut ventres illi pigri ad nos venire ac nobiscum disserere dignentur, qui non ignorem statuta quibus iuramentis se addixere, quae transgredi maiori ducunt piaculo quàm quodcunque Dei praescriptum. Quod ad imprimendos libros vulgari idiomate attinet, egi cum amicis qui tuum consilium probant, sed commodior modus non est illis visus ob decretum senatus, quàm si in nostra urbe Meldensi peculiaris esset impressor, qui nostris impensis formaret libros, gratis deinceps sed pauperibus per nos communicandos. Qua in re tuam operam requirimus, ut, si fieri potest, per te nobis matrices æneæ, aut quod magis optamus, styli ferrei matricum, quod vocant, radices ac capita, nostris quidem sumptibus reddantur, quòd cupiamus Frobenianam impressionem assequi, aut propemodum imitari. Nihil addubito istic esse complures, qui istius modi stylos apparent, cum apud nos pauci sint, ac adhuc non admodum industrii. Nec moror sumptus, modò hisce nobis uti liceat; in quam rem quid studii impenderis, fac resciam quamprimum. Nam ut hoc ad te scriberem primores urbis curarunt, qui tibi bene volunt ex animo. Si quæris quid agam, præter solitas prædicationes, in quibus integrum Evangelium et eo quo scriptum est ordine prosequor, agressus sum per Dei gratiam epistolas Pauli populo interpretandas per singulos dies, in quibus spero profectum non mediocrem, nec prætermitto psalterium literatis qui apud nos sunt interpretari, excussis pro occasione per me locis qui ad sinceram fiduciam faciant quique humana præscripta convellunt. Quod studium Deus optimus in suum vertat honorem, in quem usum abs te tuique similibus, hoc est christianis, requiro preces fundi pro me ad Deum, ut detur cum fiduciâ, utcunque refragentur obluctenturque portæ inferi, annunciare populo verbum Dei, ac constanter reiicere quæ huic obsunt, etc. *Clicthoveus* olim noster pergit pharisaismum tutari, et iam edidit aliquot libros in *Lutherium*, ex aliorum scriptis suo more consarcinatos, de quibus nihil attinet pronunciare cum plus satis noveris viri ingenium. Hi nondum impressi, sed mox ac fuerint absoluti ex officinâ curabo ad vos perveniant. Dolet mihi deesse quod communicare possim ingeniis quæ apud vos sunt complura; cum istic contra plurima sint quæ ipse requiro, nempe annotationes *Pomerani* in Esaïam, *Lamberti* commentarios in Oseam ac Malachiam, *OEcolampadii* nostri commentarios in Esaïam ac in epistolam Joannis [1], ac alia aliquot quo-

[1] Il n'existe pas de commentaires de Bugenhagen (Pomeranus) sur Isaïe; en 1524 il publia des commentaires sur les Psaumes; Bâle, in-8º, etc.;

rum nomina non suppetunt. Nondum videre potui libellum illum de confessione auriculari[1] in quo se prodit simia illa quam suis belle depingis plumis; sed spero mox ut ad nos pervenerit videre. *Zynglii* exhortationem non recepi quam me recepisse per *Bletum* scribis. Ut aliquando finiam, in aliis alioqui occupatior quàm ut commentari tecum longius possim, abs te obnixe postulo ut amor qui inter nos ante illustrationem Evangelii contractus est, per nescio quæ studia pœnitenda, in ipsâ Evangelii luce indies se promente amplius, accrescat ac maior assidue fiat. Vale in Christo qui solus in tuo regnet pectore. *Meldis* 6ª Julii 1524.

Caroli Parisiis degit ac populo Paulum interpretatur in concionibus quas habet festis diebus in parochia beati Pauli, non sine magno Evangelii profectu ut audio.

Strasbourg, in-4º. — Les commentaires de François Lambert sur Osée parurent à Strasbourg en 1525, in-8º; ceux sur Maléachi (*Commentarii in quatuor ultimos Prophetas*) ne parurent qu'en janvier 1526; Strasbourg, in-8º. Il paraît que Roussel avait appris que ces ouvrages devaient paraître et qu'il les croyait déjà publiés. — Les commentaires d'OEcolampade sur Isaïe ne parurent également qu'en 1525 (Bâle, in-4º)., mais déjà en 1523 il avait expliqué ce prophète dans ses leçons. Ses *Demegoriæ id est concionnes in epistolam primam Johannis*, sont de 1524 (Nuremberg, in-8º).

[1] C'est apparemment le traité de Jacques Latomus *De confessione secretâ*; Anvers, 1525, in-8º. — OEcolampade réfuta ce traité dans son *Eleborum pro Jac. Latomo*; Bâle, 1525.

III.

LETTRE DE JEAN OECOLAMPADE A MAURUS MUSÆUS.

31 Juillet 1524.

(Joh. OEcolampadii et Huldrichi Zwinglii *epistolarum libri IV*; Bâle, 1536, in-fol.; fol. 176a.)

Clarissimæ et nobilitatis et honestatis viro domino *Mauro Musæo*, a secretis et cubiculo Regis Galliarum, patrono et domino suo, *Joannes OEcolampadius*.

Gratiam et pacem a Christo. Benevolum tuum in me animum, *Maure* clarissime, vere maximi facio, et quamvis hunc meæ parvitati non deberi sciam, gaudeo tamen Evangelii favore conciliatum, unde iusta redamandi datur occasio. Quo nomine non mihi soli, sed et christianis omnibus, addo et angelis omnibus, hominumque et angelorum Regi Christo, non potes non esse gratus. Quem enim non pudebit Evangelii Christi, illius neque Christum pudebit. Itaque ut est, ita semper commendatissimum tibi sit Evangelium Jesu. Porro dum hoc precor, opto ut non vulgarem, sed verum Christo discipulum præstes, illumque solum in his quæ animæ sunt, doctorem agnoscas. Quem si subinde audieris in pectore tuo, docebit te ne a pseudoprophetarum imposturis decipiare, et dabit ut bonis omnibus perpetuo maneas gratus; taceo interim ineffabilia bona et veras divitias, quæ illius consuetudine contingent. Excusus est diebus his libellus Demegoriarum nostrarum in epistolarum Joannis[1], in quo ferme enchiridion quoddam chris-

---

[1] Suppl. *primam*.

tianæ vitæ ; eum ad te mitto, ut eodem quo me amas nomine, redamari te non ignores. Diversare vel semel in hoc, si vacat. Tuum autem illum in me animum prodidit *Jacobus Sculptor*, qui et literas ut scriberem commendavit, quas non dubito quin pro humanitate tuâ suscepturus sis humaniter. Vale. Salvum opto et *Menadeum Macrinum*, prosperarique in Domino. *Basileæ*, ultimâ mensis Julii [1].

IV.

LETTRE DE GÉRARD ROUSSEL A JEAN ŒCOLAMPADE.

24 Août 1524.

(Manuscrit dans la collection de Simler, à Zurich. Cette lettre est imprimée, mais incorrectement, dans Füslin, *Epistolæ ab Ecclesiæ helveticæ reformatoribus vel ad eos scriptæ* ; Zurich, 1742, in-8°, p. 18 et suiv.)

Civilitas suo mortalium oculos perstringens fuco, exposcere videbatur, *OEcolampadi* doctissime, ut appensis tuæ præstantiæ titulis, itemque meâ parvitate, vel in totum a scribendo supersederem, vel longâ uterer insinuatione ; sed non huic assonat Spiritus, qui nos ex pari agglutinat in Christo, in quo nulla sit facies, nullus personarum delectus, nulla discretio sexûs conditionisve, quæ sibi præsens vita permittit in exercitium ; facit Spiritus, qui asserit omnia communia per Christum, qui nos in unum corpus compingit, Christo capite

[1] Cette lettre n'a pas d'autre date ; mais l'année 1524 lui est assignée par la mention que fait OEcolampade de ses discours sur la première épître de saint Jean, lesquels parurent en juillet 1524.

cohærens, ut jure expostulem, quod quodque corporis membrum ab altero, quin etiam in unionem Christi assertus per Spiritum fidei, audeo et dico, me omnium rerum dominum ac regem liberrimum in omne tempus, in omne opus, in omnem creaturam, in omnem locum, in omnem personam ac modum. Quid igitur subvereri me oportuit coram re meâ, coram eo, qui in omnem partem meus est? immo vero, quo excellentior es, quoque pluribus præstas, hoc magis adire te debui ac requirere mea. Ægre ferunt carnales suis ad tempus destitui rebus, vix ferunt diutinam bonorum absentiam : et non inique feret in Christo renatus, quæ donavit Deus, abesse? Quanquam non absunt in totum tua a nobis, quòd libri per te in lucem emissi complura suggerant : sed huiusmodi sunt, quæ (perinde abest, ut voti compotem reddant) plenius excitent, accendant, ac sitientem enati in te fontis, unde isti prodierunt insignes rivuli, relinquant. Adducor hisce, ut neglectâ civilitate, quæ in personas et facies incumbit, ad te scribam, virum multis nominibus eximium. Ad hæc accedunt tuæ literæ meras Spiritûs flammas complectentes, quibus ex candidis amicorum testimoniis tam impense æstimas, ut in ordinem eorum asseras me qui agant Evangelii præcones, quique possint Evangelium, dudum hominum traditionibus et impiis commentationibus obscuratum, apud nostros promovere, cum nihil minus in me sentiam, quàm quod ad evangelicum dispensatorem et ministrum attinet. Exigit non mediocrem sapientiam istud munus, et eam quidem, quam non pariunt scholæ, sed quam Spiritus Christi suo adflatu in cor inscribit; exigit invictum fidei robur, adversus hypocrisin et fictam pietatem, quæ non fert sua damnari, adversus stolidam superstitionem, quæ eo arbitratur obsequium præstare Deo, adversus apertam impietatem, et totum inferorum regnum a dextris et a sinistris. Nihil huc pertinent rationis ac sensûs humani argutiæ, quibus eos probat mundus, quos haberi velit doctores, nihil item humana industria, humana opera, denique quicquid est humanarum virium; Spiritus vel solus desideratur, qui fornacem præstat, accendit, in quam insiliant omni ex parte mundi procellæ ac turbines; hac probat Spiritus quos delegit suo ministerio doctores, quibus pacem sub cruce, regnum inter confortissimas hostium acies, tranquillitatem inter sævissimas procellas, in morte vitam, in inferno quietem, et ut semel dicam, sub onere omnium malorum, et omnium bonorum privatione, omnium bonorum abundantiam et omnium malorum privationem, in admirabili osculo peccati et justitiæ, belli et pacis, mortis ac vitæ, inferni ac paradisi, damnationis et salutis, maledictionis et benedictionis, pollicetur. Et ad hoc quis idoneus? Ne arroget sibi hoc, quidquid demum est muneris, cui mediocris eruditio et minor fidei virtus contigerit.

Scribis tamen pro zelo in Christum, ut affixis e doctrinâ Christi sententiis adoriar Parisinos doctores; quorum calculis accedunt prope innumeri, unus et quidem orbi obscurus, plurimis, et iis quos inter primos habet mundus, obnitar ceu æneus murus? Sed non est hoc, ut probe nosti, volentis currentisve, sed mittentis Dei. Messem quidem apud nos multam esse, non ignoro; ita a Christo edoctus sum, ne quis se ingerat, sed exorandum Dominum messis, ut mittat operarios in messem suam. Quid si tempus evangelicæ messis, pro divinâ electione et a summo illo justitiæ sole effuso ardore, apud vos instet, non etiam apud nos? Sane, quòd tot nacti sitis operarios, quòd tam copiosa fruges in Domini horreum redeat, et hoc ferme in momento temporis, nullus prudens adscripserit hominibus. Nusquam certius apprehendi potest missus esse a Deo servus, quàm si nihil veritus inferni portas, invictus agat Domini munus, copiosusque inde prodeat fœuctus, quod in vobis fieri audio, cum in nobis contra eveniat; nam cum habeantur quamplurimi Evangelii hostes, pauci occurrunt qui probe sentiant, et hi quoque in angulo delitescunt, aut si quando parent, frigidius agant quàm deceat, ac sic temperant negocium, ne ferre Christi crucem adigantur. Neque hæc adfero, quód detrectem provinciam, quam meis impositam humeris contenditis vestris exhortationibus : sed quòd cupiam per vestras preces a Deo vocante erudiri, firmari, consolidari. Quæ ferenda sunt in hac exercendá provinciá, videor mihi in numerato habere, cum integer ferme Senatus a parte stet oppositá. Ceterum arma christianæ militiæ, potentia per Deum ad demoliendum quidquid adversus illum munitum fuerit, ad evertenda consilia et omnem altitudinem erigentem se adversus cognitionem Dei : quæ si semel per vestras orationes ad Deum inhæserint mihi, non est ut metuam hominum larvas, Antichristi regnum cum suis infulis et scholis, quæ, pro humanis traditionibus, quibus se aliis præferant, magno coram Deo merito, dense digladiantur, ac novas semper adinveniunt sectas, novos cultus, de quibus ne tantillum meminit scriptura ; cum interim non videant de se, horrendo Dei judicio, proferri : Dimisi eos secundum desideria cordis eorum, ibunt in adinventionibus suis. In tumultibus, quibus hodie mundus cooritur adversus profectum Evangelii, ut non opportet animum despondere, ita nec quempiam convenit suis fidere viribus ; sed ab ipsius auxilio toti pendere debemus, cuius opera in nullis periculis defutura est ; si modò non desit fiducia, si precibus ex animo fusis imploremus illius opem, fieri nequit, quin animis Spiritûs luce perfusis admodum displiceant blasphemiæ, quas evomunt, qui apud nos magni haberi volunt et vocari Rabbi, dum consuetudini et humanis decretis patrocinantur adversus verbum Dei. Sed quid si nobis dixerit Christus : sinite, cæci sunt et duces cæcorum? Si declinandi pro tempore ad Christi præscriptum, ne deterius habeant? Doceri nolunt ut emendentur; sed cum sint cæcis cæciores acceptá ferulá alios erudire volunt, ac omnium se esse censores asserunt, homines nimirum impudentissimi. Cæterum, quòd promiscuum vulgus horum larvis seducatur, ac dimisso fonte aquæ vivæ ablegetur in cisternas dissipatas, quæ nequeant aquas continere, male habet christianorum fidem juxta ac charitatem, hoc ferre non potest fides, nec dissimulare charitas; sed urget, ut perinde obsistatur in faciem, ac obstitit Simoni Mago apostolus. Porro viam, qua ipsis occurratur, præclusisse nobis, opinor, sibi belle persuadet astutus dæmon; nam imprimendis opusculis, si quæ donavit Deus in profectum aliorum, nullus patet accessus; quòd publico edicto Parisini Senatûs cautum sit, ne libri evulgentur, non antea per doctores et senatorii ordinis viros excussi. Dissertationes nec ipsi recipiunt, nisi quas suis finxere institutis, iisdemque in eminèntiori pulpito præsides agentibus; ut demum Spiritûs prudentiâ multâ opus sit, quâ astutia dæmonis eludatur. Reclamabunt episcopi, reclamabunt doctores, reclamabunt scholæ assentiente populo, occurret Senatus : quid faciet homuncio adversus tot leones? Ne memorem periculum esse apud nostros, qui vanis assueti sunt argutiis, ne doctrina Christi in disputationem adducta periclitetur, ut olim. Sed, ut cœpi dicere, non scribo ista, quòd non facile in vestram descendam sententiam, quam arbitror, suggessit Spiritus quo duce agimini; sed cupio per vos plenius instrui, immo potius per Deum, quem mihi propitium fieri per vestras preces tam desidero, ut qui maxime. Ad extremum, nisi subvererer importunior videri et curiosorum magis affectator quàm eorum quæ ædificant, postularem tuum de limbo patrum judicium, de quo nihil memini in scripturis legisse, itemque de parvulis citra baptismi gratiam decedentibus, quod audio quendam apud vos esse, qui baptismum ad annos discretionis differendum scribat. Boni consules, si pluribus apud te egerim quàm oportuit, ac istud donabis amori quo in te afficior. Salutat te in Christo noster *Faber*, qui tibi bene vult ex animo. Bene vale. *Meldis*, anno Domini 1524, die Augusti 24.

V.

LETTRE DE ROUSSEL A FAREL.

25 Septembre 1525.

(Manuscrit autographe. Bibliothèque de Genève.)

Guillermo Gerardus Ruffus. Argentoracis (sic).

Rufus Farello. Gratia et pax a Deo patre et Domino Jesu Christo.

Ægritudo a qua vix iam post quattuor menses respiro, in causa fuit quominus tuis responderim literis quas ab anno duntaxat binas recepi, aut a penthecoste nuper elapsâ eas accepi, cum tamen frequentius ad te scripserim ut mihi iustior querendi occasio relicta videatur quàm tibi, etiamsi has partes in tuis postremis literis, iisque in absolutis præripueris, hac, opinor, occasione motus quòd per illum non scripserim qui apud nos multa passus, vitam finivit apud Metenses : id quod a me prætermissum est, quòd metuerem ne interciperentur literæ, nec satis compertum esset num fuerit te conventurus, cum non de industriâ sed inopinato hunc Metis repereris. De quo Christi milite non scribo, quòd noris plus satis quæ erga se acta sunt per eos qui hoc nomine se Christi esse gloriantur, quòd fortiter tueantur traditiones quas a patribus acceperunt, nec interim, veluti animalia minime bisulca ac ruminalia, expendant quàm absint a Christo qui verus pater est, et apostolis qui pro patribus nati sunt, filii quos constituit Dominus super omnem terram. Regis nostri vincula adversariis adeo erexerunt cristas, ut iam sibi persuadeant triumphum, prorsus in nihilum redacto verbo Dei, quod sparsum esse in vulgus, et fructum non mediocrem ferre, id est quod illos pessime habet. Quo factum est ut iam aliquot in compedes detrusi sint, aliis ad canendam palinodiam adactis. Particularius non agam nec turpitudinem illorum retegam qui dum multùm Christiani haberi volunt, tamen ne crucem ferant, alios in vitæ discrimen adducunt, et suâ ipsorum inconstantiâ incommodant evangelicæ promotioni, quantum qui maxime. Jam per hostes Evangelii qui innumeri sunt ac viribus admodum potentes et remissas illorum manus per quos negotium promoveri oportuit, eo ventum est ut vix citra vitæ periculum audeat quis Christum apud nos pure confiteri. Nam Senatûs decreto ordinati sunt quattuor, ex cœtu theologorum duo, *Quercus* et *Clerici*, et duo consiliarii non dissimilis farinæ, cum præfatis theologis, quos apprime nosti ut nihil opus sit suis eos depingere coloribus. Tamen penes istos ut maxime iniqui iudices videantur summa vitæ et necis constituta est, etiam acclamante Romano Pontifice qui in hoc ipsum bullam ad nos dimisit, per quam omnis potestas confertur prædictis ut nemini liceat ab eis provocare. Tu vide quàm tutum sit sub istiusmodi iudicibus agere, qui quod hactenus observatum est mordicus tenent, parati ad aras usque tueri. Jam semel et tertiùm quæsierunt per subornatos testes vocare nos in hoc discrimen, sed hactenus prohibuit Christi clementia. Si pergant sævire, nescio quis tutus audebit annunciare Christum. Mors *Quercûs* in hoc designati iudicis, nonnihil respirare patietur, cæterum curaturi sunt matheologi, quorum gloriam obscurat Evangelium sincere annunciatum, mox suffici alium non dissimilis farinæ. Dominus velit rebus quæ inclinari videantur, adesse et suos mittere operarios qui nihil reformident adversariorum minas. Non vacat per nondum receptam sanitatem tuis respondere literis quibus rem magni momenti attingis, in qua aberratum hucusque impiissime. Sane nihil ad adorationem quæ in spiritu et veritate fieri debet, quod alii prodiderunt, nec gravatim in tuam descendo sententiam nisi quòd nolim Christum ita cœlo concludi ut suam præsentiam etiam corporalem non exhibeat quibus voluerit et quum voluerit. Audio quosdam sinistre interpretari ardentem illum zelum quem habes, necnon inde offendi infirmos qui non eo provecti sunt ut sint solidi cibi capaces. Quos oportet fovere donec grandiscant in Christo. Non aberrat qui Spiritu agitur duce, nec malus esse potest zelus quem profert Spiritus, ut maxime violentus et asper humano visui videatur. (Cæterum plerumque accidit ut fallat spiritus mendax specie pietatis obductus, qui facilis est in aliorum reprehensionem et nihil tam cupit quàm mordere et conviciari. Optandum ex corde ut procedat sermo Dei, sed etiam cavendum ne dum in hoc toti sumus, fratrum posthabeatur infirmitas quæ non facile ædificetur in aliorum reprehensione, tali præsertim quæ seditiones excitat potius quàm tranquillitatem christianam. Dentes sponsæ non sunt gladiis illis persimiles quas adultera generatio habet, sed sicut greges tonsarum quæ ascendunt de lavacro, mordent quidem cum opus est, sed leviter ut non desit modestia, non quam sibi pollicetur caro quæ nullis legibus quantumvis actis et multiplicatis astringi potest, sed quam profert Spiritus qui lege non eget nec alio doctore, sed sibi ipse in omnibus lex est et doctor, quem in te servari Christi beneficio percipimus.) Qui apud nos sunt verbi Dei amatores te salutant et totam quæ apud vos est ecclesiam. Noster *Macrinus* adhuc captivus est quem cupimus vestris commendari precibus. Bene vale. 25 septembris 1525. Tuus quem probe nosti frater et amicus *G. R.*

VI.

LETTRE DE ROUSSEL A L'ÉVÊQUE BRIÇONNET.

Fin 1525.

(Manuscrit autographe. Bibliothèque de Genève.)

Gratia et pax a Deo patre et Domino Jesu Christo.

Male me habuit quòd tuæ dignationis consilium non antea resciverim quàm egressus essem regno, qui dudum cupieram commigrare in locum Avenioni proximum quo me iam proficisci volebas, nec aliâ sane causâ id cupieram quondam, quàm ut in literis hebraicis et in eruendis prophetarum oraculis instructior ad te redirem. Adeoque quod hucusque non licuerat, occasione nuper acceptâ obvium factum per te est si modò non defuissem negocio. Non quòd non sint, in hoc in quo degimus loco viri peritiâ linguarum iuxta ac dono prophetiæ præditi, quorum consuetudine assequi possim quod cupio in meam et proximi ædificationem, qui putem vix fieri posse ut redeat christianæ religionis puritas hactenus penè obsoleta, nisi adsint qui fontes porrigant quos reliquit nobis Spiritus per Mosen et prophetas, e quibus promptum sit et veluti ad manum, cuique bibere. Ceterum magnopere vereor ne, occasione loci non parum hoc seculo suspecti, excitent in nos diras tragœdias, quibus sumus veluti inspissatus aer et fumo obductus, oculis. Ac fieri vix possit ut sparsa fusius fama viri cum quo scis me agere, sinat nos diutius latere. Adeoque subvereor ne nonnihil inde tecum expostulent adversarii, quibus voluptati est si quando vel minimam nacti fuerint occasionem per quam te tuique similes traducant. Quare si æquum iudicares me hinc migrare in locum quem mihi propicium delegeras, individuus comes mox assectabor tuum istuc iudicium, modò mihi per te innotuerit. In hunc usum optarem commutatum beneficium tuo favore obtentum cum alio illi loco vicino, aut saltem cuius proventibus etiam absens gaudere possem. Quòd si e re Christi visum fuerit ut me recipiam apud vos, nihil morabor vitæ periculum. Utcunque res cedat, spero Christum mihi fore propicium et gressuum directorem, qui novit quo animo hactenus fuerimus in negocio illo quod tot nobis adversarios conflavit. Si nolis istud literis indicare, hoc saltem impetrem, ut per *Sudorium* electum summa negocii innotescat mihi, qui alioqui possum ubivis terrarum ignotus degere, quod fieri identidem in nostro comite (?) pro temporis occasione tam cuperem quàm qui maxime. Sunt hic pleraque quæ tibi non possent non esse voluptati, nempe quæ pietatem excitent ac promoveant, quòd ita invigilent verbo ecclesiarum ministri ut nullà pene horà diei suum desit omnibus pabulum et quidem syncerum ut nulla subsit palea aut fermenti pharisaici commissura. A quintà matutinà adusque sextam habetur concio in singulis templis communesque funduntur preces. Deinde septimà horà idem rursus fit, octavà verò horà ante omnia concio fit in maiori templo, adiunctis cantionibus in communem linguam ex hebraico psalterio transfusis, ubi mire assonant mulieres viris ut iucundum sit audire. In eodem quoque templo rursus fit concio horà quartà a prandio, non prætermissis autem cantionibus quæ præcurrant et subsequantur sermonem, veluti hisce gratiam postulantes qua fiant idonei excipiendo semini evangelico, et susceptum suis prosequantur gratiis. Et ut plures videantur celebrari conciones, nulli tamen non interest magna populi turba divini verbi perquam avida. Quod desidorium in nostratium pectora immissum nihil est quod tam affectarem. Interim literati suis non destituuntur scolis, quibus præsunt viri pietate et literis insignes, qui continue profitentur utrumque organum eà quoque linguà qua nobis per prophetas et apostolos relictum est. Nullus hac in re fucus auditorum perstringit oculos, sed omnia candide, pie ac pure fiunt. Hoc quæritur non quo suas quisque ingenii opes ostentet, sed quo pure tractato verbo pietati christianæ consultum fiat. Sunt reverà viri undelibet doctissimi et quales vix unum et alterum alibi reperias : tamen in oculis hominum abiecti prorsus videntur, ut hos nihil pudeat incumbere in opus externum per quod, iuxta apostoli doctrinam, operâ manuum victum sibi quærunt adeoque aliis non sunt gravamini. Admirari quidem istud specimen religionis possum, sed interim assequi non datur quanquam plurimum mihi cupiam. Arridet etiamnum in totum diligens illa cura in pauperes, qua fit ut vere pauperibus non desit quotidianum subsidium, simul et cavetur ne validi in ocio alantur. Hoc facit senatus ex ære publico, adiunctis eleemosynis et collectis quæ per populum fiunt, nam in hoc ipsum designatæ sunt in......[1] templis arculæ in quas quisque suum coniiciat symbolum,......est omnino. Habet præterea quæque parochia suum verbi ministrum et diaconum, qui non iniustis et undelibet corrogatis lucris aluntur, sed partim publico ære per senatum designato, partim labore manuum. Cœnobia bonâ parte diruta sunt, alia in scolas transierunt ; tamen cum religiosis, quos vocant, sic egit senatus ut nulla species tyrannidis visa fuerit, aliis in..........[2] suâ sponte egredientibus et se alicui honesto opificio mancipantibus, aliis in suis adhuc cellulis toleratis ; sic tamen actum est ut non liceat quempiam deinceps in monachatum recipere. Bona spes est proventus illorum commigraturos in alimoniam pauperum necnon in usum eorum qui populo et studiis sufficiendi erunt. Quædam porro sunt, quæ plerosque offendere possent non eousque provectos in doctrinâ Spiritûs, ut cuncta externa contemnere queant, solâ interim nixi fide quæ sic in invisibilia tota rapitur, ut proximum

---

[1] A cet endroit la lettre est tellement usée, qu'il est impossible de tout déchiffrer.

[2] Mot entièrement illisible.

non negligat, sed per charitatem ad mensuram illius se summittat atque attemperet. Nam imagines a templis ablegatæ sunt, unicum altare omnibus patens relictum est, in quo fit communio proxime ad Christi tempora. Et ut semel omnia concludam, nullum caput a Christo inibi suscipitur, solus ibi colitur Christus adeoque iuxta suum verbum. Nec desunt interim persecutiones quibus suos explorat Deus, sed hisce augescit non minuitur Christi negocium. Faxit Deus, ut corda populorum ita visitentur illustratione Spiritûs, ut procul absint densæ cæcitatis tenebræ in quas hactenus prolapsi sumus, dum sivimus nos a verbo Dei ablegari ad traditiones hominum. Sed de his hactenus. Salutat te noster *Peregrinus*[1] cui assideo. Bene vale in Christo qui sit tua et omnium salus.

Tuus ex corde servus JOANNES TOLNINUS[2].

[1] Au-dessous de ce nom est écrit d'une autre main *Jac. Faber*.
[2] Au-dessous se trouvent les mots, également écrits d'une autre main : « *Gerardus Rufus*, agens Argentorati apud *Capitonem*, ubi *Jacobus Faber*, *Michael Arandius* et alii Galli. » — Au haut de la lettre se trouve la fausse indication : *Faber Farello*; il est évident d'abord qu'elle n'est pas de Lefèvre; puis on n'a qu'à la lire avec attention pour se convaincre qu'elle ne peut pas être adressée à Farel, mais uniquement à l'évêque de Meaux.

VII.

LETTRE DE ROUSSEL A FAREL.

17 Juin 1526.

(Manuscrit autographe. Bibliothèque de Genève.)

Charissimo fratri et amico magistro *Guillelmo*, apud *Cephaleum*[1]. Arg.

Gratia et pax Christi tecum. Quid rei agatur nobiscum facile disces ex literis quas scripsi ad nostrum *Cephaleum*, ne quicquam sis sollicitus de tuo ad nos adcessu. Egi per literas cum amicis super re quam mihi commiseras; quòd non mihi liceret Parisium concedere, quid egerint amici nondum potui rescire. Si mihi contigerit istuc proficisci, quod brevi spero futurum in re Evangelii, de tuis rebus agam pro viribus. De tractatione nondum oportunus oblatus est locus agendi cum Duce. Defuturus non sum occasioni si quando contigerit. *Cornelii*[2] absentia omnia ferme nobis cum illo ademit; præsentem nullo die non optamus. Sparsus est hic rumor rusticos denuo excitasse tumultus, superioresque evasisse ac inauditis tormentis cruciasse nobiles; sed putò vanum esse, neque dissimile arbitror quod ferunt de disputatione Badensi, cessisse scilicet loco ac rei qui a parte Evangelii stabant. Tot multa iactantur per illos, opinor, qui cupiant extinctum Evangelium. *Fridevallis*[3]

---

[1] Capiton, dont le nom allemand était *Kæpfel*.

[2] Au-dessus de ce nom une autre main (que je crois être celle de Farel) a ajouté « *Michaelis Arandii.* »

[3] *Fridevallis* ou *Hugo a Frigidà Valle*, de Saint-Paul en Artois, vivant plus tard à Courtray, savant médecin, philologue et poëte.

doctor evasit non sine multo honoris compendio, cuius promotioni congratulor. Si res non cesserit prout sub Deo speramus, mox ad vos convolabo, vel petam Venetias. Si hic mihi manendum, Concordantiis non lubens caruerim ; tu fac ut nactâ oportunitate ad me mittantur, aut si probas, ita agas cum *Conrardo* ut vel Parisiis vel Lugduni non compactas recipere possim. Si quid scripseris, id quod plurimum cupimus, pare tempori, id quod hactenus fecisti. Plurima nobis decoquenda fuerunt, nec pauciora supersunt; ora Deum cum fratribus ut Dominus pium pectus et se dignum suggerat. Bene vale. *Peregrinus* te salutat in Christo, qui sit tua salus. *Blesis*, 17 Junii 1526. *Toussanus* at te scribit quid rei sibi contigerit. Saluta mihi *Jacobum* græcum [1] et alios fratres. Vale.

Tuus JOHANNES TOLNINUS.

VIII.

LETTRE DE PIERRE TOUSSAINT A OECOLAMPADE.

26 Juillet 1526.

(Manuscrit, t. XVII de la collection de Simler, à Zurich. Impr. dans Herzog, *Leben Joh. OEkolampad's;* Bâle, 1843, in-8°, t. II, p. 286.)

Petrus Tossanus, Joanni OEcolampadio, patri suo in Christo.

Gratia et pax a Deo, *OEçolampadi*, pater et præceptor carissime. Quòd iam diu nihil literarum ad te dederim, non est

[1] Sous ce nom est écrit: « *Bedrotum;* » c'est Jacques Bedrot, natif de Pludenz, dans les Grisons, professeur de grec à Strasbourg.

ut me excusem, quum non ignoras, quibus et quantis calamitatibus fuerim oppressus, a meo isthinc discessu, non solùm per valetudinem parum prosperam, verùm etiam per carceres et tormenta, quibus me, gratia Christo, affecerunt Lotharingi, adeo ut sæpe desperarem de vitâ. *Theodoro de sancto Chamondo*, sancti Antonii abbati, crudelissimo Evangelii hosti prodiderant me olim confratres mei, existimantes me perditum, si in tam crudelissimi latronis manus incidissem. Sed Deus et pater noster cœlestis, qui constituit terminos hominis, admirabili quodam modo liberavit me de manibus tyrannorum, cui soli honor et gloria, quantumvis insaniat mundus, et insultet adversus renascens Christi Evangelium. Multa tibi scriberem, si suppeditaret otium, et læta et tristia, sed quoniam incertis sedibus vagor ob tyrannidem adversariorum, qui non alio pharmaco sedari posse videntur, quàm meo sanguine, boni consules, si pauca tibi scripsero tumultuanter. Nam sum hic in hac arce generosissimæ mulieris dominæ *Contraiguos* exulum Christi susceptricis, et est hic hodie, qui proficiscatur Lucernam, cui has literas daturus sum, ad *Conradum*[1], ut tibi reddantur, ne non intelligas, *Tossanum* tuum adhuc in humanis agere. Et certe Germaniam repeterem, nisi sperarem, brevi regnaturum Christi Evangelium per Galliam. Missus fui a fratribus in aulam, ut explorarem, quid illic caperetur consilii, et quoniam adhuc persecutionem patior ab adversariis, et adversus me pronunciarunt sententiam magistri nostri, cupiebam, ut autoritate regiâ tutus viverem in Franciâ. Clarissimam *Alenconiæ* Ducem sum sæpe allocutus, et me tantâ humanitate excepit, quantâ potuisset vel principem aliquem vel hominem sibi carissimum. Obtulit conditiones multas non spernendas. Multùm sumus confabulati de promovendo Christi Evangelio, quod solum est illi in votis, nec illi solùm, verùm etiam Regi ipsi; nec horum conatibus

---

[1] Il faut apparemment lire *Conrardum*.

refragatur mater. At eam ob caussam Rex contendit Lutetiam, si negotia belli non remorabuntur hominem. Hic latito, huius adventum exspectans; quando quidem Dux recepit, se tum facturam in gratiam mei, quicquid cuperem. Si hic manere potero tutus, bene quidem; sin minus, redibo ad vos. Expeditior sum ad iter quàm tum, cum multis sacerdotiis onerabar; et sane maiora mihi offeruntur quàm perdiderim pro Christi gloriâ; sed nemo me facile in aulam protrudat, quòd illic nihil videam synceritatis, et omnes quærunt quæ sua sunt, non quæ Jesu Christi. Episcopus Meldensis dicitur illic parum syncere tractasse verbum superioribus diebus, plus studens hominibus placere quàm Deo. Et habet aula multos tales pseudoprophetas. Sed si idem pro nobis, quis contra nos? Certe Dux *Alenconiæ* sic est edocta a Domino, sic exercitata in literis sacris, ut a Christo avelli non possit. Sunt in aulâ, qui existimantur christiani, et male etiam audiunt ab adversariis; cum bene loquentibus bene loquuntur de Christo, cum blasphemantibus blasphemant. Sed quid agunt tandem? Certe sub specie religionis cum suis longis tunicis et capitibus rasis venantur sacerdotia et episcopatus apud Regem et Ducem, quos quum sunt assecuti, ipsi vel primi stant in acie adversus eos, quos mundus vocat Lutheranos, et nihil tam fugiunt quàm consuetudinem eorum, qui labe aliqua aspersi sunt pro Christi nomine. Sed quid aliud expectares ab aulâ, meretrice periculosissimâ? Rogate Dominum, ut hic nobis suscitet prophetas, qui spiritum habeant fortitudinis, non timoris. *Fabrum* sum allocutus, et *Ruffum;* sed certe *Faber* nihil habet animi; Deus confirmet eum et corroboret. Sint sapientes, quantum volint, expectent, different, et dissimulent: non poterit prædicari Evangelium absque cruce. Hæc cum video, mi *OEcolampadi*, cum video animum Regis, animum Ducis sic propensum ad promovendum Christi Evangelium, ut nihil magis, et eos, qui soli negotium hoc promovere deberent, secundùm gratiam illis datam, illorum institutum remorari, certe continere me non possum a lacrymis. Dicunt certe: nondum est tempus, nondum venit hora : et hic tamen non habemus diem neque horam. Si vos Cæsarem et *Ferdinandum* conatibus vestris faventes haberetis, quid non faceretis? Rogate igitur Dominum pro Galliâ, ut ipsa tandem sit digna verbo. Scio multùm tibi fuisse negotii exhibitum ab adversariis in Baden; ceterùm regnabit veritas. Cum eram in aulâ, Helvetius quidam rumorem sparserat, revocasse te sententiam tuam de Eucharistiâ, quod spiritus meus judicat esse mendacium, quare fortiter illi restiti in faciem. Cum eram in carcere pleno aquâ et sordibus, abbas S. Anthonii coegerat me ut *Marco* scriberem, ut libri mei ad me mitterentur; sed sapienter egit. Huic habeto gratias, et dicito salutem *Bentino* et fratribus omnibus. Relegerem has literas, sed certe non vacat. Boni consule, et bene vale, carissime *OEcolampadi*. Ex arce quam vocant *Nemus malarum herbarum*, die Annæ.

Si scribere volueris ad me, mitte literas tuas *Christiano* bibliopolæ Parisiensi, vel committe eas *Joanni Vaugris*, quem salutabis nomine meo, et *Imelium*. Vobis omnibus commendo *Stephanum Storum* [1], quantum possum. Aliàs cum ad te scribebam, hæc erat nota mea S. S. Sed nunc non timeo vocari, gratia Christo,

Petrus Tossanus, olim canonicus Metensis, nunc servus Christi humillimus.

[1] *Étienne Stœr*, pasteur à Liestall, et *Jac. Imeli*, pasteur à Bâle, étaient du nombre des principaux propagateurs de la réformation dans la ville et dans le canton de Bâle.

IX.

LETTRE DE ROUSSEL A FAREL.

27 Août 1526.

(Manuscrit autographe. Bibliothèque de Genève.)

Guilelmo Wappicensi[1], fratri et amico.

Gratia et pax a Deo Patre et Domino Jesu Christo. Egi pluribus literis cum magistro *Petro* de tuis rebus; pollicitus est omnem operam. Vellem a pollicitis absolutum in tuum commodum, quod promotum tam cupio, ut nemo magis. Mitius aliquantum nobiscum agitur quàm prius, et nonnihil spei accrescit futurum ut adversariorum furor frenetur et aliquantum libertatis nobis restituatur. Sed hactenus obstiterunt negocia a quibus vixdum explicari queant qui nobis præ ceteris favere videntur. Brevi fiet conventus de quo scripsi ad te literas aliquot; fructum inde quempiam capiemus opinor. Obtuli Duci partem nostri laboris quam hilari vultu accepit; hoc ago ut exscribatur et demum prelo mandetur, si quo modo possim hoc ipsum consequi. Optarem quamprimum ad nos dimitti Genesim quam habet noster *Bentinus*. Si tu cum fratre nostro *Simone* pergeres in cepto opere, hac parte publicæ utilitati consultum arbitrarer, nec meo defuturus sum eâ in re officio, sed apud meos similem subibo laborem. Rediturus est ad paucos dies noster *Cornelius*[2], cum quo apud Ducem de te et fratre nostro *Simone* agam amice, et in hoc incumbam ut vobis ali-

---

[1] De Gap.

[2] Au-dessus du mot se trouve écrit, de la même main qui a fait les additions dans les autres lettres : *Michael Arandius*.

quantum pecuniæ assignetur quousque Dominus ingressum aperuerit. Bono estote animo, et nostri sitis memores in vestris orationibus. In aulâ Ducis concionatoris fungor munere, non sine invidiâ et magno vitæ periculo, sed Dominus est qui roborat. Dissimulanda nobis sunt plurima et tot decoquenda ut, nisi adsit Dominus multum fervoris subministrans, fieri nequeat quin sim multo inferior. Discordia inter vos nos turbat plurimum et inde adversarii ansam sumpsêre debacchandi in nos et commovendi universos, ut, nisi Dominus de aliquot viris nobis providisset, non liceret nobis tutos esse. Probe feceris si pro tuo officio sarciendæ concordiæ studueris. Non scribo ad fratrem nostrum *Simonem*, quòd sperem propediem oportunius scribere, nam quod scribam nihildum habeo, nisi quòd bono sum animo........., modò *Cornelii* non desit presentia. Audio fratres aliquantam pecuniam missuros *D.*, id quod gratulor, sed immutatum illius animum per Dei gratiam cupiam! Ne mireris si hactenus nihil egerim, sed potius mirare cum ad vos protinus non remearem. Nam si amicis credidissem, mihi crede vix integram septimanam aqud nostros vix essem. Scis tempora, hisce si quid scripseris attempera tuum stilum. Nondum petii Parisium, sed petam opinor propediem, ni Deus alia invexerit negocia. Fac ut liber Geneseos ad nos citò redeat, et quod me factum volueritis scribite et me obtemperaturum pro virili polliceor. Salutat vos *Peregrinus*[1] qui totus in tractando *Bedâ* occupatur, sed modestius quàm plerique vellent. Saluta mihi sorores et totam hospitis familiam. *Ambosiæ* 27 augusti 1526.

Tuus Joannes Tolninus.

[1] Au-dessus est écrit : *Jac. Faber.*

X.

LETTRE DE ROUSSEL A FAREL.

7 Décembre 1526.

(Manuscrit autographe. Bibliothèque de Genève.)

Guillielmo Farello, fratri et amico[1]. Gratia et pax Christi tecum.

Pluribus tecum non agam, frater in Christo carissime, quamquam hoc tuæ requirunt literæ quæ me fratresque cum quibus tum degebam cum eas recepi, magnopere recrearunt, quibus nihil sit perinde gratum ac audire regnum Christi promoveri et sensim conteri serpentis caput. Et alia me urgent, et res nostræ in eo statu ut nihil certi habeam quod proferam; nihil adhuc gestum est quod te nosse referat. In magno vitæ discrimine versamur, quotidie audio inimicos accrescere mihi, sed mihi adest Dominus qui me consolatur, cui sint gratiæ. Tuas et fratrum requiro preces ut Dominus nos captivitate eximat qua premimur. Tui non dememoravi, sed egi cum Duce ut pecunia dono tibi relicta subministretur. Brevi aditurus est Parisios Balivus Aurelianensis, cui hoc negocii demandavit Dux, ac spero intra paucos dies exitum ni Dominus secus ordinavit. Omnes vias tentabimus ne dubites quo tibi suggeratur pecunia, nam tuæ res perinde mihi cordi sunt atque fratris, experientiâ disces, opinor, brevi. Interim est quod te rogem ut Christo non desis adhuc autem et tibi. Dudum optasti ostium tibi aperiri quo creditum tibi talentum exerceres

---

[1] Farel écrivit sur l'adresse cette note : « Agebam *Aquileiæ* ac illic incipiebam concionari dum hæc scriberentur, siquidem die divi Andreæ, ut dicitur, primam habui concionem. Sub initium anni 1528 abrogata fuerunt omnia pontificia post disputationem Bernensem. »

in Christi gloriam et proximi ædificationem. En tibi offero paratissimum magnâ Dei in nos benignitate. Cum rediissem in curiam, quam adfui et iussu Ducis et consilio amicorum sesquimensem, incedi in generosos principes filios *Roberti a Marciâ* principis. Hoc interpretor a Domino factum, idemque Dux quæ nihil tam habet cordi atque Evangelii promotionem; etiamsi suis votis exclusa sit aliquoties nec cesserit quod volebat. Videbar mihi occasionem nactus de Christi negocio agendi; cum hos reperirem ex animo favere, cœpi libere animum explicare meum et quid in illis desyderem non taceo; sibi non natos esse sed Christi membris moneo pro officio, non satis quòd Christum amplexantur, sed hoc impartiantur beneficium in suos subditos opus esse, si velint Christi discipuli haberi; audiunt, assentiuntur; tum subiicio te unum ei negocio fore non parùm idoneum; cœpi talentum tibi creditum in Christi gloriam prædicare, et demum ita direxit sermonem Christus ut plus quàm ego te cupiant, te perinde ac filium et fratrem imo si vis patrem habituri. Non est quod tibi quicquam metuas, cum in totâ domo nullus prope sit qui Christo non faveat, commune cum principe ac filiis habiturus es domicilium, et ne arbitreris me in auras loqui duo filii cum quibus egi sunt *Mons. de Saucy* et *Mons. Geminetz* quorum consuetudine delectaberis indubie. Est præterea medicus patris *Henricus*, vir vere christianus, qui a nobis iam recessit et ad patrem *Marciæ* principem profectus est, te suscepturus obviis manibus. Aderunt ut spero filii sub tuum adventum, quem spero ante quadragesimam proximam fore, ac hoc illis sum pollicitus; fac ne mentiar. Filius comitis *Francisci* piæ memoriæ, qui olim cum tecum ageretur volebat illo te dimittere, nunc agit, ut audivi ex filiis illis, cum patre eorum, mansurus inibi ad adventum tuum qui tibi magnopere congratulabitur. Hoc plurimum quoque optat alius dominus qui cum filiis illis est apud nos, qui vocatur dominus a *Castro rubeo*, qui tuo fervori probe respondet, delectaberis viri consuetudine. Sed quid optamus probe nosti, ne semen spargatur per quod suboriatur dissidium. Quantum mihi displiceat dissentio nuper orta, vix effari possum. Abstine oro ab eâ, sed contentus esto docere Christum et verum usum operum illius. Et quo affectantius properes, obtinui ab iisdem ut apud se habeant impressorem, ac hoc curabo peractum, si Dominus voluerit, ut possis non illis solùm, sed nobis prodesse. Alia sunt quæ tempore oportuno significabo. *Peregrinus*[1] agit *Blesis*. Saluta mihi fratres qui apud vos sunt. Si transiens videris *OEcolampadium*, saluta meis verbis, necnon *Bentinum*, ad quos scribam brevi. 7 Decembris[2]. Raptim ut vides.

Tuus JOHANNES TOLNINUS[3].

XI.

LETTRE DE PIERRE SIDERANDER[4] A JACQUES BÉDROT.

28 Mai 1533.

(Manuscrit autographe. Archives du Séminaire protestant de Strasbourg.)

Eruditissimo simul ac integerrimo viro *Jacobo Bedroto* Pludentino græcæ et latinæ linguæ apud Argentoratenses professori, præceptori suo observandissimo.

Zu Strassburg uff S. Thomansplan.

S. Quas proxime ad me misistis literas, 11 Maji, si bene memini, a bibliopolâ quodam Parisiensi mihi sunt redditæ,

[1] Note marginale : *Jacobus Faber*.
[2] Note marginale : 1526.
[3] Note marginale : *Gerardus Ruffus*.
[4] Natif de Strasbourg. Son véritable nom était *Pierre Schriesheimer*. Suivant la coutume du temps, il voulut se donner un nom latin ; comme

unâ cum nummis, quos parens ei Francofordiæ tradidit. Quàm vero animum meum exhilerarint (sic), velim satis possim verbis exprimere. Sed, mi præceptor, adeon' λακονίζειν jam libet? Quid sibi quæso illa brevitas? Binas quidem abs te accepi, verùm si in unum conflentur, (ut ita dicam) vix unas (sic) tamen efficiant. Expectabam sane abs te præsertim prolixissimas, ut jam nihil dicam de aliis, de *Capitone*, de *Hedione*, et de cæteris quibusdam, sed spe ac expectatione delusum me video. Scripsit quidem ὁ Ἀρέτιος[1], sed tantâ etiam verborum parcitate, ut nihil etiam scripsisse videatur. Neque tamen hæc dico, mi præceptor, ut aliquo pacto expostulare tecum hic velim, sed ut proxime copiosius, si fieri potest, de singulis scribas, admoneam. Scio plus satis te semper fere occupatum, spero tamen aliquando temporis aliquid te posthac suffuraturum, ut morem hac in parte mihi geras, utque nihil desiderem amplius. Non dubitabam quin prolixissime scribendi tempus jam tibi datum fuisset, quando Francofordiam pater profectionem adornabat, tuque haud dubie ante sciebas, habere in animo eò proficiscendi. Soles non rarò Basileam *Sulzæro*[2] copiosissime scribere, sed vide, mi præceptor, num æquius et majori jure mihi abs te fieri debet. Longiori jam locorum intervallo disjungimur, et ob id non ita sæpe ad me literas dare licet, quare hoc magis compensandum erat literarum prolixitate, si quando semel in nuntium incidisses, quò rarius ad me datur scribere. Nihil ego sane de studiis tuis audio, quid jam legas vel græce vel latine, quid *Aretius*, ὁ Καπίτων aliique moliantur, nihil de

il était fils d'un marchand de fer, il s'appela *Siderander* (homme de fer). En 1532 les Scolarques de Strasbourg lui accordèrent une certaine somme pour aller achever ses études à Paris. De retour dans sa ville natale, il fut d'abord maître d'école, puis employé au gymnase.

[1] Pseudonyme de Bucer.

[2] Simon Sultzer, de Berne, avait été, à Strasbourg, condisciple de Siderander; il était alors à Bâle, âgé de vingt-cinq ans, remplissant des fonctions académiques. Plus tard, après avoir été pasteur à Berne, il devint pasteur et professeur à Bâle, où il mourut en 1585.

Herlino[1]. Præterea sexcenta alia sunt de quibus certior reddi cupiam; velim ut et de aliis rebus non detrectares aliquid referre, ut quid de bello Turcico referatur, quid de Cæsare, et cæteris rebus.

Verùm, ut ad alia etiam transcendamus, audivi heri a *Gaspare* Basiliensi, qui aliquandiu *Grynæi*[2] convictor fuit, *Antonium* huc rediisse quocum Philologiam *Budæi*[3] et in Ausonium commentarium tibi misi. Fuit enim rursus interim in Germanià. Is mittet famulum suum cras Basileam, quocum si non multum, tamen aliquid propter res aliquas novas scribere libuit, quas non invitò fortassis audies. Simul ad omnes literas daturus eram, nempe ad dominos scholasteres, parentes, aliosque communes patronos, præterea ad *Jacobum* nostrum[4], qui suo etiam me epistolio proxime interpellavit, si nuntius contigisset paulo commodior. Verùm propter temporis angustiam omnino fieri in præsentiarum nequit. Audi igitur, mi præceptor, rem novam et inauditam.

Quatuor almæ facultatis theologicæ antistites atque adeo columina, totiusque Sorbonæ κορυφαῖοι exulare jam decreto Regis coguntur. Quid ais? inquis, haud verisimilia narras. Imo certissima, et (nisi molestum est) rem audi ab initio. Hæsit hìc Rex aliquot menses ante quadragesimam; post Bacchanalia, factis ante multis vere regiis conviviis (quæ *Bancketas* vulgò vocant) cum ab ipso, suoque primogenito, tum ab aliis principibus ac cardinalibus qui aulam sequuntur, concessit ita longe in Picardiam. Rex tamen Naverræ, unà cum Reginà, in urbe hìc mansit. Hujus Regis instinctu concionatus est in arce regiá publice *Gerardus* ille *Ruffus*, quem scio τῷ Καπίτωνι esse notissimum. Facit enim hujus mentionem in epis-

---

[1] Chrétien Herlin, professeur de mathématiques à Strasbourg.

[2] Simon Grynæus, depuis 1529 professeur de théologie à Bâle.

[3] Guill. Budæus, *De studio instituendo et de philologiâ libri duo*. Bâle, mars 1533, in-8º.

[4] Jacques Sturm, scolarque et *stettmeister* de Strasbourg.

tolà ad eandem Reginam, quæ in Hoseam commentario præfixa est. Is inquam *Gerardus* tantâ hominum frequentiâ Domini verbum prædicavit, ut nulla fere concio facta fuerit, quin hominum quatuor vel quinque millia adfuerint, adeo ut ter mutare locum coactus sit. Vix enim locus inveniebatur in quo commode concionari posset et qui satis capax esset. Concionatus est autem quotidie per totam hanc quadragesimam, præsente et Rege ipso et Reginâ. Jam facile collegeris quoties consilium captarint et congregati fuerint οἱ θεολόγοι ἡμέτεροι, et turba ista scribarum et pharisæorum, ut illum compescerent. Sed primò non facile contra Regem temere ausi sunt certamen suscipere, et huic se opponere. Tandem vero *Picartus* cum aliis qui summi hìc habentur doctoribus quibusdam in concionibus publice in Regem invehi et eum suggillare non dubitarunt, insimulantes interim Lutheranismi et hæreseos, freti scilicet autoritate sorbonicà. Tum et tumultum excitare conati sunt, populumque stimulare ne hæresim hanc pestilentissimam radices agere pateretur. Rex, ut paucis absolvam, non ita multo post Pascam mandavit ut captivi tenerentur in ædibus nec egrederentur nisi facta eis potestas rursus fuisset. Tum bonus noster *Beda* in Monte suo acuto aliquandiu manere coactus est. Rursus tamen deinde paulo post in mulo suo equitantem vidi. Res tandem ad Regem ipsum Galliæ delata est. Quum verò hi facti sui rationem dare non possent, nec ea probare quæ effutierant, præterea omnino ab adversario convincerentur, decretum est, ut unà omnes exularent, nec unquam Parisios repeterent circiter viginti miliaria (sic enim audio) nisi a Rege permissum fuisset. Sunt qui dicant eis perpetuò exulandum. Hoc certum est, si impetraverint ut in urbem rursus intromittantur, grandem pecuniæ summam haud dubie solvent. Jam die Sabbathi et Solis primùm fama hæc de Regis decreto, quantum ego scio, evulgata est. Die Lunæ cum ad *Sturmii* lectionem post meridiem essem iturus, maximam turbam ante collegium Montis acuti vidi, quæ expectabat ut *Be-*

dam abeuntem videret. Omnes tandem delusi, domum reversi sunt. Heri tamen discessisse certò mihi quidam hodie affirmarunt. Οἱ θεολόγοι non die non nocte unquam cessant ab opere. Miserunt (ut audio) nuntium ad Regem qui gratiam petat, ut de poenâ aliquid remittatur. Varias hominum sententias ac judicia audias; illi miserentur optimi *Bedæ*, partim quòd indignum putent qui tam gravia subeat, propter summam hominis eruditionem ac profunditatem in theologiâ, quam esse in ipso sibi persuadent; partim quod videant hominem tam grandem natu exilium tam durum pati oportere. Audias alios qui gaudio exultent. Sunt alii quibus omnino nihil curæ est. Scribet et *Grynæus* fortasse aliquid hac de re. Sunt enim opinor qui Basileam ad *Petrum Tusanum* scripturi sunt qui apud *Grynæum* aliquandiu egit et forte etiam nunc agit. Nomina istorum quibus solum vertendum est, hæc sunt : est primò *Beda*, deinde ille *Picartus*, quidam Franciscanus, et quidam ex ordine Maturinorum. Quotidie affiguntur schedulæ pro et contra. Die Solis antequam de Regis decreto aliquid auditum est, non ita procul ab hospitio meo affixa schedula fuit bene longa, literis italicis eleganter, sed gallice et rhytmis conscripta, in qua pulcherrime suisque coloribus omnes isti theologi depingebantur, et præter istos quatuor alii etiam duo, nempe qui theologiam profitetur in collegio Naverræ, et quem appellant *de Cornibus*. Multi jam cœperant scholastici confluere, quorum alii subridebant, alii autorem clamabant esse hæreticum. Tandem nescio quis zelator dilaceravit. Heri affixa est alia superiori longe dissimilis ; maxime invehitur in canes istos Lutheranos. Fuerunt multi qui descripserunt, quos cum viderem, descripsi et ipse, libetque hic subjicere; habebis scio qui tibi exponant. Mansit toto die hæc integra, nec tam citò sublata fuit, quemadmodum illa superior. Verba hæc sunt:

> *Au feu, au feu, cest heresie*
> *qui jour et nuyt trop nous greve!*
> *Doibz-tu souffrir qu'elle moleste*

saincte escripture et ses edictz?
veulx-tu bannir science parfaicte
pour soubstenir luteriens mauldictz ?
crains-tu point Dieu qu'il permette
toy et les tiens, qui sont floris, faire peril?

Paris, Paris, fleur de noblesse,
soubstient (sic) *la foy de Dieu que on blesse,*
ou aultrement fouldre et tempeste
cherra sur toy, je t'advertis.
Prions tous le roy de gloire
qu'il confonde ses (sic) *chiens mauldictz,*
a fin qu'il ne soit plus memoire
non plus que de vielz os pourris.

Au feu, au feu, c'est leur repere!
Faiz en iustice! Dieu l'a permys.

Rursus et alia hodie affixa est (quam ego tamen non vidi, audivi tamen certò ex aliis) in qua nominatim exprimitur ille ipse concionator cujus supra commemini. Rex Naverræ adhuc in urbe est, brevi tamen ad Regem Galliæ se conferet, quem Lugduni jam esse ajunt. Omnia tumultum minari videntur. Sunt qui maximum zelum simulent, implorantque justiciam ut supplicium de detestandis illis hæreticis sumat eosque extirpet funditus.

Hæc sunt, mi præceptor, quorum gratià præcipue ad te nunc scribere volui, importunior licet fuerit nuntius. Aguntur et multa alia, sed nemo est qui possit expiscari omnia. Multa in nostrà regione urbis fiunt, quæ prorsus ignorant ii qui sunt in alià; multa vicissim in alià, quæ nos ignoramus. Tuum jam erit studiosos omnes adhortari ut carmen scribant elegiacum in miserabilem istam doctissimorum theologorum fortunam. Quotidie fere conveniunt nostri ματαιολόγοι. Forte fortunà heri videre volui quidnam in Sorbonà ageretur, cumque jam essem sub januà, et comtemplarer picturas et imagines quæ ibi venduntur, *Budæum* egredientem commode video, quem, relicto instituto, secutus sum ut satis hominem intuerer. Fui non ita pridem in filii sui cubiculo qui annos circiter 14 vel 15 natus est; sæpe enim me rogavit ut viderem musæum suum et quid rerum domi ageret. Ego vicissim expecto quando me etiam conveniat et unà secum adducat fratrem qui anno minor est natu. Convenissent heri fortasse, sed mihi non erat commodum. Ivimus enim ego et M. *Vitus*[1] emptum pannum pro tunicâ faciendâ; adhuc enim utor veste quam mecum attuli ex Germaniâ. Sed ut ad *Budæos* redeamus : uterque audit lectionem *Latomi*, et inde mihi quædam cum ipsis familiaritas intercessit. Major natu, si sibi pergat esse similis, non dubito quin patrem et eruditione sic ita expressurus, quemadmodum corpore et formâ ipsâ repræsentat. Non autem apud patrem agunt (is enim longe a collegiis habitat), sed præceptorem quendam habent Flammingum, qui unâ cum *Tusano* ante annos aliquot apud *Budæum* vixit. Interrogavi autem hunc suum, de quo dixi, filium, quid novi jam pater moliretur, item quid *Tusanus* et *Danesius*. Hunc unâ cum Episcopo suo, cujus quasi præceptorem agit, rusticari jam dicebat; aliquid tamen dedisse chalcographis, annotationes scilicet in duas posteriores Verrinas, in quas Asconii non extant; deinde eundem Asconium, quem correxit, emendatiorem[2]. Intermisit per totam hanc quadragesimam lectionem suam græcam, necdum sane legit; putat autem brevi rursus auspicaturum, quamprimum a Rege stipendium suum receperit. Et hæc quidem de *Danesio*. Patrem et *Tusanum* negabat quicquam moliri. Quod de *Latomo* mihi injunxisti, curavi pro meâ virili sedulò. Reddidi *Sig-*

---

[1] Vitus Ardysæus, du canton des Grisons, étudiait à Paris les mathématiques; en 1537 il fut nommé professeur de cette science à Bâle.

[2] Il paraît qu'ici Siderander se trompe. Danès n'a rien publié sur Cicéron; en 1533 il fit une édition de Pline l'ancien. C'est Barthélemy Latomus qui publia les Verrines : *Ciceronis actionum in Verrem libri septem, præpositis argumentis Asconii, et* Latomi *in singulas partitionibus.* Paris, chez Pierre Gaudoul, 1532, in-8º.

mundo[1] literas statim die postero a lectione, nam die Solis ego recepi, quemadmodum et supra dixi. Is quando nomen vidit, bene, inquit, scio quid sibi velit, nummos habere cupit, sed non habebit antequam in Germaniam profectus fuero. Ubi audiebam quòd negaret omnino se quicquam jam daturum, dubitabam quo pacto mihi adoriundus esset, ut ad meliora revocaretur. Lectis literis admonere cœpi quid mihi proxime esset pollicitus, quòd sancte adjurasset operam se daturum ut vel aliquid mitteret, si quando in collegio aliquandiu egisset. Tandem eo redactus est ut promiserit se mihi daturum quinque aureos quando salarium suum a collegii primario recepisset; recipiet autem fortasse post menses quatuor, festo sancti Remigii. Sic conventum esse dicebat, ut singulis annis quinque aureos solveret, donec summa capitalis esset omnino soluta. Multa mihi tum retulit, quo pacto debitum hoc contraxisset, et præterea multa alia. Hoc verò concoquere minime potest, quòd tu instigare *Sigmundum* videris, et quo pacto agere debeat consilium suggerere. Multa etiam cavillari voluit, quando literas vidit post trium Regum esse scriptas. Ego quantum potui, omnia excusavi. Dixit nudiustertius mihi Brabantinus quidam, abitum eum parare in urbem aliquam Gasconiæ, ubi nova jam schola erigitur. Ait stipendium ei liberalissimum esse oblatum, quamvis et hic nequaquam contemnendum habeat, plurimum tamen laboris etiam impendere cogitur. Legit enim quotidie, nisi festi sint dies aut profesti, quatuor vel quinque horas. Ego si rescivero eum abiturum, admonebo ut promissioni satisfaciat; neque tamen abiturum puto, antequam annus suus finiatur, hoc est, ante festum Remigii. Promisso satis se facturum omnino affirmavit, sed solvendi tempus postulat; si non, inquit, contentus esse velit quod jam aureos quinque accipiat, et post annum rursus quinque, donec saluta

---

[1] J'avoue que j'ignore quel est ce Sigismond. Est-ce peut-être Sigismond Gélénius, traducteur et éditeur d'une foule d'ouvrages grecs et latins, qui vers cette époque a voyagé en France?

fuerit tota summa, *so lauff er an die gross Glock,* sic enim locutus est.

Literis tuis nihil respondere jam licuit, urgebat enim maxime nuntius; proxime fortasse plura de singulis. *Charinus*[1] jam est *Sturmii* ὁμοτράπεζος, numeratque 30 coronatos aureos, qui nunc valent 22 batziis et dimidio; sic enim proxime est proclamatum, ut tanto valore accipiantur, si justum pondus habeant. Habet is et alios multos commensales. Utinam et mihi per fortunam liceret cum viro aliquo docto agere! Statueram et ego nuper illi convivere, sed non minus quàm 30 coronatos accipere voluit. Ego in fine hujus mensis mutabo hospicium et convivam impressori alicui, numeraboque 20 coronatos. Hactenus numeravi semper 24 et eo amplius. Mutuo mihi dedit 3 coronatos interim M. *Vitus,* antequam pecuniam a vobis accepi. Jam paro mihi tunicam, et par caligarum, et vereor ne 4 coronati et dimidius sufficiant; necdum sane quidquam pararem vestium, ni summa me cogeret necessitas. Reliquum est ut et hospitem solvam, quando jam emigravero, pro mense et dimidio. Non te, mehercle, nugis his referendis obtunderem, nisi ipse obtundi maluisses; rogasti enim ut his de rebus te certiorem facerem. Vere pecuniarum charybdim Luteciam experior. Parcissimus esse volo, et studiorum etiam jacturà hospitem quæro, ubi possim quàm minimo semper vivere, et tantum interim argenti insumo. Quod ad victum emendum attinet, minus etiam solvitur quàm ante biennium numeratum est; vinum et panis vilissimo venduntur; sed tamen plus numerandum est, si quis cum doctis agere velit, quàm si quis victum apud civem emat. Mirum in modum placet quòd magistratus studiorum curam adhibere incipiat. Scribis enim liberali aliquem apud vos stipendio vivere posse qui dialectica et rhetorica profiteretur. Quando animo, mi præceptor, me-

---

[1] Louis Carinus, proprement *Kiel,* de Lucerne, médecin, se rendit à Paris, après avoir séjourné quelque temps à Strasbourg. Il était ami de Bucer, de Jean Sturm, etc. Il mourut à Bâle en 1569.

cum reputo adeo studiorum fervorem ubique fere apud nos refriguisse, ut nullus quasi inveniri jam possit, quem huic præficiatis muneri, non possum non dolere plurimum. Maximi nominis hic sunt *Sturmius* et *Latomus*, nec minus in ore sunt studentibus quàm ipsi professores regii, et uterque vocatur in hanc urbem Gasconiæ qua de supra dixi; nescio tamen *Sturmius* recepturus sit conditionem illic nec ne; satis enim commode hic vivit. Sed de hoc satis.

Ibit brevi, opinor, Basileam Gallus ille ruffâ barbulâ, qui *Aretio* unà cum alio quodam Gallo convixit. Vidi et librorum compactorem hic, qui apud *Conradum* bibliopolam ægrotavit. Si quid scribere velis, mi præceptor, ex *Grynæo* explorabis an *Petrus* ille *Tusanus* brevi sit huc venturus, et huic quicquid erit literarum trades. Incertus sum an hic *Antonii* famulus reversurus sit; neque enim ipse cum *Antonio* locutus sum ut interrogassem, sed Gallus ille qui apud *Grynæum* biennium fere vixit, eum abiturum significavit. Opinor *Charinum* etiam scribere Basileam ad *Cratandrum*[1] vel ad *Grynæum*. *Titus*[2] ignoravit fortasse hunc ministrum abiturum. Tu, mi præceptor, causam meam, quod facis, apud omnes patronos ages, ut aliquando cum doctis versari hic liceat. Salutabis plurimum utrumque parentem, uxorem tuam, de cujus valetudine certiorem quæso me reddas, deinde τὸν Ἑδίωνα, τὸν Καπίτωνα καὶ τὸν Ἀρέτιον et omnes patronos communes. Miror quid *C. Herlinus* agat; utinam in talem hic præceptorem incidam. Rarum hominis candorem cum singulari eruditione conjunctum, numquam satis possum suspicere. Rogo admoneas (neque detrectaturus est, scio) ut, sinon multum, vel τὸ χαίρειν saltem ad me proxime mittat. *Jacobo* nostro, ut dixi, proxime (Deo volente) respondebo, quem et nunc salvere jubebis meo nomine; item *Martinum* Bavarum nostrum, vere pium adolescentem. Adeone

---

[1] Cratander, savant imprimeur à Bâle.
[2] Vitus Ardysæus avait pris en France le nom de *Titus*.

verò theologicatur *Pulbarba*[1] noster, ut non quartam horæ partem epistolio scribendo impendere liceat? Spero mihi aliquid literarum proxime missurum. Salutabis denique et *Cyprium* nostrum, et omnes tuos convictores. Apud parentes et apud omnes me excusabis quo minus jam scripserim.

Vale. *Parisiis*, 28 Maji anno 1533.

PETRUS SIDERANDER tuus.

XII.

LETTRE DE MÉLANCHTHON A GEORGE SPALATIN, PRÉDICATEUR ET SECRÉTAIRE DE L'ÉLECTEUR FRÉDÉRIC DE SAXE.

22 Juillet 1533.

(*Phil. Melanchthonis opera,* ed. Bretschneider ; Halle 1835, in-4º, t. II ; p. 658.)

Viro optimo D. *Georgio Spalatino*, amico suo.

S. D. *Brisgerum* non volui sine nostris literis dimittere. Accepi libros ex ipsâ Parisiorum urbe scriptos nuper adeo, die Johannis Baptistæ, in quibus mira historia est. *Gerardus* quispiam in aulâ Reginæ Navarræ Evangelium docet magnâ, ut scribunt, animi constantiâ. Adversus hunc nuper post Pascha Parisiis duo vociferati sunt, seditiosissime Regi minantes ipsi, nisi *Gerardum* removeat a concionibus. *Beda*, qui fuit huius fabulæ auctor, unà cum istis duobus clamatoribus iussus est

---

[1] Pseudonyme de Conrad Hubert, diacre de l'église de Saint-Thomas à Strasbourg.

ex urbe Lutetiâ abire. Senex quidam theologus hanc contumeliam theologici ordinis adeo ægre tulit, ut delirio vitam amiserit. *Gerardus* libere concionatur, et imperatum theologis, si quid habeant negotii adversus eum, ut iure agant. Designati etiam huic causæ evangelicæ non iniqui, apud quos cognitio fieri debeat. Curabo edi exemplum literarum, in quibus est hæc historia. Ibi cognosces omnia planius. Hæc velim te significare aulicis. Sunt enim certa et significationem præbent, iudicia bonorum ibi non esse iniqua doctrinæ nostræ. Christus Evangelii gloriam augeat! Obsecro te, significa mihi de Aristarchis in conventu vestro, an reiecta sit epistola, aut exemtus locus, in quo significamus, nos non impedituros concilium. Bene vale. Die Magdalenæ 1533.

PHILIPPUS.

XIII.

LETTRE DE JEAN STURM A BUCER.

23 Août 1533.

(Manuscrit autographe. Archives du Séminaire protestant de Strasbourg. Impr. chez Strobel, *Histoire du gymnase protestant de Strasbourg;* Strasbourg, 1838, in-8º, p. 106.)

S. P. Si mihi dubium esset de tuâ humanitate et prudentiâ caussam fortassis aliquam dicerem, quamobrem ultro ad te scribam in hoc tempore, cum quo nullus mihi usus intercesserit. Nam satis esset vel illud ad excusandum, si vel tui nominis fama, vel tuorum monumentorum admiratione ductus ego unus ex multis hujuscemodi animi benevolentiam et gratitudinem indicarem, qualem ab omnibus declarari fortassis optas. Quid enim aliud agis, quàm ut sanctissime prosis rebus mortalium? qua in re magnum tibi potest esse incitamentum et solatium, bonorum hominum testificatio. Hæc igitur justa poterat videri ratio meæ vel audaciæ vel cupiditatis in scribendo, vel, quocunque nomine appellare velis : sed tamen magis me confirmavit quotidiana de te, et perhonorifica *Carini* confabulatio. Nullus enim fere dies est, in quo non mentionem faciat tuæ humanitatis, industriæ, eruditionis et sanctimoniæ. Idcirco facile possum conjicere eum, qui suapte naturà bonus est, non posse eum rejicere qui aliquod boni animi, aut saltem grati specimen exhiberet. Et hac de caussà hanc epistolam volui initium esse nostræ conjunctionis. Ea autem ad te præsertim hoc tempore scribam, quæ tibi existimo grata esse ad audiendum et mihi ad commemorandum, et jampridem scripsissem, si data fuisset occasio. *Beda* septimo Kal. Junias, cum duobus sui ordinis theologis in exilium coactus est proficisci, idque ex mandato regio. Et quoniam illud novum est, rem quemadmodum gesta est, totam exponam. Regina Navarræ jam per annos aliquot apud se habet *Gerardum Rufum*; is cum *Jacobo Fabro* non ita olim exulavit apud Argentinos; uterque etiam ex intercessione Reginæ sunt revocati in patriam. Jam *Faber* est apud Aquitanos, ibi se tutatur adversus theologorum tyrannidem. *Rufus* Reginam sequitur et per mensem Martium et Aprilem concionatus est apud populum in ipsâ regiâ, magno hominum concursu et comprobatione multorum : sed theologorum calumniâ. Primùm enim nomen ejus apud Regem deferebant; ab hoc contempti sunt et rejecti sunt ad Cancellarium; ab illo peræque turpiter remissi ad Episcopum; hic aperte eos illusit. Attentaverunt etiam primum præsidem; is cum Regis consilium cognoverat, tametsi amicus sit Sorbonæ, tamen deseruit caussam. Ubi igitur isti Thersitæ destituti essent omnium auxilio et hi qui possunt, nollent, et qui cuperent, non auderent adesse : cœperunt vociferari adversum hæreticos et Lutheranos : Regem etiam cum sorore et Episcopum, quòd suo silentio comprobarent, tales se esse quales defenderent, publice taxaverunt. Omnia hæc delata sunt ad Episcopum et Reginam Navarræ. *Beda* interea solicitabat literis suos oratores quasi ex scito theologorum ut ne cessarent in suis demegoriis concitare populum ; ad extremum populus etiam mussitare et minari cœpit ; typographi in suis pægmatis scripturà et picturà et ludo scenico læserunt Reginam, et omnino res cœpit esse θορυβώδης. Interea collegêre theologi articulos. Rex Navarræ instinctu uxoris et Episcopus Regem solicitare, et rem exaggerare : *Berquini* memoriam et eam crudelitatem renovare et seditionis crimen intendere. Placuit Regi ut *Beda* cum suis oratoribus, et *Gerardus Rufus* quisque in suis ædibus, tanquam privatà custodià detineretur, ut quæreretur de hæresi et de seditione quæ adversus Regem concitata videretur. De hæresi parum est actum propter postulatum theologorum. Petebant enim, ut suo more quæstio fieret de hæretico, et ea esset judicii forma, quam ipsi contra *Berquinum* et alios instituissent ; ita tamen, ut ne accusatores viderentur, sed opinatores tantùm et inquisitores hæreticæ pravitatis : ut immunes essent, quoquo modo judicaretur, a pœnà. Hæc postulata Rex prorsus improbavit, et judicium de hæresi sibi reservavit donec rediret. Nam jam tum Lugduni erat venturus in collocutionem cum Papà ; de seditione quæri et animadverti voluit. Eodem etiam tempore theologi collectos suos articulos Regi exhibuerunt ; Rex quoniam erat exacerbatus, irrisit tanquam Arcadicorum pecorum. Reditum est inde Lutetiam. Rogati sunt illi, qui conciones habuerunt, cujus vel permissu vel jussu populum commovissent et læsissent Regem ; responderunt ex consensu et placito magistrorum nostrorum. Theologi, cum pericula animadverterent, negabant. Tandem compertum est omnia hæc a *Bedà* esse conflata ; statim allatæ literæ regiæ ; ex senatusconsulto confirmatum est, ut *Beda* atque tres illi reliqui primo quoque tempore exularent, ut interea dum Rex abesset, dum non revocarentur, bidui abessent a Lutetiâ. Ego ex certis hominibus audivi, Regem ex eo esse animo ut nunquam velit *Bedam* reverti. Vide rerum commutationem. Præter senes Priamos et paucos alios, nemo est qui faveat istis sacerdotibus Phrygiis. Juniores theologi jam sapere incipiunt. *Gerardus Rufus* eâ est modestiâ, ut multò maxima pars saniorum judiciorum in ipsum studia sua et sua vota conferant. Hæc sunt quæ in præsenti ad te scribere constitui. Si sensero me amicitiæ fundamenta inchoasse, aliàs scribam et majora et sæpius. Vereor enim ne hoc ipsum quod scripsi, sit nimium; quanquam hoc solo me consoler, nihil tibi posse videri nimium aut conjunctum cum vitio, quod ab amico animo proficiscatur. Tu igitur vir honestissime, mi optatissime *Bucere*, eâ accipe benevolentiâ hanc epistolam, qua a me est missa. Opto ut quàm rectissime valeas, ut sanctissimis tuis studiis, laboribus, curis et sollicitudinibus dignum Deus profectum tribuat. Salutat te *Ludovicus Carinus*, hospes meus et amicus singularis, tui etiam studiosissimus simul atque observantissimus. Is nunquam te satis laudare potest propter ingenii felicitatem et morum sanctimoniam; tametsi is ita vivat et nulli sit inferior vitâ, ita se in his studiis, quibus nos dediti sumus, gerit, ut aliquando inter viros primarios græcæ latinæque linguæ sit annumerandus.

Tu meo nomine vicissim saluta *Gerardum Noviomagum*[1], cuius benevolentiam cum ante annos quinque isthic essem, sum expertus. Salve atque vale. Decimo Kal. Septembris anno MDXXXIII.

JOAN. STURMIUS.

[1] Gérard Geldenhauer, de Nimègue, avait été obligé, dès 1526, de se réfugier à Strasbourg, à cause de ses convictions religieuses. Il mourut professeur de théologie à Marbourg en 1542.

XIV.

LETTRE DE PIERRE MONCLER A BUCER.

26 Octobre 1533.

(Manuscrit autographe. Archives du Séminaire protestant de Strasbourg.)

Venerando domino meo *Martino Bucero.*

S. P. D. Non male habeat dexteritatem, M. in Christo venerande, quòd ad te quo tempore promiseram, non redierim. Neque enim id accidit aut incuriâ aut tui oblivione, aut puerorum qui apud te sunt; sed sic habent ingentia domini mei apud Regem negocia, quibus se ægre explicare potest, quòd eum Rex secum in comitatu habere velit, ut citra Pascha domum non reviserit. Equidem eo temporis ab eo dimissus, sperabam ipsum statim reversurum, unàque cum multà familiâ thermas iamdiu desideratas petiturum, cum rumor increbuerit Regem nostrum Narbonensem velle invisere Galliam, dominumque meum illuc secum deducere, ubi supra omnem spem nunc usque perstiterunt. Et quamquam ipsum in horas expectemus, domina tamen mea huiusmodi expectationum iam sæpe falsa incertitudinibus, ad te viginti coronatos solaris characteris mittere curavit pro dictorum puerorum aliquâ subductione pensionis et expensarum, quos curæ tuæ unice optat recommendatos, rogans in Christo Jesu synceritatem tuam ut hæc interim boni consulere velit, dum tempestivo regressu dominus ipse tibi pro voto plenissime satisfaciat. Vale in Christo Jesu et conthoralem tuam ipsius dominæ meæ nomine quamplurimum saluta. Perlegimus Palestinam Schondiamque *Jacobi*

Ziegleri[1], quem salvum esse percupimus. Progymnasmata verò ipsius desyderamus, si tuà id gratià fieri potest. Iterum vale etc. 7° Kl. Novemb. 1533.

Tuus si suus PETRUS MONCLERUS.

XV.

LETTRE DE JEAN STURM A BUCER.

Novembre 1533.

(Manuscrit autographe. Archives du Séminaire protestant de Strasbourg. Impr. dans Strobel, *Histoire du gymnase de Strasbourg*, p. 109.)

Viro pio D. *Aretio Felino*, amico singulari. *Argentorati*.

S. P. Gratiæ mihi habendæ sunt quotiescumque abs te aliquid accipio literarum : tu verò ignoscere debes, si sæpius

---

[1] Jacques Ziegler, de Landau, ami d'Érasme, savant théologien et mathématicien, vint à Strasbourg en 1531, après un séjour assez long en Italie. Ziegler ne fut jamais ouvertement protestant; il causa même beaucoup de désagréments aux réformateurs de Strasbourg, quoiqu'ils l'eussent reçu avec leur hospitalité accoutumée. Il publia un grand nombre d'ouvrages. Celui dont parle Moncler fait partie de la collection dont voici le titre : *Syria ad Ptolemaici operis rationem; Arabia Petrea; Schondia (i. e. Scandinavia) tradita ab auctoribus qui in eius operis prologo memorantur*, etc.; Strasbourg, 1532, in-fol. min.; dédié à Renée de Ferrare. Voy. Schelhorn, *Amœnitates historiæ ecclesiasticæ et literariæ;* Francfort, 1738, in-8°, t. II, p. 210 et suiv. Dans le catalogue des ouvrages, tant imprimés qu'inédits, de Ziegler, que donne Schelhorn, il n'y en a aucun sous le titre de *Progymnasmata*.

quàm tuæ occupationes patiantur, et prolixius quàm sinat tuarum responsionum magnitudo ad te scribam. Nam quòd mihi gratias agis, mi optatissime *Feline,* facis tu illud ἐκ περιουσίας: ego illud semper facere debeo. Quod verò metuis, ut pro multitudine negotiorum mihi liceat omnia scribere, nihil est. An quicquam possit esse gratius quàm scribere ad amicum, et talem? an ullæ res me impedire possint, quominus amicis gratificando animo meo obsequar? Crede enim mihi, nusquam acquiesco nisi amicorum consiliis, et præcipue eorum qui cum eruditione conjunxerunt pietatem. Vides quàm sint res mortalium mirabiliter variæ, et incertæ, et oppressæ maxime impiorum hominum consiliis, ut nisi adhuc in prudentibus iisque paucissimis Christus habitaret, nullum usquam esset aliquod religionis et fidei vestigium, quæ tamen maxime est necessaria. Sed ille qui τὰ πρῶτον ἐόντα vidit et gubernavit, ille etiam τὰ ἑπόμενα reget. Nobis precandum est, ut ex ejus voluntate et gloriâ omnia eveniant. Nam nisi hoc sic esset, quid esset reliquum ex rebus humanis? Hoc ut credamus, non solùm sacræ literæ, verùm etiam οἱ τῶν φιλοσόφων κορυφαῖοι ostendunt. Præclare Socrates et regi hæc humana divinitus affirmat, et jubet sic sentientes forti animo esse, καὶ μετέχειν ψόγον ὅταν ἀνὴρ δεινὸς φῇ ταῦτα μὴ οὕτως, ἀλλ' ἀτάκτως ἔχειν.

Venit in collocutionem Rex cum Papà; multos spes erigit, multos etiam dejicit metus. Vanissima hominum studia, mirabiles eorum commutationes, sed incerti exitus! Recte divinas, Papam aut subversum aut restitutum iri in suam et inveteratam tyrannidem. Alterum ego exspecto magno cum desyderio, alterum non mediocriter extimesco. *Pelargum* tuum heri conveni; ostendi illi tuam epistolam; rogavi num quid certi haberet de hac Massiliensi deliberatione, nam ibi est cum Rege ille ψυχοτύραννος. Obscura consilia sunt et ἀμφοτερίζοντα in utramque partem. Quare nihil tibi aut boni aut mali de hac re possum scribere. Ταῦτα γὰρ τῷ θεῷ μέλει. Theosophistæ nostri non cessant θεομαχεῖν. Nuper in Gymnasio Navarrico novus quidam et μουσοπάτακτος ποιητής reginam introduxit, quæ se in disciplinam diaboli traderet, una cum sacrifico quem Megeram appellabat, alludens ad nomen M. *Gerardi.* Acti ludi sunt mirabiliter applaudentibus theologis. Per hosce dies præses ejus collegii et theologorum in custodiam est ductus, homo potens et rex sapientum. Alios etiam manet idem periculum. Eò res redit ut etiam bonis tacentibus, ipsi se ultrò perdant, quod ego pro argumento habeo maximarum et optimarum rerum. Hæc ego dictavi subito, et quia aliquid certi sciam intra dies octo, idcirco brevior sum. Proximis literis repetam omnia ab initio, et totam fabulam ad te mittam. *Ruellius*[1] curat opus suum describi; credo non tam citò proditurum, propterea quòd tardior est ad edendum. De Nazianzeno nihil habeo nisi illud : *Christianus Wechelus* viginti quatuor orationes habet hujus scriptoris nusquam typis excusas[2]. Urgebo hominem ut acceleret editionem, promittam me lecturum, si poterit facere ante Calendas Januarias. Ubi illud impetravero, ad te mittam. Plura hoc tempore non scribo. Tu diligenter saluta meo nomine τὸν Κεφαλαῖον καὶ Ἡδιῶνα, et *Bedrotum.* Christus omnes vos cum vestris familiis salvos et incolumes servet.

JOAN. STURMIUS.

Julius Camillus[3] qui jam per annos prope quadraginta λαθὼρ ἐβίωσε, vir reconditâ eruditione, mirabili pietate, ex Italiâ a

[1] Jean Ruel, célèbre médecin, mort en 1539. L'ouvrage dont parle Sturm est probablement le *De naturâ stirpium,* dédié à François Ier; Paris, chez Simon de Colines, 1536, in-fol.

[2] En 1531 l'imprimeur Chrétien Wechel publia la première invective de Grégoire de Nazianze contre Julien (Paris, in-4º). J'ignore s'il publia aussi les vingt-quatre discours dont parle Sturm. Le 24 octobre 1533 Vitus Ardysæus écrit à Conrad Hubert (Manusc. Arch. du Sém. prot. de Strasb.) que l'imprimeur Claude Chevallon a publié «*quicquid versum est in Gregorio Nazianzeno.*» En 1531 Bilibald Pirkheimer avait publié trente discours de cet orateur (Bâle, chez Jérôme Frobénius et Nicolas Episcopius, in-fol.).

[3] Jules Camille, natif du territoire de Forli, philosophe et orateur,

Rege magnis promissis et præmiis vocatus, te voluit per me suo nomine officiosissime salutari. De hoc puto te ex aliis aliquid cognovisse. Nisi pudore impediretur, jam dudum ad te scriberet, et scio scripturum, modò tu aliquam ejus in tuis literis mentionem facias. Per ejuscemodi homines sæpe Deus aliquid facit, qui quum quantum possunt tantum velint, magno solent esse exemplo.

Immo pudore non impedior hæc scribere : utinam animus esset nunc in manibus atque in calamo, nam si eum videre posses, profectò tuum esse cognosceres.

Ju. Camillus.

Ut ostenderet me aliquando mentiri hæc subscripsit.

Sturmius.

versé dans la kabbale, travailla pendant quarante ans à construire une machine, en forme de théâtre, au moyen de laquelle il voulait enseigner toutes les sciences et en particulier la rhétorique. François Ier le fit venir à Paris et lui accorda une somme assez considérable pour achever sa machine. La piété de Jules Camille le fit aimer des protestants; ils croyaient que Dieu se sert aussi de pareils hommes pour accomplir ses desseins. Cependant, lorsqu'en 1542 il fut à Genève, Calvin se défia de lui; l'extérieur rêveur et taciturne de Camille paraissait cacher au sévère réformateur des préoccupations peu orthodoxes. Il mourut vers 1550. (Voy. Freytag, *Apparatus literarius;* Leipzig, 1755, in-8º, t. III, p. 128 et suiv; Calvin à Viret, octobre 1542, chez Henry, *Leben Calvin's,* t. II, pièces justificatives, p. 6).

XVI.

EXTRAIT D'UNE LETTRE DE BUCER A AMBROISE BLAARER.

18 Janvier 1534.

(Manuscrit autographe. Archives du Séminaire protestant de Strasbourg.)

«... Rex Franciæ gravem præcepit persecutionem in regno suo. Alter filiorum *Copi*, electus in rectorem, orationem de more habuit, in qua cum interspersisset paulula de fide iustificante, in tale discrimen venit per theologos, ut fugà sibi consuluerit, ablato secum forte per imprudentiam signo Universitatis. Fecit magnum illic consilium per præconem renunciari, CCC coronatos constitutos ei qui fugitivum rectorem vivum vel mortuum adducat. Capti iam erant, quando is qui hæc ad nos attulit illic.....[1], sunt dies XVIII, supra L, lectumque edictum omnem eum, qui duobus testibus convinceretur Lutheranus, statim exurendum esse. Res erit non absimilis inquisitioni Hispanicæ. Putat hic nunc circa trecentos Parisiis iam captos. Nam Episcopo illic favente pietati ex animo, tum Rege et Reginà Navarræ, quæ Regis Franciæ soror est, et aliis aliquot magnis proceribus, factum est ut, absente Rege Franciæ, palam prædicare Christum quidam cœperint, omnes loqui liberius. Hi notorii omnes, nunc in summum discrimen venerunt....»

[1] Mot entièrement illisible.

XVII.

LETTRE DE NICOLAS COP A BUCER.

5 Avril 1534.

(Manuscrit autographe. Archives du Séminaire protestant de Strasbourg.)

Viro doctrinâ et pietate insigni *Mar. Bucero. Argentorati.*

Viro prudentissimo *Mar. Bucero* S.

Nolui te diutius latere, vir humanissime, quæ his paucis diebus Luteciæ acta sunt. *Beda* doctor theologus, ut nunciis fidelissimorum hominum accepimus, coniectus est in carcerem, accusatus criminis lesæ maiestatis. *Gerardus Ruffus*, prorsus liberatus est theologorum calumniis ac decreto Regis absolutus, quo multo commoti sunt et perturbati. Quidam Germanus flammis vitam finit quòd vestram de Eucharistiâ opinionem tueretur. Episcopus Parisiensis bonarum literarum patronus integrâ est valetudine. Te rogo ne diu nos torqueas literarum tuarum desiderio. Salutabis meo nomine dominum *Capitonem*, cuius congressu per infirmam valetudinem frui non licuit, quod nos miserrimos habuit. Dominum *Carinum* scis mihi amicissimum, quem per literas salutassem, si meæ occupationes et temporis angustia permisissent; sed tu epistolæ vice apud illum mihi eris. Vale. *Basileæ*, 5 Aprilis.

Tuus ex animo Nicolaus Copus.

XVIII.

DÉDICACE DE L'*Exposition familière* DE ROUSSEL.

(Manuscrit. Bibliothèque du Roi.)

Au Roy de Navarre, mon souverain Seigneur.

Sire, vostre maiesté bien informée que la volunté de Dieu debvroit estre, comme vrayement est, l'entiere norme, reigle et mesure pour le tout vrayement discerner et reigler, que c'est à elle que fault exiger reigler et conformer nostre vie, toutes noz pensées, desirs, dictz et faictz, pour estre trovez bons et agreables à Dieu, que c'est en la congnoissance de la divine volunté que gist la vraye sapience, et en l'obeissance à icelle que gist la vraye justice, de sorte que vrayement, se peult et doibt dire saige celluy qui bien congnoist la divine volunté, et vrayement juste celluy qui bien s'y conforme et obeist, voire et tout aultre scavoir sans cestuy-cy n'estre que folie, et toute aultre justice sans ceste n'estre que injustice et accroissement de damnation; que la volunté de Dieu ne peult estre de nous congneüe sinon autant et ainsi qu'il a pleu et plaist à Dieu la nous reveler et declairer tant en ses creatures qu'en l'escripture sa vraye doctrine et parolle, que le psalmiste dict estre la lampe et lumiere de noz piedz et sentiers pour nous bien conduire et adresser; et au pseaulme 18e pour la bien recommander luy attribue de singuliers titres et qualitez; et au pseaulme C. xviij^e ne se peult ressasier de l'extoller et louer comme le vray moyen que Dieu s'est ordonné pour y faire reluyre sa divine volunté, la nous insinuer et declairer pour nous y faire veoir quelle est l'impuissance nostre et que ce qu'est impossible aux hommes est possible à Dieu, davantaige que le bon Dieu pour condescendre et s'accommoder à nostre infirmité et oster de nous toutes excuses que nous pourrions pretendre sur la prolixité et difficulté de l'escripture nous a pourveu de trois tres artificieux sommaires et briefz recueilz du contenu de toute l'escripture, lesquelz briefvement, ayseement et neantmoins suffisamment nous demonstrent sa volunté, l'obeissance qu'il requiert de nous, ce qui luy plaist et ce qui luy desplaist, ce qu'il veult que croyons, et faisons, comment veult que le prions, esquelz troys croire, faire, prier est contenue l'obeissance que Dieu requiert de nous en son escripture ; lesquelz troys sommaires se nomment communement le symbole des appostres, contenans les douze articles de la foy, le decalogue comprins en dix parolles qui sont les dix commandemens, et l'oraison dominicalle contenant en briefves formules tout ce que debvons supplier au pere : Votre maiesté (dis je) bien informée de ce que dessus, et que l'ignorence de chose si necessaire et salutaire est mere et nourrice de toute superstition, ydolatrie, folle fiance, voire pour brief dire de toute impieté et injustice : a voulu et ordonné que tous et chacuns dimanches seroient par les recteurs et vicaires recitez à vostre peuple en leur vulgaire ces troys briefz sommaires, affin que du grand jusques au petit ung chacun recongneust la volunté de Dieu, l'obeissance qu'il requiert de nous, que ceste congnoissance leur fust occasion de suyvre le voulloir de Dieu et les contenir en vraye obeissance, de ne se divertir du voulloir de Dieu pour suyvre aultre vouloir, de ne laisser l'expres voulloir de Dieu pour l'incertain, de servir à Dieu selon qu'il veult et ordonne, et non point pour le vouloir et ordonnance d'aultre, pour cheminer simplement et ne se contenir es limites de la parolle et vouloir de Dieu, et ne perdre son labeur et substance es choses qui se trouveront de nul prouffict ; brief pour ne ressembler aux valletz du diable, laisser ce que Dieu commande par expres pour faire ce que point ne commande. Ceste ordonnance vostre tant saincte et salutaire me suis mis en mon debvoir la faire observer par tout mon diocese ; et desirant encore plus cooperer à vostre intention tres bien fondée et adressée, me suis mis à recolliger tant de l'escripture que des anciens et vrays interpretes d'icelle, les choses que selon le talent que Dieu m'a donné m'ont semblé ydoines pour l'intelligence et familiere exposition desdictz sommaires ; et pour la rendre plus plausible et familiere l'ay voulu rediger en forme de dialogue, laquelle ainsi redigée ay bien voullu communiquer à plusieurs doctes personnaiges et tresbien exercitez es sainctes escriptures, esquelz le scavoir est conjoinct avec pieté, lesquelz j'ay prié le voulloir bien regarder et librement y adjouster leur censure ; pour l'advis et jugement desquelz suis esté incité et persuadé le mettre en lumière ; et pour ce faire bien, m'a semblé ne le pouvoir myeulx ny opportunement que soubz vostre nom et auctorité, tant pource qu'en avés donné l'occasion et estes le motif, et que suyvant vostre saincte intention que aussi pour tesmoignage de l'obligation et obeissance myenne envers vostre maiesté, joinct que ne puis ny doibs ignorer le cordial et affectionné amour que Dieu a mis au cueur de voz subiectz pour vous reverer et obeyr, s'accommoder à vostre voulloir et suyvre vostre intention ; et ne faire doubte que pour le regard de vostre nom et auctorité ceste exposition ne leur soit plus plausible et agreable et qu'ilz ne soient plus promptz et voluntaires à le recepvoir et en faire leur prouffit : par ainsi leur pourrés estre le moyen de parvenir à la congnoissance de verité que bien ilz congnoistront la volunté de Dieu, l'obeissance qu'il requiert, et qu'ilz s'adonneront à la suyvre : que je reputerois trop plus grand honneur et benefice faict à vous que s'il vous faisoit son ministre pour conquerir les royaulmes de ce monde, attendu mesmes que nostre Seigneur dict assez expressement n'y avoir rien en ce monde pour comparer au salut de l'ame ; combien que soyés assez persuadé n'estre rien ne celluy qui plante ne celluy qui arrouse, mais Dieu est-ce qui donne l'accroissement, auquel le tout doibt estre attribué, et ce pour l'en remercier, lequel vous supplie tres humblement vous voulloir tousjours assister, conserver et accroistre en graces et vertu, pour sa gloire et le salut du peuple commis soubz vostre regime et obeissance.

XIX.

Forme de visite de diocèse, par ROUSSEL.

(Manuscrit. Bibliothèque du Roi.)

(Fol. 175ᵃ). C'est bien raison que le lieu où convient le peuple chrestien (qui est le temple et eglise vive de Dieu) soit decentement aorné et pavé; parquoy fault il en visitant y avoir esgard ainsi que de coustume, mais surtout fault bien adviser à l'eglise vive, et songneusement s'enquerir comme le peuple convient et s'assemble, quelle doctrine et parolle luy est annuncée, si purement et sainctement luy sont administrez les sacremens, si les ministres font leur debvoir; sont au peuple sel et lumiere comme veult Jesuchrist, si comme le sel preserve de putrefaction et donne saveur à la viande, aussi par doctrine et exemplarité de vie retire (*sic*) le peuple de mal faire et l'induysent à bien faire; si comme la lumiere luict aux aultres pour estre conduictz et adressez, aussi par doctrine et exemplarité de vie conduisent le peuple par les sentiers de justice à la gloire du pere celeste. Et pour ce que comme du tout indigens nous fault le tout demander par oraison et prieres, fault adviser quelles oraisons se doibvent faire tant en privé que en public et commun. Fault aussi adviser à l'hospitalité, si comme freres chrestiens et membres tous d'ung corps, subvenons aux necessitez des indigens. Pour le quart point, fault avoir esgard aux escholles, comment la jeunesse est instruicte; car si elle n'est point instruicte n'y a point grand espoir pour l'advenir. Quant à la doctrine et parolle qui doibt estre annuncée au peuple assemblé, nous doibt estre persuadé et du tout notoire, que aultre parolle ne doibt estre preschée et annuncée que la pure parolle de Dieu, l'evangille que Jesuchrist a commandé estre presché à toute creature. La parolle de Dieu contient en somme croire et faire, nous apprend ce que debvons croire et faire, de sorte que celluy est dict observateur de la parolle de Dieu, qui croit et faict ce que la parolle de Dieu l'enseigne croire et faire. Le sommaire de ce que nous debvons croire est contenu aux articles de la foy, et de ce que debvons faire, es dix parolles de la loy, parquoy povons bien appeller les articles de la foy et les dix parolles de la loy, le vray sommaire et abregé de toute l'escripture et parolle de Dieu, que tous chrestiens doibvent scavoir, les avoir en continuelle memoire, les exercer assiduement. La briefveté et facilité nous rend inexcusables, et ne pouvons pretendre legitime cause d'ignorance. L'escripture assigne tel ordre entre les deux, qu'il se fault bien garder le pervertir, aultrement seroit mettre la charrette devant les beufz (fol. 175ᵇ). Croire doibt proceder faire, la foy proceder l'œuvre, de sorte que l'œuvre ne peult estre bon s'il n'est faict en foy; et là où la foy est vive, l'œuvre tantost la suyt et accompaigne, non plus ne moings que le respirer, sentir, mouvoir accompagnent l'homme vivant. Or, selon ces deux, croire et faire, contenans la somme de l'escripture, nous recuillons deux justices, scavoir est la justice de foy, et la justice de la loy. La justice de foy est appellée la justice de Dieu; non point, dict sainct *Augustin*, que soit la justice de laquelle Dieu est juste en soy, mais de laquelle Dieu vest gratuitement le pecheur, quant il luy pardonne ses pechez et le recoipt en sa grace, laquelle proprement peult estre appellée la justice de Jesuchrist, pource qu'il est l'autheur d'icelle, et est la sienne, mais nous est attribuée et appropriée par la foy qui nous l'impetre et la recoipt de luy; pour laquelle chose entendre, est dire que la chose qui vrayement et precisement respond à sa mesure et reigle, est appellée juste, comme nous disons de la chose poisée que justement elle poise son poix. Nostre reigle et mesure, là où fault que mesurons et reiglons nous et nostre vie, est la loy de Dieu. Celluy donc est appellé juste qui vrayement et parfaictement respond et satisfaict à la loy, et telle parfaicte obeissance à la loy est vrayement en perfection appellée justice. Or, le seul Jesuchrist a observé la loy en precision et perfection, du tout et par tout l'ayant gardée et observée, et pouvons appeller la vie de Jesuchrist l'entiere et parfaicte obeissance et satisfaction à la loy de Dieu. Ceste justice donc est de Jesuchrist comme de celluy qui en est l'autheur et qui a observé la loy en precision et perfection sans rien en omettre; et luy seul a filé, tissu et cousu ceste robbe que nous appellons la robbe de justice; mais par foy elle nous est communiquée et attribuée et en sommes vestuz. La collation et conference que faict sainct Pol d'Adam et Jesuchrist est propre pour bien entendre ceste chose; car le peché que commit Adam mangeant du fruict, desobeissant à Dieu, transgressant son commandement, qui estoit une vraye injustice, n'estoit pour l'heure d'aultre que d'Adam, aultre que luy n'en fut l'autheur, et neantmoins pour la communication qu'avons avec luy de race et par nature, avec lequel participons en chair et sang, son peché nous est communiqué, attribué et imputé, de sorte que sommes aussi bien subiectz à la peine deue, comme si nous mesmes l'eussions commis et perpetré aussi bien qu'Adam. Cela faict l'unyon par nature, que par nature sommes unyz en chair et sang avec luy, sommes enfans et heritiers de ses peynes et miseres. Si le peché duquel Adam seul a esté l'autheur et perpetreur, par la generation de chair nous est communiqué et attribué, et encourons la mesme peyne, ainsi debvons nous dire que l'obeissance de Jesuchrist qui est vraye et parfaicte justice (fol. 176a), de laquelle luy seul est autheur et facteur que par la generation de l'esprit, laquelle est par foy, nous est communiquée, attribuée, imputée, et faicte nostre par grace, de sorte que par grace sommes faictz participans et joyssans du fruict et merite, comme si nous mesmes avions faict ce qu'il a faict, et est sa vie par l'union de foy et esprit faicte vrayement nostre. Ce donc la foy qui impetre et recoipt la justice de Jesuchrist, la nous approprie et faict nostre, vela pourquoy est appellée justice de foy, pourtant que foy l'impetre, l'embrasse et recoipt par (lisez *pour*) nostre vestement et couverture; et est appellée justice de Dieu, pourtant que Dieu donne la foy, et par le moyen de foy par luy donnée nous donne Jesuchrist, nous l'attribue et vest de sa vie et justice, tellement que unys par foy avec Jesuchrist nous pouvons dire justes et avoir gardé la loy, non point comme de nous, mais pour ce que Jesus l'a gardée pour nous, et que par foy nous l'a donnée et appropriée. Cy est verifié le dict commun : *Qui per alium facit, per se ipsum facere videtur.* De la procede que à la foy est attribuée la justification, que nous disons avec sainct Pol que la foy justifie, à raison que la foy est comme la main qui empoigne et recoipt Jesuchrist, avec sa vie et justice, la faict nostre, mais Dieu est celluy qui donne ceste main, qui mect en ceste main Jesuchrist et sa justice, qui faict ceste main efficace de l'empoigner et recepvoir ; pourtant à bon tiltre est appellée justice de Dieu, pourtant que Dieu la donne et en vest le pecheur croyant en Jesuchrist. Ceste foy à laquelle est attribuée justification, n'empoigne point et ne recoipt seulement la vie de Jesus qui est l'observation de loy, mais aussi prent et recoipt et s'approprie sa mort, qu'est satisfaction pour les transgressions de la loy. Parquoy le fidele par le moyen de foy qui embrasse la vie et mort de Jesus et la faict sienne, peult dire en Jesus et par Jesus avoir accomply la loy et satisfaict aux transgressions, en tel mistere et sacrement que sainct Pol appelle grand. L'aultre justice qui gist en faire, est nommée justice de la loy, justice des œuvres, et est par œuvre et effect. La loy justifie, demonstre et declaire juste celluy qui d'œuvre et effect l'a parfaictement observée, non plus ne moins que la mesure demonstre et declaire juste ce qui luy est esgallé. Or, comme ja a esté dict, aultre que Jesus n'a observé parfaictement la loy, parquoy à bonne cause tant souvent est repliqué par l'escripture et nommement par sainct Pol que nul n'est justifié par la loy, que la loy n'ameine nul à perfection, que la loy est impuissante à justifier l'homme, que la vie et la mort de Jesus ont esté necessaires pour supplier (*sic*) l'impuissance de la loy, c'est-à-dire, pour justifier l'homme et luy attribuer et approprier la vraye justice en la maniere que sus a esté dict (fol. 176ᵇ). Par ainsi, qui cherche se justifier et se faire juste par la loy et les œuvres, se promectant tellement pouvoir faire et ouvrer qu'il accomplira la loy, que sa vie sera respondente à la loy comme à sa vraye mesure, il veult establir sa justice, et ce demonstre ignorer la justice de Dieu ; et de faict ne recongnoist point avoir esté besoing de la venue et mort de Jesus pour supplier l'impuissance de la loy et de nous. Mais celluy qui recongnoist la loy impuissante à justifier et saulver, et qui se voit ne pouvoir par œuvre et effect accomplir et satisfaire à la loy, et par ainsi se defiant de soy et laissant ceste voye, cherche sa justification en Jesuchrist et par Jesuchrist, qui est la fin, perfection et accomplissement de la loy, et se fiant en luy par le moyen de foy, l'embrasse et recoipt, comme dict a esté, cestuy là se demonstre recongnoistre la justice de Dieu et parvient à vraye justice. Et voit on par ce moyen estre vray ce que dict sainct Pol que par la foy la loy n'est point destruicte mais est establie. Car aultre moyen l'homme n'a d'accomplir la loy que par foy, laquelle nous impetre, recoipt et approprie la justice de Jesuchrist, sa vie et mort, et faict qu'en Jesus et par Jesus avons accomply et satisfaict en la loy. Davantaige par ce moyen sommes faictz bons ouvriers, pour faire de bonnes œuvres, sommes unys avec Jesus, son esprit habite en nous, espand en nous dilection, et escript en noz cueurs la loy vive. Et par ainsi encommançons par œuvre et effect faire la loy, aymer Dieu et aymer nostre prochain. Fault donc dire que pour faire de bonnes œuvres et faire la loy par œuvre et effect, est necessaire par avant estre justifié par foy, et que, comme dict sainct *Augustin*, les bonnes œuvres ne procedent point, mais suyvent le justifié. Et par ainsi l'evangille et la loy, la foy et les œuvres, la grace et la penitence, tant s'en faut que repugnent et contrarient, que bien entendues sont vives et accordantes en vraye harmonie, de sorte que ne peuvent subsister l'une sans l'aultre, et les fault joindre en predication. L'evangille ne peult estre bien receu et savouré sans la loy, ny la loy accomplye sans l'evangille; la foy ne peult estre vraye et vive sans les bonnes œuvres, ny les œuvres bonnes sans la foy; la grace ne peult estre bien acceptée et trouvée telle qu'est, sans penitence, ny penitence ne peult estre vraye et à prouffit sans grace. Donc les bonnes œuvres sont requises et necessaires, et fault assiduement exhorter faire bonnes œuvres; mais les bonnes œuvres sont celles que Dieu commande, non point celles que nous proposons; celles que Dieu en son escripture approuve, non point celles que l'homme trouve bonnes; celles qui sont faictes en foy, non celles qui sont fondées en devotion particuliere (fol. 177ᵉ); celles qui sont du vouloir et esprit de Dieu, non celles qui sont du vouloir et esprit de l'homme. Pour faire bonne œuvre, fault estre bon ouvrier; pour estre bon ouvrier, se fault retirer à Jesuchrist et apprendre de luy. C'est luy qui faict les bons ouvriers, qui par foy purge noz cueurs, les embrase d'amour et de dilection, et faict que nous aymons Dieu et nostre prochain, et faisons de bonnes œuvres. La loy en la main de Moyse est fardeau importable; pourtant que Moyse n'a pouvoir de l'abbreger, diminuer le fardeau, oster la dificulté provenant du cousté de la loy, n'a aussi pouvoir oster la dificulté prouvenant de nous, en la portant pour nous, nous aydant à la porter, nous donnant le vouloir la pouvoir porter ; mais en la main de Jesus est fardeau aysé et legier, pourtant que Jesus ostant d'elle toute prolixité, l'a abbregée et pour tout n'a laissé que aymer Dieu et son prochain ; et dadvantaige il l'a gardée pour nous, et par le moyen de foy ce qu'il a faict nous est approprié, son œuvre et merite sont faictz nostres. Aussi nous ayde il a le porter, et nous baptisant au sainct Esprit, espandant par son esprit dilection en noz cueurs, nous donne le vouloir et pouvoir, nous faict voluntairement aymer Dieu et nostre prochain. Vray est que la justice qui nous est communiquée et attribuée par foy est parfaicte, et est la justice de Jesuchrist, vray et entier fondement de nostre salut ; mais celle qui est de la loy et des bonnes œuvres, est pour ceste vie imparfaicte ; car tant que serons en ce monde, comme n'avons parfaicte congnoissance de Dieu, aussi n'avons parfaict amour, parquoy ne l'aymerons de tout nostre cueur, comme plus au long deduict sainct *Augustin* au livre qu'il a faict *de spiritu et litterà.*

Quant est d'oraison, nostre Seigneur nous baille luy mesme la forme de prier, nous monstre à qui nous nous debvons retirer et adresser pour faire priere, et de quel moyen debvons user, qui debvons prendre pour mediateur et moyen, puisqu'il est la sapience du Pere, qu'il est la verité infaillible. Ne scaurions faillir suyvant son instruction et doctrine prians et addressans nostre priere comme il a ordonné, usans du moyen qu'il nous monstre, ainsi que faict l'eglise tres bien apprinse de luy, laquelle adresse ses oraisons à Dieu et les termine par Jesuchrist, usant de luy comme du vray et indubitable mediateur et moyen. L'oraison composée et ordonnée par Jesuchrist, combien qu'elle soit briefve et de peu de parolles, neantmoins comprent toute oraison, comprent tout ce que pouvons et debvons requerir et demander ; aussi est elle faicte et ordonnée par le tres singulier et excellent maistre et ouvrier. Par ceste oraison nous donne acces au pere et nous donne hardiesse d'appeller Dieu nostre pere, nous mect la parolle en la bouche (fol. 717ᵇ), la lettre en la main. Et combien que soyons indignes d'approcher, toutes foys ceste oraison qu'avons de luy, que luy mesme nous a baillée, nous doibt enhardir et asseurer, comme feroit la lettre du fils du roy, si par le fils du roy nous estoit donnée et mise en la main pour la presenter au roy et avoir vers luy acces. Ne fault toutes foys qu'estimons ressembler Dieu aux roys vers lesquelz n'y a facile acces, n'est facile et aisé les adorder, mais fault vers eulx user de plusieurs et divers moyens. Car le bon Dieu est plus prest à nous exaulcer et donner, que ne sommes à le prier et demander. Seroit blaspheme dire qu'il y ait creature approchée de nous plus congnoissante nostre indigence, ayant meilleur vouloir d'y pourvoir et subvenir. Le tout est que foy accompaigne nostre oraison, que le prions en foy, que soyons induictz et incitez prier Dieu, pourtant que de nostre cousté nous est necessaire, que aultrement ne peult estre subvenu à nostre indigence, ne pouvons estre subvenuz ny secouruz et avoir ce que nous faict besoing que de luy ; pourtant aussi que de son cousté ainsi le veult et ordonne, nous commande le prier et luy demander, et qu'il nous a promis exaulcer et nous donner ce que luy demandons : *petite (inquit) et accipietis ; omnis qui petit accipit*. Donc la necessité nostre, le commandement et la promesse de Dieu doibvent en nous exciter la foy, nous oster toute craincte servile, nonobstant toute indignité nostre nous doibvent enhardir et asseurer d'aller à Dieu ; et sont les meilleurs preparatifz que scaurions avoir pour bien et à prouffict prier. Et pource que par telz propos pourroit sembler à aulcun qu'on voulsist oster la priere des sainctz, oster tout le recours à eulx, et que au jourdhuy telz propos sont agitez et viennent à controversie, je vous en diray briefvement mon advis. Premierement ne fault revocquer en doubte que ne soit bien faict louer et honnorer les sainctz, que leurs prieres et intercessions ne soient à Dieu agreables ; mais le tout est scavoir comment et de quelle louange les fault louer, comment et de quel honneur les doibt on honnorer, quelles sont leurs prieres et intercessions, combien differentes de celles de Jesuchrist, et scavoir quel acces nous avons à eulx pour les prier, comment nous pouvons les prier et adresser à eulx nos prieres. Il est certain que la perfection de l'homme et sa vraye louenge procede de l'interieur du cueur que Dieu seul scrute et congnoist ; parquoy vault trop myeulx s'arrester aux louenges que Dieu nous monstre en son escripture, que presumer de nous mesmes, et que adjoustons foy aux louenges de l'escripture, et que de telle louenge louons les benoistz sainctz, qu'en inventer de nous mesmes. *Melius est* (dict sainct *Augustin*) *qualecumque scripturæ, quàm id omne quod pro arbitrio humano fingi potest*. Ainsi, pour bien et deument louer les sainctz, se fault retirer à l'escripture et user des louenges de l'escripture (fol. 178ᵃ), non point presumer de son cerveau et de soy en feindre, comme le temps passé, qui a esté cause d'avoir introduict plusieurs superstitions et mensonges. De l'honneur que debvons donner aux sainctz, sainct *Augustin* nous dict au livre *de verâ religione* en briefve parolle : *sancti sunt honorandi charitate et imitatione, non adorandi propter religionem*. Ployer les genoulx, oster le bonnet et toutes aultres choses exterieures ne sont que signes et ne gist point là le vray honneur ; mais le vray honneur provient du dedans, et pourtant que des choses qui procedent du cueur l'amour est le meilleur, Dieu le requiert pour son cult, service et honneur, nous requerant pour obeissance et service que l'aymons de tout nostre cueur. Pour bien donc honnorer les sainctz, les fault aymer, non point pour prouffit et plaisir, car mesmes les philosophes nomment l'amour adulterin et mal fondée (*sic*) qui gist au prouffit et plaisir, qui ne dure sinon aultant que dure le prouffict et plaisir ; mais le vray amour doit estre fondé en vertu, et debvons aymer les sainctz pour leurs graces, vertus et perfections, pource qu'ils ont bien usés (*sic*) des talentz et graces que Dieu leur a donnez, les ont faict servir à la gloire de Dieu et à l'utilité du prochain, ont aymé et embrassé vertu, et hay et fuy vice et peché. Donc le premier point d'honneur que debvons aux sainctz, c'est les aymer pour leurs graces et vertuz; et jouxte la reigle de dialectique : *propter quòd unumquodque amamus et illud magis amicum est*, par plus forte raison debyons aymer et embrasser les graces et vertuz, hayr, fuyr et abhorrer tout vice. Et pouvons bien recuillir que celluy ne peult honnorer les sainctz qui prefere vice à vertu, qui par sa vie demonstre aymer vice et hayr vertu. *Quæ est hæc præpostera religio* (dict Chrisostome) *sanctos colere et sanctitatem negligere, justos diligere et justiciam spernere? Nonne sanctitas et justicia ante sanctos? Primus ergo gradus est sanctitatem et justiciam colere et amplecti, deinde sanctos et justos*. Secondement les fault honnorer, comme dict sainct *Augustin*, d'imitation, les fault imiter, les fault prendre pour exemple que Dieu le grand maistre et escripvain excellent nous a donné pour imiter, pour prendre la plume et escripvre suyvant l'exemple qu'il nous donne. Feroit beau veoir que l'eschollier ayant receu du maistre une exemple pour escripvre, se contentast la regarder, l'admirer, la louer, ensemble le maistre qui la faict, et que jamais ne print la plume pour escripvre et imiter l'exemple. Telz sont ceulx qui de bouche louent les sainctz et disent les honnorer et leur faire festes et solempnité sans jamais mettre peyne de les imiter et suyvre. Quant aux prieres et intercessions des sainctz, fault que mettons difference telle entre leurs prieres et celles de Jesuchrist (fol. 178ᵇ), comme il y a difference entre celluy qui prye et satisfaict et celluy qui prie seulement pour similitude. Si quelqu'un pour avoir robbé cent escutz du fisc du roy estoit constitué prisonnier, attainct et convaincu et desja sententié à mort, ne mettriés vous point difference entre celluy qui pour luy viendroit au roy et le prieroit en ceste façon : Sire, ung tel est constitué prisonnier, attainct et convaincu et à present sententié à mort pour vous avoir robbé cent escutz, voyez en cy mille que pour luy je vous baille, vous priant luy pardonner; et celluy qui seulement le pryeroit en ceste maniere : Sire, vous avez ung prisonnier lequel pour avoir esté mal conseillé et advisé vous a robbé, je vous prye luy vouloir pardonner? Ainsi est il à present propos ; car Jesuchrist prie pour les pecheurs ayant satisfaict habondamment pour eulx ; les sainctz prient seulement, et n'ont point satisfaict pour nous, ils ne sont point mortz pour nous ; aussi ne sommes point baptisez en leur nom. Davantaige les sainctz decedez de ce monde, les corps desquelz reposent icy en terre, sont despouillez de toutes particulieres et privées affections, et n'ont leurs affections et desirs ressemblantes aux nostres ; mais unys en esprit, vouloir et desir avec leur chef Jesuchrist, ne veullent sinon que ce que Jesuchrist veult, se conforment à sa priere, ne prient aultre chose que ce que Jesuchrist prie ny pour aultre, mais du tout symbolisent et se conforment à son desir et vouloir. Parquoy sentent mal et abusent des sainctz, ceulx qui les particularisent, les allient aux temps, lieux et personnes, comme si parfaictement n'estoient unyz avec Jesuchrist et avoient aultre voulloir que Jesuchrist ; et seroit bon refformer telz abuz et superstitions. Au surplus puisqu'ilz sont despouillez de corps, qu'ilz ne sont en ce monde pour nous ouyr et veoir, que n'avons accez à eulx par parolle ny escripture, n'ayans ouye corporelle pour ouyr, ny veue pour veoir, ne pouvons avoir acces à eulx que par Jesuchrist, ne pouvans congnoistre noz desirs et intentions sinon aultant qu'il plaist à Jesuchrist leur en manifester. C'est ce que l'escolle dict *quod vident in verbo*, lequel comme ung miroir voluntaire leur represente ce qu'il luy plaist et aultant qu'il luy plaist ; comme nous qui sommes icy (dict sainct *Augustin*) avons memoire des mortz et trespassez et ne scavons ce qu'ilz font, aussi les trespassez ont memoire de nous, mais ne scavent que nous faisons, s'il n'est aultant qu'il plaist à Jesuchrist leur en reveler. Est donc certain que nous n'avons acces au pere que par Jesus : *Nemo (inquit) venit ad patrem nisi per me, nemo novit patrem nisi filius et cui voluerit filius revelare;* et qu'aussi n'avons acces aux sainctz decedez de ce monde, sinon par luy. Parquoy fault commencer à Jesuchrist et le fault avoir propice (fol. 179ª), aultrement ne pouvons avoir ny le pere ny les sainctz; que si une foys il est nostre, ne fault doubter que nous n'ayons le pere et tous les sainctz, et ne serons seulement participans de leurs prieres, mais serons associez en communion de tous biens avec eulx, non plus ne moins que les membres unys avec leur chef sont unys ensemble. Pour conclusion donc, c'est en Jesuchrist et par Jesuchrist qu'avons acces au pere et aux sainctz, parquoy c'est en luy et par luy que debvons prier le pere et que pouvons prier les sainctz et estre associez à toutes leurs prieres et biens. En l'oraison de Jesuchrist nous est pourveu de souverain remede, à nous qui sommes pecheurs et ne cessans de faire et commettre offenses et pechez; c'est qu'il veult que nous demandons au pere pardon, qui est plus prest nous pardonner que ne sommes le demander, et ne couste le pardon sinon le demander, et nous donne une bonne nothe par laquelle pouvons estre asseuré du pardon impetré et receu : c'est si nous pardonnons de cueur à ceulx qui nous ont offensez. Ceste bulle (contenant que si nous pardonnons, le pere nous pardonnera) est indubitable et du grand maistre pontife et pape Jesuchrist, à laquelle nous pouvons et debvons seurement arrester. C'est donc devant Dieu que nous debvons recongnoistre pecheurs et redevables, nous debvons confesser et accuser, demander à luy pardon et de luy recepvoir. Si ne fault il pourtant oster le ministere des clefz que Jesuchrist a laissé à son eglise. Par la clef est entendu l'œconomie et administration. Quant on baille à quelqu'un la clef de la maison, c'est à dire qu'on luy baille l'administration ; à toute administration est requise fidelité, que fidelement et jouxte le voulloir du maistre le bien soit dispensé et administré ; mais surtout en l'œconomie et administration de l'eglise, fault que le voulloir de Jesuchrist en tout et par tout soit suyvy. La clef emporte puissance d'administrer ; avoir la clef, c'est avoir puissance d'administrer. Communement on divise la puissance ecclesiastique en la puissance qui s'appelle ordinaire et d'ordre; et en icelle qui s'appelle jurisdiction. La puissance d'ordre gist en l'administration de la parolle et sacremens, par lesquelz moyens Jesuchrist se communique à nous, nous communique ses richesses et biens, nous impartit remission de peché, nous reconcilie au pere, nous faict participant du fruict et merite de sa vie et mort. Par ainsi le ministre qui a charge d'administrer la parolle et sacremens, administrant deument et fidelement selon l'institution et vouloir de Jesuchrist icelle parolle et sacremens, soit en privé, soit en public, sainct Pol l'appelle ministre et dispensateur de Jesuchrist, des misteres de Dieu. Par son ministere il offre, presente et distribue les biens de Jesuchrist, assavoir remission de peché et vie eternelle. Mais ceulx seulement en sont faictz participans qui croyent et recoipvent par vraye foy tel ministere (fol. 179[b]), telle parolle et sacremens administrez ; et vrayement et opportunement dict *Basille*, que ne fault avoir esgard à la bonté ou malice du ministre, pourtant que l'efficace de la parolle et sacremens ne vient de luy, mais de l'instituteur, et qu'aussi bonne et efficace est la parolle et les sacremens administrez par le mauvais comme par le bon, mais que purement soit administrée ; donne l'exemple du seau engravé es armes du prince : c'est tout ung s'il est d'arain, d'argent ou d'or, mais que l'engraveure y soit, fera mesme impression en la cire capable et disposée : ainsi fera la parolle et sacrement receu par foy, par quelque ministre que soit administrée, soit bon, soit mauvais, mais que soit gardée la forme et l'institution de Jesuchrist. Je dis donc au propos commencé, combien que soit Dieu seul qui de son auctorité et puissance remect et pardonne le peché, et que c'est à luy que se fault adresser pour l'impetrer, devant luy fault se recongnoistre pecheur, tel se confesser et accuser en tout temps et lieu : neantmoins qu'il feist bien tout luy seul sans moyens, puisque son vouloir et ordonnance est user de moyen, et qu'il veult honnorer ses creatures usant d'elles, n'en vouloir user seroit contrevenir au vouloir de Dieu et tenter Dieu, comme feroit celluy qui ne vouldroit user du pain, qui ne vouldroit user des degrez pour descendre : fault donc user des ministres et de leur ministere, et recepvoir par leur ministere la parolle et sacremens Parquoy est bonne et louable ordonnance se retirer au prebstre, devant luy se recongnoistre pecheur, s'accuser et confesser pour obtenir par son organe et ministere la parolle par laquelle est offerte et dispensée la remission des pechez, de laquelle Dieu en est l'autheur, et le prebstre seul dispensateur; aussi ne dict point : je t'absoubz en mon nom, au nom du pere et du filz et du benoist sainct esprit, aultant que s'il disoit : Dieu pour mon ministere t'offre et exhibe remission de tes pechez, embrassant et recepvant ceste parolle en foy, et prens de luy par mon ministere.

XX.

JUGEMENT RENDU PAR LA SORBONNE CONTRE L'*Exposition familière* de ROUSSEL.

15 Octobre 1550.

(D'Argentré, *Collectio judiciorum de novis erroribus*, t. II, p. 161. — Nous donnons le texte des propositions condamnées, d'après le manuscrit de l'*Exposition* conservé à la Bibliothèque du Roi.)

Familiere Exposition en forme de colloque sur le Symbole, Decalogue et Oraison Dominicale, faicte et recolligée de l'Ecriture et vrais Expositeurs d'icelles, suivant le vouloir et intention du Roi de Navarre, par Gérard Roussel, *evêque d'Oleron.*

Hic liber toti Christianismo maxime perniciosus censetur, tum quòd variis scateat atque respergatur propositionibus falsis, ac lectores in errorem inducentibus, captiosis, scandalosis a veroque sensu scripturæ prorsus alienis, tum verò alias hæresim spirantes, immo plane hæreticas contineat, quarum nonnullæ, ut omnibus planum fiat, sequenti paginâ annotantur. Meritò itaque supprimendus est præfatus liber nec impressioni committendus, ita ut inter librorum reprobatorum Catalogum recensendus sit.

Datum Parisiis apud sanctum Mathurinum, in nostris comitiis jure jurando coactis, post sacrum de Spiritu sancto celebratum, 1550, decimâ quintâ octobris.

Sequuntur quædam propositiones ex libro præfato excerptæ, ac censurâ notatæ, ut quàm perniciosus fuerit christiano lectori, appareat.

1. « Jesuchrist est assis à la dextre du pere, [pour continuellement se presenter à luy, comparoir devant sa face pour patrociner et interceder pour nous et obtenir grace] [1], s'offrant soy mesme comme le seul sacrifice tres vray, tres agreable [au

---

[1] Les mots mis entre des crochets ne sont pas rapportés dans la sentence.

pere, et tres suffisant pour appaiser son ire, et nous reconcilier à luy, nous impetrer du pere le sainct esprit, pour nostre sanctification, entiere regeneration] » (fol. 8ᵃ).

2. La mort de Jésus-Christ « se peult bien appeller la medecine de l'ame et de toutes ses navreures, et la seulle propiciation pour les pechez » (fol. 11ᵇ).

3. « Ce sera sa sapience, sa justice qui est entiere et parfaicte, et non d'aultre qui m'y menera » (savoir à sa gloire) (fol. 14ᵃ).

4. « ....Et si tu ne voulois vestir ma nudité de ta justice, qui seule est entiere, parfaicte, satisfactoire, meritoire....[1] » (fol. 17ᵇ).

5. « Ambrassons doncques d'une vive et ardente foy ung seul pour tout, sans nous divertir ailleurs » (fol. 18ᵇ).

6. « Brief, bien regardé de l'œil de foy, se recongnoist le seul vray tresor de tous biens, duquel se peult le tout puiser habondamment et à sacieté, qu'il n'est expedient de divertir ailleurs ; ains se destourner aultre part, seroit se demonstrer ne le bien veoir de l'œil de foy » (fol. 18ᵇ).

7. « ....Auquel l'entiere somme de nostre salut et toutes les partyes d'icelluy sont comprinses, de sorte que ne debvons la chercher, ny povons la trouver en aultre part[2] » (fol. 18ᵇ).

8. « Les dons de grace donnez à l'eglise.... se doibvent communiquer à tous, pour monstrer que tous usent de mesmes dons et privileiges » (fol. 22ᵇ).

9. L'Église « est une societé en laquelle n'y a que les sainctz, les eleuz et les filz de Dieu » (fol. 23ᵃ).

10. « Or la justice nostre, jacois que fust parfaicte obeissance à la loy que faisions tout ce que la loy commande, ceste justice seroit de debvoir, par quoy ne se peult dire proprement meritoire » (fol. 31.ᵃ).

11. « La foy evangelique n'est sans charité » (fol. 33ᵇ).

[1] Pour le contexte, voy. ci-dessus p. 135.

[2] Dans le texte de Roussel, le passage nº 7 se trouve avant le nº 6. Pour le contexte, voy. ci-dessus p. 135.

12. La loi qui fut « baillée de Dieu à Moïse estoit non seulement dificile, mais impossible d'estre observée et accomplie » (fol. 36ᵇ).

13. « La loy de Dieu à l'homme qui n'est regeneré et faict spirituel, ne luy est point seulement dificile, mais impossible, et combien que demeurant en tel estat, ne luy soit possible, sinon faire, neanmoins s'il le fait il voluntairement et sans contraincte » (fol. 83ᵃ).

14. La loi de Dieu « requiert l'entiere observation de tous ses commandemens,.... de sorte que qui offense en ung, est coulpable de tous » (fol. 85ᵇ).

15. Oraison « ne peult estre dicte faicte en foy et verité, si elle est faicte et formée selon la doctrine et mandement des hommes, et non point selon la doctrine et mandement de Dieu » (fol. 89ᵃ).

16. On ne fait « cas aujourdhuy que barboter et murmurer entre les levres, sans attention, saveur et ardeur, voire sans rien entendre de ce qu'on dict » (fol. 89ᵃ).

17. « Au viel Testament nous ne lisons point aulcuns avoir usé de telle maniere de prier, que aulcun eust invoqué Dieu au nom du pere » (fol. 97ᵃ)[1].

18. Dieu desire que.... « ostez toutes tenebres d'erreur, superstition, ydolatrie, à luy seul tous genouilz soyent ployez » (fol. 102ᵃ)[2].

19. [En parlant du règne de Dieu, le disciple dit que c'est le règne de justice, vie et salut par Jésus-Christ seul; le maître répond :] « A la mienne volunté, que ton advis fust de tous bien suyvi, pour oster toutes folles confidences, pour ne ignorer la justice de Dieu, et ne chercher d'establir la nostre, pour ne

[1] Roussel ajoute : « Mais Jesuchrist, comme luy seul a esté le mediateur d'ung si grand benefice que plus grand ne se pourroit dire ne penser, que soyons par grace et adoption ce qu'il est par nature, aussi est-il qui nous en donne la hardiesse, ayant mis ce nom de pere tout le premier de la forme de prier qu'il nous a prescript. »

[2] Voy. ci-dessus p. 147.

laisser le tres certain et suffisant pour l'incertain et insuffisant » (fol. 103ᵇ).

20. « Ceulx qui mesprisent l'evangile, et qui pour l'evangile, qui n'a aultre but que la foy en Jesuchrist et le fruict d'icelle, qu'est la vie eternelle, supposent humaines inventions et doctrines qui divertissent aux creatures, sont bien loing eulx et leurs sequaces d'avoir celle affection et zele » (savoir pour l'avancement du véritable règne de Dieu) (fol. 108ᵃ).

21. « Sans estre esleuz, appellez et justifiez, ne pouvons obeir à la divine volunté » (fol. 109ᵇ).

22. Par une foi vive « povons et debvons estre du tout persuadez et asseurez rien ne nous pouvoir defaillir, rien ne nous pouvoir estre denyé » (fol. 111ᵃ).

XXI.

VERS DE NICOLAS BOURBON SUR ROUSSEL.

(Nicolai Borbonii, *Vandoperani Lingonensis, Nugarum Libri Octo. Ab autore recens aucti et recogniti.* Lyon, chez Séb. Gryphius, 1538; in-12.)

1. Ad *Gerardum Russellum*.
(Lib. II. Carmen 42; p. 100.)

Inclyte vir, salve, et læto, precor, accipe vultu,
    Nostra licet non sint carmina digna legi :
Si musas colis, adflicti miserere poetæ,
    Quem jactant variis aspera fata modis.
Aut si musarum nulla est reverentia, saltem
    Te moveat Christus, cujus uterque sumus.
Si mihi opem tuleris, magno cum fœnore Christus
    Reddet, ut officium qui pietatis amat.
Hactenus audacem fecit Fortuna novercans,
    Quæ magis haud nulli, quàm mihi, dura fuit.
Addit et ista amimum pietas, qua clarus ubique es :
    Ne tu me frontem perfricuisse putes.

2. Ad eundem.

(Lib. II. Carmen 43 ; p. 100.)

Ut me habeas, *Russelle*, loco numeroque tuorum,
   Abs te nil aliud postulo, dives ero.

3. Ad *G. Russellum* Oleronensem pontificem, calendarum Januarii die.

(Lib. III. Carmen 16 ; p. 155.)

Ut subigas carnem, mundum et cacodæmona, præsul :
   Ut doceas, quid sit vivere, quidque mori :
Ut populo ostendas, quæ sint cœlestia regna,
   Et quod sit leti, quodque salutis iter :
Prima dies Jani felix tibi sæpe recurrat,
   Et superes Pylii secula longa senis.

4. Ad R. nuper Episcopum factum.

(Lib. VII. Carmen 129 ; p. 416.)

Felicem o populum, cujus tibi credita cura est :
   Si modò præceptis pareat ille tuis.
Ne succumbe oneri, sed Christi intentus honori
   Ad Domini vigila pastor ovile tui.

5. Ad *G. Russellum*.

(Lib. VIII. Carmen 94 ; p. 470.)

Si quis apud populum divino fulminat ore
   Et certam impavidus monstrat ad astra viam :
Si quis verum hodie profitetur libere et audet
   Proferre in lucem quæ latuere diu :
Si quis præsidiis linguarum armatus, et alto
   Eloquio præstans ignea verba vomit :
Si quis idem sentit, loquiturque ; et si quis abhorret
   A vitiis ; Christi si quis amore calet :
Si commissa sibi quis pastor ovilia servat
   Pervigil, et tutum curat, alitque gregem :
Si quis in insidias, stygiique satellitis artes
   Latrat, et erronum somnia spirituum :
Aut nemo, aut *Russellus* is est quem postera talem
   Secula laudabunt, et superesse volent.

FIN.

www.ingramcontent.com/pod-product-compliance
Lightning Source LLC
Chambersburg PA
CBHW070639170426
43200CB00010B/2077